U0516028

本丛书得到何东先生独资赞助

This series of books is financially supported exclusively by Mr. Eric Hotung.

20世纪中国文物考古发现与研究丛书

新石器时代考古

张江凯　魏　峻／著

文物出版社

一　仰韶文化釜形鼎（河南郑州大河村遗址出土）

二　仰韶文化彩陶钵（河南郑州大河村遗址出土）

三　河南邓州八里岗仰韶文化墓地发掘现场

四　大汶口文化彩陶壶（山东泰安大汶口遗址出土）

五 大汶口文化彩陶豆（山东泰安大汶口遗址出土）

六 马家窑文化彩陶盆
（青海同德宗日遗址出土）

七 石家河文化玉人头像
（湖北天门肖家屋脊遗址
出土）

20世纪中国文物考古发现与研究丛书

序 / 张文彬

　　俗称"锄头考古学"的田野考古学的诞生以及中国考古学学科体系的基本完善，由此而引起的古物鉴玩观赏著录向科学的文物学的转变，是20世纪中国学术与文化界的大事。它从材料与方法两个方面彻底刷新了持续了数千年之久的中国古代史学传统，不但为中国学术界和文化界开拓出更加广阔的研究天地，也为一切关心中华民族悠久历史和灿烂文明的人们不断地提供了可贵的精神滋养和力量源泉。

　　仰古、述古、探古，进而考古，向来为我国传统文化中一个明显的学术特点。先秦时期诸子百家发其端，汉代司马迁撰写《史记》，北魏郦道元作注《水经》。他们对相关的遗迹遗物，尽可能地做到亲自考察和调查，既能辨史又可补史。这种寻根追源的治学态度，为后世学术上的探古、考古树立了榜样。此后，山河间的访古和书斋式的究古相继开展，特别是对古器物的研究，成了唐、宋时期的文化时尚。不少学者热衷于青铜铭文、碑刻、陶文、印章等古文字的考释，进而有了对器物的辨伪鉴定、时代判断、分类命名等，逐渐兴起了一门新的学问——金石学，涌现出许多著名的古器物鉴赏家和收藏家。只是囿于当时的历史条件，金石学家们无法了解所见文物的出土地点和情况，也难以涉及史前时代漫长的演进历程，因而长期以来始终脱离不了考证文字和证经补史的窠臼。即使如此，他们的艰辛努力和取得的成绩，还是为推动我国传统文化的发展起到了积极作用，并且在事实上也为中国考古学和中国文物学的起步铺设了最早的一段道路。

20 世纪初，近代考古学由西方传入。中国学者继承金石学的研究成果，学习并运用西方考古学方法，开始从事田野考古，通过历史物质文化遗存，探寻和认识古代社会，揭示人类社会发展规律。早在 1926 年，中国学者就自行主持山西南部汾河流域的调查和夏县西阴村史前遗址的发掘。随后，我国学者同美国研究机构合作，有计划地发掘周口店遗址，发现了北京猿人。从 1928 年起至 1937 年，连续十五次发掘安阳殷墟遗址，取得了较大收获，引起了国内外学术界的重视。自 20 世纪 50 年代以后，随着国家大规模经济建设的进行，田野考古勘探、调查和科学发掘工作在全国范围内蓬勃有序地开展，许多重要的典型遗址和墓地被揭露出来，重大发现举世瞩目。它们脉络清晰，层位分明，文化相连，不仅弥补了某些地域上的空白，而且衔接了年代上的缺环，为研究中国古代史、文化史、科学史以及其他学科领域，提供了珍贵、丰富的实物资料，极大地影响着人文社会科学诸多学科专业的研究与发展。这段时间被学术界称为中国考古学的黄金时代。在马列主义理论指导下，具有中国特色的考古学理论体系和方法论逐渐形成。有关研究成果不仅极大地改变和丰富了人们对中国文明起源、中国古史发展等重大问题的认识，同时也扩展了中国文物的研究领域和研究方式。可以说，考古学的发展与进步，直接影响到文物学的形成与发展，而且影响到全社会对文化遗产重要作用的认识以及世界学术界对中国古代文明的重新认识。

从 20 世纪 80 年代开始，文物界就中国文物学的创立，逐渐取得共识，在共同探讨的基础上，初步形成了学科体系。不少学者发表了有关论文，出版了专著，就文物的历史价值、科学价值、艺术价值以及在社会主义的物质文明与精神文明建设中如何对文物进行有效保护、合理利用发表意见。这些研究成果已获得学术界的赞同。

在这世纪之交和千年更替之际，对中国考古学和中国文物事业作一次世纪性的回顾和反思，给予科学的总结，是许多学者正在思考和研究的问题。如果能通过梳理 20 世纪以来重大发现和研究成果，透视学科自身成长的历程，从而展望未来发展的方向，以激励后来者继续攀登科学高峰，无疑是一件很有意义的事。为此，经过酝酿、商讨和广泛征求意见，我们约请一批学者（其中有相当多的中青年学者）就自己的专长选择一个专题，独立成篇，由文物出版社编辑出版一套《20 世纪中国文物考古发现与研究丛书》，并以此作为向新世纪的献礼。

从某种意义上说，《20 世纪中国文物考古发现与研究丛书》是一套学科发展史和学术研究史丛书。其内容包括对 20 世纪考古与文物工作概况的综合阐述；对一些重要的考古学文化和古代区域文化研究情况的叙述；对文物考古的专题研究；对重要的文物考古发现、发掘及研究的个例纪实。

此套丛书的内容面广，而且彼此关联。考虑到各选题在某些内容上难免会有重叠或复述，因此在编撰之初，我们要求各选题之间互有侧重，彼此补充，以期为读者了解 20 世纪中国考古学和文物学的发展提供更多的视角。

我国的文物与考古工作，虽在 20 世纪得到了迅速发展，但仍有许多重大学术问题需要进一步探索。我们主持编辑这套丛书，除了强调材料真实，考释有据，写作态度严谨求实外，也不回避以往在工作或研究上曾经产生的纰漏差错和不足之处，以便为今后的工作和研究提供借鉴。虽然我们尽了很大努力，但限于水平，各篇仍很难整齐划一。由于组稿和作者方面的困难和变化，一些计划之中的题目也未能成书。这些不周之处，敬请专家、学者和广大读者批评指正。

在丛书编印过程中，我们得到了文物、考古界的广泛支持。何东先生在出版经费上给予了热情帮助。在此，一并深表感谢。

2000 年 6 月于北京

目　　录

插 图 目 录

绪

论

（一）中国新石器时代考古研究的对象与方法

1. 什么是新石器时代

1）考古学时代的划分。公元 1813 年，丹麦历史学家韦代尔·西蒙森在他的《概论我国历史上最古老最强大的时期》一书中首先写道，"斯堪的纳维亚最早的居民所使用的武器和工具起初是石质与木质的，这些人后来学会了使用铜……然后才会使用铁"，"他们的文明史可以分成石器、铜器和铁器三个时代"。到了公元 1819 年，丹麦的考古学家汤姆森在他主持的国家博物馆陈列中，将人类社会过往阶段的藏品也按石器、铜器和铁器三个发展时期摆放陈列。之后，他们这种划分法为越来越多的考古资料证明是正确的，于是，便被考古学界与史学界所接受。公元 1865 年，法国考古学家艾夫伯里在他的《史前时代》一书中又明确提出石器时代还应该再细分成旧石器和新石器两个阶段。他的划分法主要是依据石器的制作方法，其中，纯打制的石器定为旧石器时代，而磨制的石器则划入新石器时代。到了 19 世纪末，有人又提出在新石器和旧石器两个时代之间还应有一个细石器时代，它是由旧石器时代向新石器时代过渡的时期，也称之为"中石器时代"，而在新石器时代晚期之后，还存在着一个向青铜时代过渡的时期，叫"铜石并用时代"。我国迄今的考古实践已证明，除新、旧石器两个时代之间是否普遍存在着一个细石器时代尚待继续探寻外，这些划分基本上都是正确无误的。

划分考古学时代之所以以物质遗存为依据，乃是因为实物遗存的材料、质地、制法及其自身特征可以反映人类制造这些实物的方法和产出过程，一般而言，不同时期的器物均具有自己的鲜明特点。所以，考古学研究的首先是实物遗存，但我们从这些"物"的形态和表征只能界定它们的大致年代范围，而无法判断其社会性质。社会形态与性质的划分和判定需要有田野考古发掘及调查资料的大量积累，在此基础上开展综合性深入研究才有望获得成功。

2）新石器时代的基本特征。

①新石器时代的居民已经掌握了磨制技术加工石器。这个时期的居民，制作石器时，选择石材的范围较广泛，制作方法打、琢、磨兼用，有的石器上还有穿孔。钻孔的方法有两种：一种是琢钻，有一面琢钻和两面对钻；再一种是管钻，出现年代比琢钻法要略晚，这种钻孔法可使已成型的石器避免再遭打击而受残损，从而大大提高了成品率，显然比琢钻法要先进得多。在新石器时代初期，磨制石器在石器总量中所占比例很小，且往往仅限于局部磨光，制作大都很粗糙。其后，随着人们加工技艺的不断长进，磨制石器不但数量越来越多，而且器类也越来越多样，制作亦益显精细。

②这时的居民已开始制作并使用陶器。新石器时代，随着人们经济生活的内容日渐丰富起来，为适应盛储、炊煮和饮食的需要，陶器又比较容易破损，制作陶器便成为他们生产活动和日常生活中一项十分重要的工作。总起来说，初期的陶器器

类皆很少，制作粗糙，烧成温度不够高，质地多较松软。后来，随着成型和烧制技术的不断提高，先是创造出了慢轮设备以修整手制陶器，稍后又发明了快轮制陶，出现了专门烧制陶器的陶窑，产品的数量和器形种类越往后越多，陶质也多较坚硬，造型趋向实用美观，功能分化日渐明确。通常情况下，陶器或残碎的陶片在新石器时代所有遗存中是最常见的一种实物。

③农业和家畜饲养业的产生。农业是从栽培农作物开始的。人类最初的农业当源于旧石器时代以来的采集型经济，把采摘来的可供食用的野生植物籽实加以收藏，然后进行栽培以增加收获量，这是新石器时代居民的一项具有明确目的性的生产活动。现有的资料表明，我国远在新石器时代早期就已经有了人工栽培的原始农业。农业的发明，不独改变了新石器时代居民的经济结构，使之同旧石器时代那种以狩猎和采集为主要谋生手段的单纯攫取经济有了根本性的区别，而且由于人们的基本生存需求在一定程度上得到了保障，便为他们由山地附近逐步向平原地区转移，以寻觅肥土沃野并实现相对稳定的定居创造了必要的物质条件。当然，人工栽培农业的产生与发展必然要受制于自然条件的强烈影响，并非所有地区从新石器时代一开始就都有了农业，我们通过细致的发掘工作，还是不难甄别出来的。

新石器时代的家畜饲养出现也比较早，这应该同旧石器时代以来就存在的渔猎型经济关系密切。旧石器时代晚期，由于弓箭的发明，人们猎捕来的动物比此前肯定会有所增多。到了新石器时代早期，随着原始农业的产生，先民的基本食物来源有了一定保证，他们便有可能将捕获来的幼小动物暂时先饲养起来，这个过程中，他们首选的很可能多是那些性情比较温驯的杂食类动物。所以，在这一时期关于家养动物遗骨的资料中，往往以家猪最常见。

旧石器时代向新石器时代过渡的实现无疑是一场革命。这场革命究竟是怎样发生的？目前有几种理论：一种是单中心发展说，全世界的新石器文化皆源出同一个地区，即认为在地中海和中亚的两河流域北面一个新月形地带最先产生了新石器文化，然后由此向四周放射传播；二是混血论，即经邻近地区的几个文化相互影响、碰撞和融合而产生了新的文化。我们认为这场革命是在若干地点独立发生的，同时，邻近地区的不同文化在它们自身的发展变化过程中又是相互影响、相互促进并行发展的。

3）金属的出现和新石器时代的消亡。各地的新石器时代文化自诞生以后，大都经历了极其漫长的发展变化过程，随着晚期阶段金属器具的出现，这一时代才开始逐步走向消亡。人类最早使用的金属器具全都是利用天然产状的金属制成的。天然产状的金属主要有金、银、铜、锡、锌等，其中，金、银和锌等质地均太软，不适合单独使用。对新石器时代的居民来说，铜具有许多优点：硬度虽比金、银、锌等金属高，熔点却较低，而且可塑性好。所以，考古发现的最早的金属产品一般都是一些小型的铜质工具。这些铜质工具中均杂有锡和锌等多种金属，各地出土的铜质工具或铜块经金相分析鉴定，所含金属元素往往较杂，比例不一，含锌量普遍较高，显然还都不是按一定比例用科学方法冶炼出来的合金。由于天然产状的铜数量毕竟不是很多，里面的含锌量又偏高，致其硬度多较低，因此，这时尽管已开始制作并使用少量金属工具，但仍然代替不了石器，磨制石器依然是新石器时代末期主要的生产工具和加工工具，考古学上称这个时期为"铜石并用时代"或"金石并用时代"。

2．研究对象和基本内容

1）新石器时代考古的性质与研究内容。新石器时代考古研究的是原始社会晚期氏族社会生活中所留下来的各种物质文化遗存，目的是通过研究这些遗迹和遗物来反映当时人类社会的组织结构以及社会生活的一般状况。它是历史科学的一个组成部分，但它又不同于一般的历史研究。历史研究是以文献研究为基础的，而考古学则是研究实物遗存的学科，它是依靠自己特定的方法来研究和复原人类社会的本来面貌，通过开展考古调查、发掘和综合分析研究全部实物遗存来解决历史研究中的问题。中国新石器时代考古研究的是我国境内的新石器文化，其上限是旧石器时代以后，下限是传说中的夏代以前。

2）新石器时代考古研究的基本方法主要有三个：

①田野考古学是新石器时代考古开展科学研究最基本、最重要、最直接有效的方法。同其他时段的考古相比，新石器时代考古有自己的特点。这个时期由于一直没有定型的文字，没有当时记载下来的文献资料，后来的典籍中虽然有一些关于这个时期的记述，说到底也都不过是传说的产物，可信度较差，若要引用均需进行严格筛选和考证，所以，如把这一阶段的考古资料同文献史料相结合进行研究，难度将会比有史时代任一阶段的考古都要大。另一方面，新石器时代考古与旧石器时代考古也不一样，旧石器时代考古研究方法上有不少是借助于第四纪地质学的研究成果，而新石器时代考古在相当长的时期内，研究方法和手段则主要是借助于田野考古的地层学和物质

遗存的类型学。考古地层学的基本作用在于确认文化堆积间的相对年代关系，即在进行研究工作尤其是田野发掘过程中，要通过观察分析遗迹现象及文化层等各种堆积单位之间的叠压打破关系来认定孰早孰晚，以保证能按不同的堆积单元分别收集其伴出文化遗物，免得造成混乱，为后来的全面深入研究奠定良好基础。

②科学比较法，即各种遗存的对比分析，也叫类型学或形态学。对出土的各种文化遗存进行梳理分类研究，从纵横两个方面分辨其异同，以便弄清楚遗存递变的轨迹和不同时段的文化特点，这是深化考古学认识论必不可少的又一方法。在新石器时代，由于当时居民日常使用的生产工具和生活器皿主要是石器与陶器，陶器本身的性质决定了它是一种极易破损的东西，所以，制作陶器就不可避免地成了人们一项经常性的生产活动，从而使陶器成为数量最多也是最常见的一种遗存，其中那些结构较为复杂的器类往往又是所有遗存中发展变化最快、时段性特点最鲜明的产品。因此，我们在进行类型学比较研究时，常常从陶器入手。

③复原法。在考古实践过程中，需要复原的东西很多，诸如陶器、石器、骨器等遗物的复原，房屋、陶窑等遗迹的复原。为了探明社群规模和组织结构的情况，甚至还要复原村落和聚落群，但不论复原什么都要有依据，要坚持实事求是的科学态度。

3）关于考古学文化的概念和理论。考古学文化同我们通常所说的"文化"在概念上是不一样的。考古学文化常与工具、技术、材料、时间相联系，例如，一种反映某个时代特征的遗物常被用来命名考古学文化，像日本的"绳纹文化"，实际指的是一种在陶器上加饰有绳状花纹的新石器时代文化，在绳纹文化之前尚未出现陶器的那个时期又被称为先土器或无土器文化，而在绳纹文化之后的则叫"弥生文化"。又如，反映一定时代、一定地区某个民族的文化，像中国的夏文化、商文化，在公元前7世纪到公元3世纪分布于里海北岸一带的斯基泰人，他们的物质遗存被称为"斯基泰文化"。再如，反映某种物质文化特点的，像"木椁墓文化"、"巨石文化"等。总而言之，命名考古学文化可以有多种方法，但已为考古学界所公认并且最常见的做法，是把考古学文化视为具有一定分布地域，处在一定时期，具有一定特征的遗迹和遗物的共同体。这三个方面构成了考古学文化命名的基本条件。所谓遗迹，通常指的是那些房子、墓葬、窑、水井、道路、沟渠、灰坑和窖穴等古代人工建筑类遗存，遗物则是指人工制造和遗弃的各种质料的体积较小因而可以任意搬动的物品。我们区分不同考古学文化和不同的文化时期凭借的就是这些遗迹、遗物。对考古学文化进行命名，一般是在兼顾上述三要素的基础上，选用最先发现这类遗存的小地名。但是，从以往的经验教训看来，这种做法也并不是完美得没有缺陷的，因为最先发现的遗址，其内涵在同文化中未必都具有典型性，该文化的基本面貌和特征在其遗存中不一定都能清楚地反映出来，用这样的遗址命名文化常常会引起争论，造成许多不必要的麻烦。所以，在命名考古学文化的问题上，我们主张既要坚持以上三原则，又要慎重，考虑周全。

考古学文化在新石器时代考古研究中占有重要地位。这一时代的各个文化往往同氏族、部落具有较密切的关系，但它们又不都是完全等同的，这是研究这个时期考古资料的一个重要特点。新石器时代考古需要通过研究物质遗存来区别各个考古学文化,并透过文化去研究、复原社会的本来面貌。为了准确把握考古学文化发展变迁的脉络和同时期不同文化间的互动关系,研究过程中,还要将考古学文化区别成不同的地区类型,划分出不同的变化期,这样才有助于研究深化、全面,避免走弯路。

4)新石器时代考古的年代学。这一时期的年代有相对年代和绝对年代。所谓相对年代是指某遗存、某文化早于或晚于某遗存、某文化,确定相对年代在很大程度上要依靠考古地层学和比较类型学,即依据各种遗迹和地层间的叠压打破关系,并通过对比研究早晚不同堆积单位伴出遗物形态、装饰等方面的特点,将同类器物前后变化的规律弄清楚,以此来确定谁早谁晚,这就是遗存的相对年代。只要地层关系可靠,类型学研究方法运用得当、准确,相对年代还是可信的,具有一定的绝对因素。绝对年代是指以太阳年为计算单位的年代。20世纪六七十年代以来,我国已运用了一些现代科学技术手段来测定绝对年代,这些已在运用或尚处于试验阶段的新技术有碳十四年代常规测定法、陶片热释光测年、加速器分离测年和铀系法测年等。

5)新石器时代考古同其他学科的关系。作为历史科学一个组成部分的新石器时代考古,同人类史前史的关系十分密切,中国这个阶段的历史研究有很大一部分要靠从地下挖出来的实物资料才能进行修订和重建。同时,新石器时代考古还要与其他学科结合,利用这些学科例如体质人类学、动物学、第四纪地质学、环境生态学及民族学等学科的研究成果,开展综合性研究。近二三十年来,这种综合性研究越来越普遍,并开始取得了一些成果。

（二）中国新石器时代考古发展简史

自近代考古学引入我国以后，经过大半个世纪的工作，现在，我们自己的考古学体系已建立了起来。回顾我国新石器时代考古已走过的道路，今天的许多重大发现和研究成果是以往所无法匹比的。概括说来，我国的新石器时代考古研究大致可以划分成如下几个时期。

1. 新石器时代考古的发端期

这一时期的工作大约可分成两个阶段。

第一阶段是古代典籍中记述的偶然发现。如东汉人袁康在他的《越绝书·宝剑篇》里写到，风胡子对楚庄王说："轩辕、神农、赫胥之时，以石为兵，……黄帝之时，以玉为兵……"；后来，宋人沈括在《梦溪笔谈》一书里也说到"元丰中予居随州，夏日大震，一木折，其下乃得一楔，……楔乃石耳，似斧而无孔"。这表明我国古人很早以前就注意到了这些东西，知道它们是前人留下来的工具或武器类遗物，其年代当比较早，但这些发现应该都不是通过有目的、有计划的主动工作得来的，均带有偶然性。

第二阶段是有目的地调查新石器时代遗址。这个阶段的工作有不少是外国人参加做的。19世纪末到20世纪初，随着一些西方传教士和学者进入我国，他们在很多地方调查了一些文化遗址，采集到了一些属于新石器时代的文化遗物，并把一些近代的考古学方法带了进来。其中，比较重要的有：瑞典人斯文·赫定在20世纪20～30年代与中国学者组成西北科学考察团，历经内蒙古、宁夏、甘肃和新疆等地，对这些地区进行了大规模综合性调查，涉及的学科有古气象、古地理、古生物和考古等。大约与此同时，日本考古学家鸟居龙藏则主要调查了东北和内蒙东部一些地区。第三个外国人是瑞典学者安特生，他主要是在黄河流域做了一些调查和发掘工作。此君在出任中国北洋政府矿业顾问期间，先是在 1920 年委派中国人刘长山去河南渑池县仰韶村一带调查采集到了一些含有彩陶片的文化遗物，次年，他根据刘长山带回遗物所提供的线索，组织并主持了对仰韶村文化遗址的首次发掘，结果发现了很多属于新石器时代的陶器和磨制石器，其中绘画有彩色花纹的彩陶尤其丰富，这类遗存后来被命名为"仰韶文化"。中国学者袁复礼也参加了这次工作。发掘结束后，安特生将主要收获编写成简报性的《中华远古之文化》（1923 年）一文。中国新石器时代考古由安特生组织领导的这次田野发掘，遗址文化堆积间相互叠压打破的早晚关系虽然没有搞清楚，出土遗物较混乱，但这毕竟是一次有目的有计划的考古发掘工作，标志着中国从此已开始运用近代考古学方法进行考古学研究了。这期间，安特生还去甘肃和青海地区调查、发掘了一些新石器时代到青铜时代的遗址，后来，他将这些工作收获先后撰写成《甘肃考古记》（1925 年）和《黄土的儿女》（1934 年）等著述，并把甘青地区发现的古文化遗存划分成齐家、仰韶（半山）、马厂、辛店、寺洼（卡约）和沙井六期。在其所收集到的属于新石器时代的陶器中，由于"齐家期"少见彩陶，而半山和马厂两个时期的彩陶却均较多，他认为彩陶比较漂亮美观，制作工艺技术比单色陶器必定要先进，还认为马厂期的彩陶花纹线条简约流畅，比半山期似显得更加成熟。出于这样一种假说，于是界定"半山期"晚于"齐家期"并早于"马厂期"。同时，他还曾一度认为东方比较落后，推测中国的彩陶可能是由西方传入的。现在看来，由于受当时考古学方法论和考古资料的局限，安特生的这些认识和结论除了"马厂"事实上晚于"半山"外，大都是错误的。即使是如此，安特生毕竟是中国新石器时代田野考古的开创者，对中国近代考古学研究的起步是有贡献的，他的错误主要是由历史原因造成的。

2．早期阶段的主要成果

这个时期的工作主要都是由中国人自己做的。

最早独立从事中国新石器时代考古的中国人是李济先生。李济（1896～1979）1918年从清华学堂毕业后，便赴美国留学，先后在克拉克大学和哈佛大学心理学、社会学和人类学专业学习并获哲学博士学位。1926年，他作为清华学校国学研究院的一名教员，同地质学家袁复礼一起发掘了山西夏县的西阴村遗址，获得了一批单纯的仰韶文化遗物。他们的工作方法是在发掘区内采用若干个2米见方的小探方逐渐下挖，出土遗存按三维坐标法作详细记录，事后，他还写出了较详尽的发掘报告《西阴村史前遗存》（1927年）。该遗址文化遗存的地层关系虽然仍没有都搞清楚，遗迹现象也没能完整地做出来，但这毕竟是由中国人自己进行的首次田野考古发掘工作。到了1928年，中国有史以来第一个专门考古研究机构——中央研究院历史语言研究所考古组成立，李济为主任，其他成员有梁思永、刘燿（尹达）、吴金鼎等，从此便开创了中国新石器时代考古发展的新篇章。

梁思永（1904～1954）1923年毕业于清华学校留美预备班，随后去美国哈佛大学攻读考古学和人类学，1930年获硕士学位，归国后到中央研究院史语所考古组工作，先后主持和参与了黑龙江昂昂溪、山东章丘龙山镇城子崖、日照两城镇、河南安阳殷墟、侯家庄和后岗等新石器时代到商代几处遗址的发掘，为中国考古学沿着科学轨道成长做出了非常重要的贡献。就新石器时代考古而言，以他参与发掘的城子崖和后岗两遗址尤其重要。1930～1931 年，他和吴金鼎等人发掘了城子崖遗址，发现了有别于仰韶文化的龙山文化，并编撰出版了发掘报告《城子崖》（1934 年）。发掘过程中，他们开始注意到文化堆积土色土质变化的情况，企图依此来确认各种堆积及其伴出遗存间的早晚关系。1931～1934 年，他和刘燿等人发掘的后岗遗址又发现了商代文化（小屯）、龙山文化与仰韶文化三种遗存依次叠压的层位关系，撰写了《小屯、龙山与仰韶》一文，因而从考古地层学上解决了豫北地区的仰韶、龙山和商代三种文化的相对年代问题。自此，在相当长的时期内，仰韶文化与龙山文化便成了中国新石器时代考古研究的主要内容。梁思永先生的这些工作，不但将中国考古学引入现代考古学的门槛，为后来中国田野考古学沿着科学化道路健康发展开启了正确方向，而且还丰富了新石器时代考古的资料，增添了新知识，为全国范围新石器时代文化谱系的建立打下了良好基础。

尹达（刘燿）（1906～1983）1932 年河南大学毕业后，也到史语所考古组工作。他在河南大学学习期间，就曾参加过河南安阳小屯和后岗两遗址的发掘。大学毕业后，在中国新石器时代考古方面的主要贡献是参加发掘了山东日照两城镇龙山文化遗址，并写了一些文章，批评了安特生在中国新石器时代分期问题上的一些错误观点。这些文章后来均被收入他的《中国新石器时代》一书（1955 年）。

抗日战争爆发后，我国的考古工作由于战乱基本陷入停顿状态。这期间，有少数人仍坚持做了些调查和发掘，其中，属于新石器时代比较重要的工作是，夏鼐先生 1944～1945 年对甘肃一些地区进行调查时，在发掘清理宁定县阳洼湾遗址两座齐家文化墓葬的填土中，发现了马家窑文化时期的彩陶片，为判定甘青地区的马家窑文化早于齐家文化提供了地层学依据，从此便改正了安特生关于甘青地区新石器时代文化分期问题的错误。

3. 新石器时代考古的发展

新中国成立以来，随着国民经济和各项文化事业的蓬勃发展，整个中国考古学亦进入了快速发展期。就新石器时代考古而言，这半个世纪发展变化的情况大致可分成四个阶段。

1）1949～1954 年，简单地说，这是一个为以后开展大规模工作做准备的阶段。主要工作集中在三个方面：一是从中央到地方建立了一套专业管理和科研机构；二是在北大增设考古专业，招收本科生，同时还开办训练班，从专业机构中选拔现职干部学习培训，为全国各省区输送了一批专门人才；三是对以往有争议的问题继续开展一些调查和进行小规模发掘，如当时的科学院考古研究所围绕仰韶文化的内涵问题，曾组织了对陕西沣河、浐河等流域及河南的郑州、渑池和灵宝等地的专项调查与发掘，发现了一些含有仰韶文化遗存的新遗址，对仰韶村一类遗存也有了一些新认识。

2）1955～1965 年，这十年左右的时间是新石器时代考古普遍开展起来并取得了许多丰硕成果的阶段。这期间，先是以配合黄河三门峡和刘家峡两个水库的建设为契机，文化部和中国科学院考古研究所共同组织了黄河水库考古工作队，于

1955~1956年先后对两个库区及其周边地区开展了大规模的文物普查，由此带动起了全国范围的古文化遗址调查工作。据1960年的统计，全国发现的新石器时代遗址有3000余处。在进行文物调查的同时，还对一些遗址做了规模不等的发掘。其中，当首推半坡遗址的发掘最重要。为了探索原始社会晚期的氏族制度，选定西安半坡仰韶文化遗址为重点发掘对象，工作从1954年开始，一直延续到1957年，揭露面积累计约10000多平方米，发现了仰韶文化时期保存较好的房屋建筑基址30多座，伴出其他同期重要遗迹现象还有墓葬、瓮棺葬、烧制陶器的窑场、饲养家畜的圈栏、储物的窖穴及环绕村落的围沟等。发掘过程中，为便于控制地层和辨认各种出土遗迹现象，利于遗迹资料的完整性，基本工作方法是将发掘区按5米见方的探方布成一整片方格网，然后以探方为单位同时逐层下挖。这是吸收了苏联发掘乌克兰的特里波列村落遗址的经验，同过去的工作相比，这次工作目的明确，工作方法采用探方法进行大面积揭露，比以往用探沟法或小探坑只做小范围的探掘显然要进步多了。半坡遗址的发掘由于开了我国新石器时代聚落研究的先河，在中国新石器时代考古学史上是具有划时代意义的。这期间在中原地区发掘的另一些仰韶文化系统的遗址，较重要的还有陕县的庙底沟、三里桥、华县的元君庙以及安阳的后岗和大司空村等。通过对庙底沟和三里桥两遗址的发掘，提出了仰韶文化向龙山文化过渡以及这两个文化都可以再分期的研究课题。元君庙遗址的发掘，发现了一处仰韶文化早期阶段的墓地，为探讨当地居民的埋葬习俗和氏族制度提供了一批丰富资料。后岗和大司空两遗址的发掘则提出了把豫北地区的仰韶文化划分成后岗与大司空两个类型的问题。此时的"文化类型”与“文化期”在概念上尽管还是含混不清的，但当时能够在比较不同地区不同时期仰韶一类遗存异同的基础上，将豫北地区前后两个阶段的遗存同西区的仰韶文化区别开来，在该文化的研究中毕竟也是向前迈进了一步。此外，这一时期其他地区的工作也有一些重要发现，取得了重大突破，诸如：黄河下游地区有山东泰安大汶口、曲阜西夏侯及江苏邳县刘林和大墩子等新石器时代晚期遗址的发掘，晚些时候这类遗存又被统名之为大汶口文化；在长江中游地区，有川东巫山大溪及江汉平原地区京山屈家岭和天门石家河等遗址的发掘，后来被分别命名为大溪文化与屈家岭文化；长江下游则有浙江嘉兴马家浜、上海青浦崧泽等遗址的发掘以及后来关于马家浜文化的命名等等。

　　总起来说，这个时期的工作开展比较多，学术气氛比较活跃，发表的研究性文章也不少，集中讨论了仰韶文化的分期、社会性质及其与中原地区龙山时代文化的关系等课题。1958年，又提出了建立马克思主义的中国考古学体系问题，原本希望考古工作者能经过马克思主义的学习，自觉地运用马克思主义的理论、观点和立场指导考古研究实践，但在这一过程中，却同国内其他领域一样，也曾提出过一些不恰当、不切实际的口号，并出现了一些不正常的倾向和做法，干扰了研究工作的正常开展。

　　3）1966～1976年，是全国大动乱的十年。这个时期的前几年，考古工作陷入了全面瘫痪、停滞状态。1972年，随着《文物》、《考古》和《考古学报》三大杂志相继复刊，文物、考古领域开始出现了一线生机。在此前后，某些单位和个人尽管坚持做了一些田野调查与发掘工作，而且也有一些重要发现，但从全国范围来说，直到动乱结束，新石器时代考古大体仍都处在逐渐恢复时期。

4）1977 年以后，是考古研究进入全面和快速发展的时期。这主要体现在如下几方面：

一是学术氛围空前活跃，学术性讨论会议多，新增学术刊物多，公布调查、发掘报告及研究性文章多。例如，1977 年在南京召开的长江下游新石器时代文化学术讨论会上，与会学者就长江和黄河下游地区诸新石器文化的变化过程、文化特征、文化命名、文化关系及社会形态等问题各抒己见，展开充分讨论，相互交流吸收，有力推动了相关课题的深入研究。1979 年，中国考古学会成立，并在西安召开了第一次年会，此后又相继开过八次年会，每次年会中心议题明确，研讨多较深入，并均有讨论文集出版。除了这些全国性的大型会议外，还有些是有关新石器时代文化区域性的或某遗址发掘现场的小型研讨会。这种小型会议与会人数虽往往不很多，但大家边看边议，面对实物说话，讨论的问题具体、深入而广泛，形式生动活泼，对促进这些地区新石器文化研究的深入发展均起到了积极作用。新增加的考古类学术刊物，定期的有陕西的《考古与文物》与《史前研究》（现已停刊）、河南的《中原文物》和《华夏考古》、湖北的《江汉考古》，不定期的有《考古学集刊》、《文物集刊》、《文物资料丛刊》、《内蒙古文物考古》、《湖南考古辑刊》、《浙江省文物考古研究所学刊》等等。

二是由于考古调查与发掘在全国范围的普遍开展，发现并确认了许多属于新石器时代的新遗址和新文化。据不完全的统计，现在全国已知的新石器时代遗址总数约上万处，既有距今万年左右的，也有很多是距今 9000～4000 年之间的。在那些距今约七八千年的文化遗存中，1976年发掘的河北武安磁山遗址，其出土遗存的面貌由于与已知的仰韶文化迥异，并认定其年代当比后者早，遂另行命名为"磁山文化"。此后，随着磁山文化的发现和认定，分布在其他地区，且与磁山文化大致同时的另一些文化遗存也都相继被识别了出来，并被分别命名为"裴李岗文化"、"老官台文化"、"北辛文化"、"兴隆洼文化"、"河姆渡文化"、"皂市下层文化"（"城背溪文化"）等。这是这个时期一项非常重要的收获。

三是随着不同时期许多新文化和新文化类型的发现，对整个新石器时代进行再分期研究不但有了一定的工作基础，而且也很有必要。目前，考古学界比较认同的做法是把中国新石器时代划分成早、中、晚和铜石并用四大期或曰四个发展阶段。所谓"铜石并用期"或"铜石并用时代"即将龙山文化时期的诸文化从过去的新石器时代晚期中分离出来，单列一期。

四是一些遗址的发掘规模比较大，伴出各种遗存比较丰富、全面，关于中国史前聚落形态及其变迁、文明的起源与文明化过程等前沿课题研究已经起步，并取得了一些初步成果。揭露面积较大的聚落遗址有内蒙古敖汉旗的兴隆洼、陕西临潼的姜寨、甘肃秦安的大地湾及山东兖州的王因等。其中，姜寨遗址经过前后十一次发掘，揭露面积累计达17000多平方米，结果发现了一处仰韶文化比较完整的早期村落遗址，使我们对氏族社会晚期的社会结构和居民的生活状况又有了新认识。与此相关联的是，这个时期还新发现或确认了不少早期的城址，诸如山东邹平的丁公、章丘的城子崖、河南登封的王城岗、淮阳的平粮台、湖北天门的石家河及湖南澧县的城头山等等。现有资料表明，这些早期城址的出现，正是新石器时代晚期以来聚落群内部和人类社会群体不断发生贫富分化的必然产物。

五是在内地的工作有了很大发展，取得了不少重要研究成果，同时周边地区的新石器时代考古也有了很大起色。例如，内蒙古除该区东部发现了新石器时代中期的兴隆洼文化外，近二十年来，考古工作者又在其中南部调查和发掘了多处遗址，像岱海地区的老虎山、园子沟、石虎山、王墓山坡上、板城及黄旗海地区的庙子沟等遗址，不但揭露面积均较大，伴出遗存丰富，而且后期的资料整理研究工作也都较深入，出版了发掘报告并有多篇研究论文发表，认定这些遗存大体都属新石器时代晚期和铜石并用时代，并分别称为"海生不浪文化"和"老虎山文化"。其他如黑龙江、广东、福建、云南、西藏等边远地区同内地一样，也都开展了大规模文物普查并发掘了一些属于新石器时代的遗址，像新开流（黑龙江密山县）、石峡（广东曲江县）、卡若（西藏昌都）、宾川的白羊村和元谋的大墩子（皆云南）以及昙石山（福建闽侯县，该遗址实际早在1954年就作了首度发掘，后来又先后发掘了六次，虽已公布了部分出土资料，但同新开流、石峡等遗存一样，文化分布状况至今仍不明）。

六是某些新技术被运用于考古学领域，如利用多种现代技术测年、用植硅石检测鉴定古植物的种类和研究栽培农业的起源等。新石器时代考古同古生物学、第四纪地质学相结合研究古气候、古生态环境，在此时开始发展起来，步入了开展多学科综合性的研究阶段，必将大大促进新石器时代考古学科理论与方法论的发展。

所有这些都说明，我国的新石器时代考古在这一时期已进入了空前繁荣的阶段。

（三）中国新石器时代的分期与分区

我国幅员辽阔，随着全国范围新石器时代不同地区、不同时期的多种考古学文化相继被发现，兼以我国自 20 世纪 70 年代初公布了我们自己测定的第一批碳十四年代数据以来，新石器时代诸文化实测出来的绝对年代也越来越多，有了碳十四年代的辅助，考古研究中的某些疑难问题就比较容易搞清楚了。在这种背景下，为了使我们的研究工作得以顺利开展，更好地认识、把握不同地区物质文化发展变化的过程和特点，便不仅有必要而且也有可能将我国的新石器时代文化划分成几个大的发展阶段和文化区。

1. 分期

就全国范围而言，新石器时代文化可大致分成早期、中期、晚期和铜石并用时代四个阶段。社会生产力的变革是推动人类社会向前发展进步的基本动力，因此，社会生产力发展的水平即为我们划分这四个时期的主要依据。需要说明的是，由于不同地区之间物质文化发展变化的情况并不都是均衡的，每一时期的所有文化也并非都是齐头并进的，有的文化产生的时间要早一些，有的文化实现向后续文化的过渡则可能会晚些，前后两期之间必然会有早晚文化短暂的交叉现象。所以说，这里的分期只能是就总体而言，并不都具有绝对意义。

新石器时代早期：目前有关这一时期的资料尽管还不太多，但在大江南北却都有所发现。总起来说，此时南北方的石器均仍以打制的为主，磨制的很少，而且往往多仅限于刃部的粗磨，同时开始制作并使用了陶器，器类单调，胎壁厚薄不

匀，制作粗糙，火候低，陶质普遍松软。居民的经济生活虽仍
以渔猎和采集为主，但已有了初期的栽培农业和家畜饲养业。
总之，从几个方面考察，这个时期的文化面貌都显得比较原
始。另外，几个遗址测得的碳十四年代数据大都在公元前
8000 年上下，也可证明其确实比较早。

新石器时代中期：迄今已发现的考古学文化比较多，黄河
流域有磁山文化、裴李岗文化、老官台文化与北辛文化，辽河
流域有兴隆洼文化及新乐下层和小珠山下层等遗存，长江流域
有皂市文化或称城背溪文化以及河姆渡文化。总体来说，这个
时期的特点是打制石器仍较多，但磨制石器数量与器类均显著
增加，陶器不论数量还是器类皆明显多了起来，造型趋向规则
圆整，烧成温度亦明显增高，表明烧制技术比前一时期已有较
大进步，农业与家畜饲养已成为居民日常的主要生产活动。碳
十四年代大体约在公元前 7000～5000 年之间。

新石器时代晚期：这个时期的工作开展最普遍，研究也最
深入，发现最早的是仰韶文化，后来又陆续发现了黄河上游的
马家窑文化、黄河下游的大汶口文化、辽河流域的红山文化、
长江中游的大溪文化和屈家岭文化、长江下游的马家浜文化和
良渚文化以及南岭一带的石峡文化等。这个时期的主要特点
是：生产工具和加工工具以磨制石器为主，一般说来，石器磨
制均较精细，制作技术更加熟练，已知道运用切割法加工石
材，使石器粗胚的成品率得到大大提高。一些石器还流行穿
孔，先出现琢钻的穿孔，一般采用两面对钻，稍后又有了管钻
穿孔技术。在陶器制作方面，已普遍有了陶车工具，先是采用
慢轮陶车对手制成型陶器进行修整，尔后又发明了快轮陶车，
出现了轮制陶器。陶器群器类比前一时期进一步增多，造型大

都较美观，胎壁厚薄较均匀。烧制陶器则普遍使用了陶窑，陶器烧成温度较高，质较坚硬。在此以前，陶窑罕见，烧制陶器通常多采用平地堆烧。这时的陶窑前后也有明显变化，前期的窑室一般多为直壁式，烧制过程中，由于窑室顶部不便封口，空气畅通，陶土里的铁在高温下因而得以充分氧化，遂导致陶器多呈红色和红褐色。与此相关联，某些文化的陶器装饰流行彩色花纹（即彩陶）也大都见于这一时段。中后期开始有了封顶窑，由于烧制时又加进了还原反应过程等技术措施，所以，烧出来的陶器多为灰色或黑色。这个阶段的农业和家畜饲养业一般都比较发达，在当时人们的经济生活中已处于主导地位。这一时期的碳十四年代大约在公元前 5000～2500 年之间。

铜石并用时代：关于这一时期的划分，目前有两种处理办法。一是把这个阶段的上限年代提前到公元前 3000 年前后，然后再将这一时段分为前后两段，前段包括仰韶文化晚期、大汶口文化晚期、红山文化后期以及屈家岭和良渚等文化；后段的重要文化都是与龙山文化基本同时的诸文化。二是仅将龙山、客省庄、齐家、石家河、陶寺、造律台、王湾三期、后岗二期及老虎山等龙山时代的考古学文化或文化类型视为铜石并用时代。以迄今的考古发现看来，笔者认为后一种做法是切合实际的。现有资料表明，我国的氏族社会远在公元前 4000 年左右，聚落群内部的中心聚落与非中心聚落及社会成员贫富分化现象在某些经济文化比较发达的地区就已经产生了。当到了公元前 3000～2500 年时，各个文化虽然普遍步入了急速发展的快车道，社会贫富分化现象也更加明显，人们已产生了等级观念，并出现了早期城市等因素，但不管哪个阶层的居民，他们日常所使用的器具（包括工具、兵器、饰件和生活器皿等）

仍是磨制石器、骨器、角器、玉器和陶器，却唯独不见铜器。所谓"铜石并用"，既使用石器，又使用铜器。我国新石器时代考古至今发现的早期铜器（包括铜渣），经鉴定，大都是含锌量较高的黄铜，质态较软，而且，凡出土地层关系清楚者，均属龙山时代诸文化。史前考古学毕竟是主要凭实物说话的学科，即使是推论也要有充分依据，我们目前还不能仅据新石器时代晚期的后段所产生的若干新因素去推想当时"可能"或"应该"有了铜器，所以，将一个实际上尚未出现铜器的时期也归并为"铜石并用时代"应该说是名不副实的。

我国铜石并用时代诸文化的共同特征是，已开始有了少量小型的铜质工具，但石器依然是人们从事各种生产活动及征战时大量使用的主要工具和武器。此时的石器皆通体磨光，形体较扁薄，棱角清晰方正，刃口锋利；快轮制陶盛行；建筑工具开始有了"夯"，建筑材料有了土坯，有的地方或许还出现了砖，这个时期的城址分布已较普遍；在埋葬制度方面变化则更加显著，某些大型聚落发现了有大量精美随葬品的大型和特大型墓葬，并有迹象表明，随着等级观念深入人心，聚落内的富者和贫者死后已被分别埋入了不同的墓地，昭示社会等级制度虽然可能还不很完善，但至少又得到了进一步发展。这些现象说明，此时的社会是一个实行全面急剧变革的时期，氏族制度已开始走向解体，并跨入了早期文明的门槛。本阶段的碳十四年代一般多在公元前 2500～2000 年之间。

2. 文化分区

新石器时代居民的物质文化分布和经济形态，比后来的居民自然会更容易受到自然条件的影响和制约。影响我国新石器文化的自然条件主要有：不同的地形和地貌，纬度高低不同，距海洋远近不同。这三个因素直接影响着新石器时代居民的生产和生活，导致不同地区的居民获取生活资料的方法与生活方式不尽相同，因而造成了他们的社会产品，包括生产工具和生活用器等呈现出这样或那样一些差别，于是，便产生了我国新石器时代不同的经济文化区。概括说来，新石器时代大体有三大经济文化区：

1）江南区，包括长江北岸的部分地区，南及珠江流域。该区自然条件的基本特点是，纬度低，地形地貌相对说来较低平，河湖分布密集，距海洋多不很远，气候比较温暖湿润，常年温差小，年降雨量充沛，地下水位多偏高，加上植物生长期长，非常适宜种植水稻，所以，新石器时代自人工栽培农业产生以后，这里便逐渐形成以水田稻作农业为主的经济文化区。与这种自然条件和经济形态相适应，其居民的生产工具多用木器和骨器，石器反而不很发达，房屋则流行地面起建的和干栏式的建筑，且极少使用窖穴来贮藏物品。

2）黄河中下游及辽河流域。这一区的纬度稍偏高，地形地貌西高东低，东半部主要是华北大平原，靠近海洋，西部则基本上是黄土高原，距海较远，大部分地方属大陆性气候，四季分明，冬季寒冷，年平均气温较低，植物生长期较江南区短，年降雨量也比江南区少得多，呈半干旱状态，地下水位普遍偏低。因此，本区只能是以粟、黍类旱地农作物为主的经济文化区。其石器制造一般都比较发达，器类多样，收割谷物的工具常见刀、镰。由于冬季保暖的需要，在相当长的时期内，房屋建筑普遍流行半地穴式，并盛行使用窖穴来贮藏物品，这种文化特点同本区的自然条件和经济形态显然也是基本相适应的。

3）东北、内蒙古北部、新疆和青藏高原区：本区的纬度多偏高，地势大都较高，距海较远，属典型的大陆性高寒气候区，四季和昼夜温差大，大部分地方年均降雨量稀少，干燥寒冷，植物生长期短促，我国境内的一些大草原和大沙漠主要分布在这一带，总体说来，生态环境比较恶劣，不具备首先产生农业的条件，部分地区条件即使稍好一些，如近海，盆地，年降水量稍多等，农业起步也都较晚。所以，在新石器时代，当地居民的经济性活动只能是以狩猎、采集和放牧为主，他们日常所使用的工具在相当长的时期内亦大都是细石器。

依迄今的考古发现看来，凡文化总体面貌基本清楚的遗存，自新石器时代中期开始，上述三个经济文化区都能进一步划分成若干个小区或曰文化系统。江南区从早到晚就有长江中游的皂市（城背溪）—大溪—屈家岭—石家河文化系统；长江下游地区的河姆渡—马家浜—良渚文化系统；珠江流域新石器时代中期以前及铜石并用时代的文化尽管还有待继续探索，但从石峡文化遗存考察，似亦可另划一区。黄河流域中游地区由早及晚有老官台、裴李岗、磁山—仰韶—中原龙山文化系统；黄河下游有北辛—大汶口—龙山文化系统；辽河流域则有兴隆洼—红山文化系统。这些文化区域的形成，应该与我国传说时代不同族属的先民以及他们各自的文化传统具有密切关系，其中，裴李岗—仰韶—中原龙山系统同华夏集团的地望基本相吻合；北辛—大汶口—龙山系统与东夷集团所在地域相符；皂市—大溪—屈家岭—石家河系统的分布区基本上是苗蛮集团之所在；而河姆渡—马家浜—良渚系统则有可能是古吴、越族的遗存；以石峡遗存为代表的一区似同古百越族关系更密切。这些区域不但物质文化面貌不同，文化传统和族属不同，而且每一族属都是经过了长期发展，逐渐融合后才形成的。基于此，考古研究中，不仅需要划分不同的文化区，识别不同的考古学文化，而且还要根据同一文化不同地区间遗存反映出来的文化差异将区域再进一步划小，分出若干地方类型，每一类型再依遗存前后变化的情况分成若干发展期，以便能准确把握其物质遗存嬗变的轨迹和人类不同群体的融合过程，并全面认识该文化的特征。

一 新石器时代早期

考古学的旧石器时代相当于地质学年代的更新世，这个时期大约结束于公元前 12000 年左右。在我国，随着最后一个冰期（大理冰期）的结束，更新世也就结束了，接着便是地质年代全新世的到来。此后，同全球其他地区一样，气候逐步回暖，自然条件变得越来越适宜动植物的繁衍生存，人类的生存环境得到明显改善，活动范围逐步扩大，先民居住生活过的地点比旧石器时代显著多了起来。人类文化发展史上的这一变化大都发生在全新世早期。这期间，我们的先民尚处于新石器时代的早期，迄今发现的属于此时的文化遗址数量还不多，各种物质遗存展现的文化面貌普遍较原始。同时，像欧洲、西亚等地区一样，在我国的有些地方也发现了一些含有大量细石器的遗址，其年代，有的较早，有的较晚，有的或许也与这一阶段大体相当。细石器原本是旧石器时代晚期才开始出现的一种工具。20 世纪二三十年代，欧洲的一些学者认为，以大量使用细石器为生计工具的遗存，文化面貌上不但有别于使用纯打制石器的旧石器时代，而且同使用磨制石器的新石器时代文化差异也很明显，其相对年代当处于由旧石器时代向新石器时代过渡的阶段，因而称之为"中石器时代"或"细石器时代"。这一阶段的显著特点是人们广泛使用了弓箭，渔猎和采集仍是当时居民主要的取食方式，他们的经济结构同旧石器时代的攫取经济实际并无本质差别。

　　目前，新石器时代早期依然是我国新石器时代考古中最薄弱的环节。关于我国"中石器时代"文化的问题早在20世纪30年代就提了出来。经过半个多世纪的探索，发现含有细石器遗存的文化遗址，在北方和南方虽然都有一些，但由于所搜集的遗物多系地面采集，地层关系不明，细石器同其他遗物的共存关系大都不清楚，对这些遗址内涵的认识与文化性质的把握自然也就谈不上十分准确明了。但现有的资料已证实，细石器并非只存在于"中石器时代"，从旧石器时代晚期、新石器时代中期直到新石器的发达阶段，不少遗址的细石器遗存往往都占有一定比例，有的地区甚至到了铁器时代，一些遗址有时也会伴出细石器。这充分说明，含有细石器的遗存并不都是"中石器时代"的文化。事实上，我们至今一直还没有找到一处遗址可以完全肯定属于这一时期。当然，晚些时候的遗址不论含有多少细石器，它同"中石器时代"的细石器所起作用应该是不一样的，如果说细石器曾是"中石器时代"的先民作为一种主要工具而制造出来的，那么至少可以认定，后来的那些细石器通常情况下则无论如何也是起不了这种作用的。不过，这种现象或许可为我们提供另一种思路：单以遗址含细石器多少定早晚是否可行，某些含此类工具比较多的遗址年代上是否都必定比新石器时代早期还要更早？近二十年来，我国有些学者已对所谓"中石器时代"的内涵及其普遍意义提出了质疑。如有人指出，经过多年的深入研究，"我国史前文化独立发展的脉络已相当清楚"，虽然"不能排除某些区域内存在着类似于欧洲发展模式的可能性，但就大多数情况而言，特别是目前极其值得注意的农业起源地区，不一定存在着像欧洲那样更新世冰期之后的一个未进入农耕文化的阶段"，并断言，"以不与陶器共生"及有无农业"作为中石器时代与新石器时代的界限至少不具有普遍意义"[1]。"旧石器时代向新石器时代过渡，并非仅一种过渡形式"，"旧石器时代向新石器时代过渡，在世界上不是所有的地区和所有的文化传统都经过细石器阶段"[2]。我们的先民究竟在何时最终完成了由旧石器时代晚期向新石器时代的转变，现在还是一个不解之谜。实现这种转变无疑要有一个过程，这个过程究竟包括了哪些过渡形式，我国石器时代的演进过程到底有没有那么一个"中石器"或曰"细石器"阶段，显然并不是我们现有的资料能够说清楚的，因此，这无疑仍是有待我们进行大量工作继续去探寻的课题。

我国幅员辽阔，南北所处纬度高低不同，人类文化遗存的分布情况各个地区不可能都一样，文化发展变化的过程也不一定都完全一致。由已有的资料不难看出，从旧石器时代直到铜石并用时代，人类文化的发展进程，总的趋势是越早越缓慢，越往后变化的速度越快。大约到了公元前四五千年前，我国正处在一个气候最适宜期，多数地区的气候变得更加温暖湿润，文化发展的步伐进一步加快，各地的新石器文化开始逐渐闪现出灿烂的光彩。约在公元前 12000～6000 年之间，我国的新石器文化大体说来尚处在步入发展快车道的准备阶段。如同前文所说，这期间，在新石器时代早期到来之前，是否还另有某种或某些过渡形式抑或称之为"过渡期"还有待探索界定。所以，本章只能就已知的几种早期遗存扼要叙述如下。

1. 沙苑遗址

在关中盆地东部的洛河流域下游地区，即今陕西省大荔县的南部，有一条狭长的沙丘地带，俗称"沙苑"，沙丘表面往往散布着一些石器等文化遗物。20 世纪 50 年代中期，为配合三门峡水库建设进行文物普查时发现并采集到 3000 多件石器制品。这批石器以细石器和石片石器为主，磨制的极少。一般而言，细石器总的特点是：个体均比较细小，形状有三角形、长条形、梯形、半月形等，所以有人也称之为几何形石器。这种细小石器通常多用来作为刀、弓箭等复合工具的刃部；其石质一般都是选用石英岩系的造岩矿物，如燧石、蛋白石、水晶、玛瑙等硬度较高的石料。石质的优点是具有韧性，打击时常常会呈现出一种贝壳状的断口；制法是打制，即先以直接打击法将石料打出一个台面，然后再从台面上用间接打击法连续砸击，这样打击的力度较柔和，易产生比较长的石片。石料经多次打击产生了若干石片后，剩下来的即为石核。打下来的那些石片常常还要再进一步加工出刃、尖，这就是所谓"细石器"。沙苑细石器的类别主要有刮削器、尖状器、箭头、石叶和石核。其石片石器形体也都不很大，皆系直接打击成片，进一步加工亦采用直接打击法。器类也有尖状器、刮削器等。磨制石器仅发现两件三角形箭头，无铤，平底或圜底。调查报告除认为这两件磨制石器的年代应晚于前述之打制石器外，还把这批资料的年代范围界定在"中石器时代以至于新石器时代初期"，推测当时居民的经济生活应"以狩猎经济为主"，并名之为"沙苑文化"[3]。

2．鹅毛口石器制造场

遗址坐落在桑干河的支流鹅毛口河附近几个相连的小山包上，今行政区划属山西省北部的怀仁县。六十年代初在这一带调查时发现并采集了一大宗石器制品，其中，以大型打制石器为主，磨制石器仅一件，制作大都较粗糙，半成品和废品占了很大比例。石料均系就近采集，以凝灰岩为主，其次是煌斑岩，石英岩极少。遗址范围内凝灰岩、煌斑岩等岩层几乎随处可见，这些岩石质地坚韧，是制造石器取之不尽的原料来源。在一些大石块或露头于地表的凝灰岩巨石上，往往都会见到有许多因打击石片而留下的疤痕，而有的石面上还常见布满了密密麻麻的坑疤，可能是因在上面制作石器而产生的砟痕。所有打制石器都是采用直接打击法制成的，即先以砸击和摔击两种方法打出石片，再把石片置于砧石石面上，用石硾一类工具从两面直接敲击石片，直至将其修理加工成所需要的器形。由于打制石片的技术还比较原始，产出的石片大都短而厚，有些石片的劈裂面甚至呈半球状，所以，石器多为厚重型。基本器类有锤、刮削器（包括盘状、凹刃、凸刃、直刃和圆弧刃等多种形态）、尖状器、斧形器、铲形器及半月形镰或刀等。其中，后三者的基本形态与晚些时候磨制石器的同种器类多相同或近似。唯一的磨制石器是一件石斧，其刃端已残失，器身与背部仅经粗磨，磨制前的砸击加工疤痕尚依稀可辨，这种特征或可表明当时的磨制技术还处于初始阶段。

这次调查在遗址上除见有大量石料、石器半成品和废品并采集了一批成型石器外，没有发现同当时的居民居住生活相关联的遗迹及其他遗物，因此，有理由怀疑，人们当时制作石器为便于就近取材，只是把这里当作一处制造场，他们的生活居住区距此或许不远。鹅毛口尽管只是一个石器制造场，但从上述打制石器观察则不难发现，它既承袭了旧石器时代的某些传统，同时又反映出了一些只有新石器时代才会具备的特点，例如那些数量最多、在新石器时代通常多用于翻土的铲形器以及被报告认定用于谷物收割的镰等，或许是与早期农业生产有关的工具。报告作者依据这批石器的类别与特征，推定其年代当

"属于新石器时代早期"，并认为当时居民的经济生活是狩猎、采集和人工栽培农业并重。

此外，报告作者从鹅毛口的这批资料出发，还重申了他们关于华北地区旧石器时代曾存在着两个石器系统的观点。这两个系统，一是"大石片砍砸器—厚尖状器系"，另一是"小石片—船头刮削器系"。两个系统的差别主要在于：前者的石器群以大型的为主，极少见细石器；后者的石器群中不但有许多大型石器，而且往往还包括了大量细石器。这种差别应是"反映了彼此经济生活方式的不同"。在前一系统中，人们的经济生活"以采集为主，辅以狩猎和其他"，"后来农业的产生是建立在采集发展的基础之上的"；而在后一系统中，人们的经济活动则"偏重于狩猎和捕鱼，辅以采集和其他"，石器群中细石器含量越多，说明经济结构中狩猎经济所占成分越大，随着猎捕来的动物增多，便为人工饲养家畜的诞生创造了必要的条件[4]。

3. 南庄头遗址

河北省徐水县南庄头遗址坐落于太行山东麓和华北平原之西缘，源出太行山系的两条小河（萍河和鸡爪河）分别自北而南穿过其东西两侧。遗址面积约 2 万平方米，20 世纪 80 年代中期文物普查时发现后，前后共进行了三次发掘。主要收获是发现了两层属于新石器时代早期的文化堆积以及 2 个灰坑和 2 处烧火遗迹。两处烧火遗迹皆系近似圆形的红烧土堆，烧土最厚约 15 厘米，其中的一个还发现有十几块陶片。在伴出的遗物中，石器有磨盘、磨棒和锤，骨角器有锥、箭头，陶片共 50 多块以及遗有人工凿痕的木棒、木板等，其他还有一些动物遗骨和植物籽实。据鉴定，石磨盘和磨棒的石质以石英砂岩居多，有的磨棒系闪长岩。有的磨盘顶面周侧厚，中间薄，研磨面显著内凹，表明使用时间较长久。有的磨盘和磨棒上面尚留有冰川作用的擦痕或切割痕，人为加工修琢的痕迹不甚明显。骨、角器多以鹿骨和鹿角经砍、削、磨而成。陶片质地全都含沙，有的还杂有云母碎末或蚌壳粉末，陶色多不纯，以灰陶居多，红陶和红褐陶很少，烧成温度普遍偏低，质多较松软。器表大都有纹饰，常见的是绳纹，附加堆纹其次，刻划纹极少。可辨器类有直腹罐和钵。经对动物遗骨进行鉴定得知，这一带当时陆生动物的类别有马鹿、斑鹿、麋鹿、麝、狗、猪、狼、鸡、鹤等，猪和狗都有可能是人工饲养的。水生动物主要有蚌和螺。而通过对植物孢粉取样测试分析后则认为，基于当地耐旱的灌木麻黄、菊科、蒿科、禾本科花粉都较多，"当时的环境就总体而言是偏凉干"。这一结论同前文所述基本上是相吻合的。

这两层遗存经碳十四检测的六七个年代数据多在公元前8000年左右，上下摆动幅度不大，基本上是可信的。这时的居民不但已会制作并在日常生活中使用了少量陶器，而且还有了家畜饲养业。发掘简报和有关论述性文章基于这批遗存既有石磨盘和石磨棒等加工谷物的工具，同时又有家猪等家畜存在，均进一步推测此时或许已经有了人工栽培的早期旱作农业[5]。

4. 南方地区的洞穴遗址

南岭及其周边的低山丘陵多系石灰岩地区，由于长期受水力侵蚀作用而生成了许多天然的溶洞，一些适合古代人类栖身生活的岩洞便往往成为先民首选的居址，所以，在不少山洞及其左近常见有不同时期的居民留下的遗迹、遗物和其他活动痕迹。其中属于新石器时代早期的洞穴遗址现已发现了多处，兹择其要者叙述说明如下。

玉蟾岩遗址

玉蟾岩，俗称蛤蟆洞或麻拐岩，地处北纬25°30′，东经111°30′左右。行政区划属湖南省道县寿雁镇。道县位居湖南省南部，全境大都处于南岭北麓一山间盆地内。岩洞坐落在一石灰岩小山丘的下部，高出周围现地面约5米，洞口部分如同一宽敞的厅堂，长约12～15米，进深6～8米。古代的文化堆积均见于洞厅内。20世纪90年代前期对该遗址先后做了两次发掘，揭露面积46平方米。发现的遗迹现象主要是一些烧过火的灰堆，在伴出遗物中，除一些石、骨、角、牙、蚌等质料的器具和动物遗骨及其他植物遗存外，最重要的发现是少数陶质器皿和稻谷遗存。烧过火的灰堆皆系平地堆烧，直径一般约40～50厘米，厚10厘米左右，最厚可达15厘米以上。灰堆中往往杂有大量烧骨和炭渣。石器全系打制，没有磨制的。在近千件打制石器中，全都以砾石为原料，岩性多见砂岩，石英岩很少。以小型石器为主，中型石器（长径多在12厘米左右）次之，大型石器较少。制作基本上是用砾石直接砸击而成，经第二步加工的不多，再次修琢过的少数石器亦仅限于单面加工，即由腹面向背面打击，制作方法较简单，器形多较粗糙、不规整。基本器类有刮削器、砍砸器、铲形器、锤，还有少数尖状器、亚腰斧形器等。其中，铲形器的形态有如后来磨制石铲的粗胚。骨器有铲和锥，角器只有铲。骨铲是把动物长骨先纵向剖成两半，然后将一端砍削成刃。骨锥也是先把动物骨骼纵向剖半，再行磨制，有的整器磨光，呈长圆柱形锥体，有的仅将刃尖部磨成圆锥状。牙器多将鹿和小型食肉类动物的犬齿根部刻出一周凹槽，可能是为便于系绳佩带，当属装饰品类。陶器制作粗糙，胎壁厚薄不匀，最厚达 2 厘米，壁内侧多凸凹不平，烧成温度偏低，质疏松，火候不均匀，陶色因而都不纯。陶土多含石英砂粒，有的陶器腹上部陶土中还曾羼有有机物，经火烧后成了夹炭陶。器壁内外大都饰有绳纹，有的较细密，有的则粗而疏落，纹道一般较浅，往往模糊不清，显得技艺还很不熟练。可辨器类仅有釜，已复原的一件，基本形态呈尖唇，口略敞，斜弧壁由上而下缓缓内收，腹因而较深，小圜底。两次发掘在上述遗存的堆积土中共漂洗筛选出了 4 枚稻谷壳，经鉴定分析，认为其兼具野生稻、籼稻和粳稻的综合特征，是一种由"普通野生稻"向初期栽培稻演化的"最原始的古栽培稻"，并被谓之"玉蟾岩古栽培稻"。此外，该遗址两次送检的植硅石样品，测试结果也都显示出含有"双峰乳突形态特征的稻属植硅体"，这就从另一侧面进一步验证了当时的居民确实已经有了早期的人工栽培水稻。

出土动物骨骼石化程度都不高，种类有哺乳类、鸟禽类、鱼类、龟鳖类和螺蚌类。哺乳动物以鹿科最多，如水鹿、梅花鹿、赤鹿、麝、麂等。野猪、牛、竹鼠、豪猪次之。食肉类小动物有青鼬、水獭、猪獾、狗獾、食蟹獴、斑灵狸、花面狸、野猫、大灵猫、貉。另外还有兔、羊等。鸟禽类的骨骼也很多，几占出土动物遗骨总量的 1/3，鉴定种属多达 27 种，其中水陆两栖鸟类就有鹭、雁、天鹅、鸭、鹤和鸳鸯等多种。这表明当时玉蟾岩周围的环境不但有广阔丰茂的森林和草原，而且湖泊水面浩渺，景色秀丽，人类和动物（包括鸟类）的食物来源较富足。鱼类有鲤鱼、草鱼、青鱼、鳡鱼等。含螺壳和蚌壳较多是该遗址文化堆积的另一特色。经鉴定，螺多达 26 种以上，既有大型的也有小型的。小型螺有水生的也有陆生的，大型螺基本都是水生的，能够肯定是人类食用后丢弃的介壳只有桶田螺、中国田螺双涨亚种、割田螺、沟田螺和方形田螺方形亚种。蚌类均系淡水品种，应是当时的居民采捞食用后而弃置的。经漂洗筛选出来的其他植物籽实已鉴别出种属的有 17 种，其中可为人类食用的主要有中华猕猴桃、猕猴桃、野葡萄、梅和朴树籽等。

至于这批资料的年代，经分别用出土陶片上残留的腐殖酸及与陶片出自同一层位的木炭进行实测的结果，前者的年代数据接近公元前 11000 年，后者约在公元前 13000 年左右。发掘者认为，玉蟾岩遗址尽管已发现了一些最早的人工栽培水稻痕迹，但尚不足以佐证仅此即可满足当时居民的基本生存需求，结合上述大量动植物遗存判断，他们的经济形态当仍以狩猎捕捞和采集为主体。基于玉蟾岩"文化堆积中含多层钙质胶结层，颜色多呈灰黄色或黄白色，既不同于更新世的红色和黄色钙质胶结层，也不同于全新世中晚期的相对松散堆积"，其堆积物中含有大量螺、蚌壳，正是"冰后期气候转暖事件在人类生活中的反映"，这充分体现了全新世初期华南地区洞穴堆积的一般特征。该遗址虽不见任何磨制石器，但却有了磨制的骨、角器，这至少说明当时的居民已懂得并开始运用了磨制技术。而以砾石为原料的打制石器固然还保留了华南旧石器文化常见的砍砸器、刮削器和切割器，但新出现的铲形器、亚腰斧形器的基本形态却与后来的磨制石铲、斧、锛等器类的粗胚多相类同，它们的主要功能自然也应与这几种磨制石器基本一致。因此，发掘者依据这些打制石器既因袭了华南旧石器文化的部分传统，同时又产生了一些新石器时代农耕文化的新因

素，认定这是一种"由旧石器文化向新石器文化过渡的"具体
表现[6]，可视为华南地区新石器时代早期中最早的一种文化
遗存。

　　仙人洞和吊桶环遗址

　　隶属江西省万年县大源乡的仙人洞和吊桶环两遗址，均处
于赣东北石灰岩丘陵地区一个东西长约 4 公里、南北宽仅约 1
公里的小盆地内。仙人洞位居盆地北部小河山之下部，系洞穴
遗址。吊桶环则在盆地西部一座高约 60 米的小山上，属岩棚
遗址。两者相距还不到 1 公里。仙人洞遗址早在 20 世纪 60 年
代初期就曾有过两度发掘，揭露面积近 70 平方米，在所获的
新石器时代资料中，仅早期的大小陶片就有三四百块，其他遗
物还有石、骨、角、蚌器。石器中，打制与磨制的数量大体接
近。前者多砍砸器和刮削器，后者的器类有砺石及未明用途的
梭形器和中部对穿一圆孔的圆形或椭圆形石饼。骨、角器多经
磨制，器类有箭头、鱼镖、凿、锥、针等[7]。至 90 年代前期，
中美联合考古队再度发掘这两个遗址时，还对仙人洞遗址的孢
粉、植硅石和木炭等测试品作了系统采样。据参与联合考古队
田野发掘与研究工作的张弛介绍，这次同样也获得了一批石、
骨、蚌、陶质制品及动物骨骼等自然遗物。其中以早期陶器和
稻属植硅石遗存的发现尤显重要，仅仙人洞一地就得到了早期
陶片 200 多块。这些"早期陶片的陶土中都加有羼和料"，羼
和料以粉碎的石英岩为主，含少量长石。陶色有褐、红褐和灰
褐等几种，烧成温度多不高，可能不是在陶窑中烧成的，制法
有泥片贴塑和泥条叠筑两种。泥片贴塑的陶器修整方式有两
种："以竹（或木、骨）质平齿形片状器"在器壁内外"平行
刮抹"，因而使内外两面均留下较浅的"条状纹"；或先用同类

工具"在器表刮抹和戳压，然后再用手抹平，形成素面陶"。条纹陶和素面陶"器壁厚薄不一"，多"在 0.7 厘米以上，有的达 1.2 厘米。虽无完整器形，但可推测为圆唇直口的圜底罐"或釜类。泥条叠筑法是辅以拍打工具将层层叠筑起来的泥条圈接拍打紧密并修整成型的。拍打工具上当"缠有成束的纤维、线或绳，因此拍打后在陶器表面留下了类似绳纹的印痕"。这种早期的"绳纹陶"有两种：一种是只在器表见有竖向绳纹，"有时有交错"；另一种是器壁内外两面均有绳纹，其差别是绳纹在"内壁为横向，外壁为竖向"。除条纹陶、素面陶和绳纹陶外，还有少数拍印的席状编织纹陶。

从仙人洞遗址这次发掘文化堆积的先后顺序来看，最下面一层只见条纹陶，叠压在该层上面的一层既出条纹陶，也出素面陶，而再往上面的另一层"则只有绳纹陶和极少的编织纹陶，未见条纹陶和素面陶"。吊桶环遗址伴出陶片的两个堆积层所见陶片虽都不多，但上层也是只有绳纹陶，下层则既有素面陶也有绳纹陶。这种现象应可说明此类"早期陶器可能还有年代划分的意义"，即以"条纹陶年代最早"，素面陶、绳纹陶和编织纹陶均较晚。

仙人洞和吊桶环两遗址再度发掘的另一重要成果是，在植硅石样品中析出了 600 多个稻属植硅石，并以多元分析的统计学方法鉴别出了野生稻和栽培稻两种形态的植硅石，尔后将观测结果与采样标本所在层位一一进行对照，发现"两者在不同时期的地层样品中分布是不同的"，在大约公元前 15000 年以前的堆积中，野生稻形态的植硅石含量很少，且绝无栽培稻植硅石。而在两遗址出有陶片的地层中，却开始见有野生稻和栽培稻两种植硅石共存，这时的年代约在公元前 12000～9000 年之间。此后的地层堆积尽管也都有两种稻属植硅石共存的现象，但总的趋势是**越晚野生稻植硅石越少，栽培稻植硅石却逐渐增多**，及至"新石器时代中期的层位中，栽培稻植硅石的数量已达55％以上，表明稻作农业已有了相当程度的发展"。稻属植硅石检测的这种结果还清楚地说明，人类"最早的栽培稻显然是与最早的陶器共存的"[8]。

甑皮岩遗址

甑皮岩洞穴遗址位于广西桂林市南郊一座高约60米的石灰岩小山丘之下部，高出周围地面约5米左右，洞内面积约200平方米。20世纪70年代初做了发掘，揭露面积约60平方米，其下层堆积最厚约0.8米，伴出打制与磨制石器、骨器、蚌器及陶器等遗物。打制石器亦多用砾石为原料，大都从单面直接打击而成，由两面打击成的很少。器类有砍砸器、刮削器、砧等。磨制石器主要是斧、锛，其他还有少数矛和砺石。斧和锛多为长梯形，圆弧刃，有的身部尚留有打击的疤痕，刃部则见有使用痕迹。骨器主要有镖、箭头和锥、针等几类，皆磨制。陶器多夹有粗细不等的石英岩砂粒，泥质陶很少，全系手制，较粗糙，胎壁厚薄亦不均匀，一般在0.5～0.7厘米之间，最厚达2.6厘米。陶色以红陶为主，灰陶较少。器表大都有花纹装饰，以绳纹为主，划纹、席纹和篮纹较少。可辨器类与器形有罐、釜和钵等。发掘者认为这批资料悉属新石器时代，而且"看不出有早晚的不同"[9]。

由该遗址下层出土的陶器群既有很多夹砂陶又有一定数量的泥质陶看来，这里的先民制作陶器前，似已懂得对不同用途的陶土原料作简单的处理或选择，如将制作釜、罐一类器形的陶土掺拌一些砂粒，而用来制作陶钵一类陶器的陶土则可能经过了淘洗处理，或专门选用河、湖、塘岸边及坑、沟内的沉积土作原料。加上这里同时又伴出有较多的斧、锛等磨制较粗糙的石器，可知其年代当比上述玉蟾岩、仙人洞和吊桶环等遗址都要晚。北京大学和中国社会科学院考古研究所两个碳十四实验室在这里采集的多个样品中，相当于下层堆积的实测年代多在公元前 8000～7000 年之间[10]，亦证明其的确晚于后三者。

5. 岭南的贝丘遗址

在南岭以南江河两岸的一些岗地和沿海一带，时常能看到一种以螺蛳壳和蚌壳为主体的堆积，其中往往杂有石、骨、蚌、陶等人工制品和其他动物遗骨，凡此均被视为"贝丘遗址"。根据这类遗址出土的文化遗存并结合碳十四测年综合分析，有的（如豹子头遗址的下层堆积）年代也可上溯到新石器时代早期。

豹子头遗址，位于广西南宁市郊邕江北岸一岗地上，高出邕江水面约 15 米。遗址面积约 5000 平方米，20 世纪 70 年代初进行了试掘，揭露面积 60 多平方米。文化堆积有三层，其第三层厚约 1.5 米左右，堆积成分系黄色沙性土中含大量螺蛳壳，并夹有一些炭屑，伴出文化遗物为石、蚌、骨、陶等质料的人工制品，同时还有许多动物遗骨。这里被称为"下层堆积"。

石器以磨制为主，纯打制的很少。磨制石器身部大都留有砾石天然岩面和打击痕迹，磨制多欠精。器类多长梯形斧、锛。从出土陶片观察，陶器以夹砂陶为主，有的还羼有蚌壳粉末。陶色斑驳不纯，多红褐和灰褐色，陶质较松软。亦全系手制，有的陶片内壁上尚留有清晰的泥条叠筑痕迹。器表多饰绳纹。器形多为圜底[11]。该遗址经用相当于其下层堆积的三个螺壳标本测得的年代,与甑皮岩下层的年代极接近[12]。即便扣除了用螺壳测年往往偏老的因素,从其石器和陶器的特征分析,此类遗存至迟亦不会比新石器时代早期晚段更晚。

上面这些新石器时代早期的文化遗存,概括说来具有如下几个特点:

①不论哪种类型的遗址面积均比较小,文化堆积多较厚,延续时间多较长久,说明当时的居民不但已实行定居,而且社群的规模都不大。南北方的差异主要在于,石灰岩比较集中的华南地区既有较多的洞穴遗址,同时又有一些露天旷野遗址,北方地区所见则多是离河流不远的露天遗址。至于这些露天旷野遗址供人类栖身的居所之形式结构及其布局状况,还有待进一步工作去弄清楚。

②各遗址磨制石器在石器群中所占比例差异明显,这可能是因遗存的年代早晚不同或工作的局限性而致。有的遗址尽管没有发现磨制石器,但却往往有一些磨制的骨、角质工具伴出,这一事实表明,即使处在这个时期早期阶段的先民,也已懂得并掌握了一定的磨制技术,这应该说是一种具有普遍意义的现象。社会需要才是发明创造之母,史前各种生产和加工工具的出现无疑是同当时人们生产与生活方式的变化相适应的。从这一意义上说,我们当然可以把史前不同时期不同地方的工具视为打开相应时期不同人群经济结构的金钥匙。鉴于此,以贾兰坡先生关于中国旧石器时代曾存在着两个石器系统的假说,作为探讨、区分我国新石器时代早期不同地区不同文化特性的一种思路,或许是可行的。

③上述遗址先民的经济结构多以渔猎和采集经济为主,早期的栽培农业和家畜饲养为辅。这同旧石器时代那种单纯的掠

夺性经济无疑已有了本质的区别。玉蟾岩、仙人洞和吊桶环的资料充分说明，早期人工栽培农业的产生不仅同发达的采集经济密切相关，而且伴随人们物质生活内容拓展的需要，设法制作一些容器以便盛储和炊煮食物，自然也就成为他们的生活所必需，因此可以认为，早期陶器的小批量生产基本上是同农业的发明相伴生的。与此同时，随着旧石器时代晚期弓箭等远射武器的发明，猎捕来的动物日渐增多，人们为弥补不时之需，将那些性情比较温驯的杂食类动物暂时先饲养起来也就有了可能，徐水南庄头遗址家猪等遗骨的发现正是人类已有了早期家畜饲养业的力证。

　　这三个方面的情况显然既具备了新石器文化的一般特征，同时又反映了我国新石器时代早期不同地区不同文化类型的概况。由玉蟾岩、仙人洞等遗址碳十四实测的年代数据可知，在某些地区，这一阶段的起始年限至迟当不晚于公元前 12000 年左右。

注　释

[1] 黄其煦《中石器时代概念刍议》，《史前研究》1987 年第 3 期。
[2] 张之恒《关于旧石器时代向新石器时代过渡的几个问题》，《史前研究》1984 年第 3 期。
[3] 安志敏等《陕西朝邑大荔沙苑地区的石器时代遗存》，《考古学报》1957 年第 3 期。
[4] 贾兰坡等《山西怀仁鹅毛口石器制造场遗址》，《考古学报》1973 年第 2 期。
[5] 保定地区文物管理所等《河北徐水县南庄头遗址试掘简报》，《考古》1992 年第 11 期；郭瑞海等《从南庄头遗址看华北地区农业和陶器的起源》，见严文明等主编《稻作陶器和都市的起源》，文物出版社 2000 年版。
[6] 袁家荣《湖南道县玉蟾岩 1 万年以前的稻谷和陶器》，见严文明等主编《稻作

陶器和都市的起源》，文物出版社 2000 年版。

［7］江西省文物管理委员会《江西万年大源仙人洞洞穴遗址试掘》，《考古学报》
1963 年第 1 期；江西省博物馆《江西万年大源仙人洞洞穴遗址第二次发掘报
告》，《文物》1976 年第 12 期。

［8］张弛《江西万年早期陶器和稻属植硅石遗存》，见严文明等主编《稻作陶器和
都市的起源》，文物出版社 2000 年版。

［9］广西壮族自治区文物工作队等《广西桂林甑皮岩洞穴遗址的试掘》，《考古》
1976 年第 3 期。

［10］北京大学历史系考古专业碳十四实验室等《石灰岩地区碳－14 样品年代的
可靠性与甑皮岩等遗址的年代问题》，《考古学报》1982 年第 2 期；中国社
会科学院考古研究所编《中国考古学中碳十四年代数据集》，文物出版社
1991 年版。

［11］广西壮族自治区文物工作队《广西南宁地区新石器时代贝丘遗址》，《考古》
1975 年第 5 期。

［12］北京大学历史系考古专业碳十四实验室等《石灰岩地区碳－14 样品年代的
可靠性与甑皮岩等遗址的年代问题》，《考古学报》1982 年第 2 期。

二　新石器时代中期诸文化

20世纪70年代后半期，以分布于中原地区的磁山文化和裴李岗文化相继被发现为契机，我国有关新石器时代中期阶段文化遗存的研究有了突破性进展。自那时以来，先后发现的基本属于这个时期的文化较多，其中较重要者，在黄河中下游地区除裴李岗文化、磁山文化外，还有老官台文化、北辛文化，在辽河流域和长江中下游地区分别有兴隆洼文化、皂市文化及河姆渡文化等。这些晚于早期阶段史前文化的发现无疑为我们重新认识远古时期人类社会发展变化的过程以及重建中国史前史增添了一大批全新的资料。本章将依次对考古学界迄今就这些文化研究的基本状况作一概述。

（一）裴李岗文化与磁山文化

裴李岗文化因首先发现并发掘的河南省新郑县裴李岗遗址而得名。遗址位于双洎河畔，前后已做过三次发掘[1]。磁山文化则因最先在河北省武安县城东北面洺河畔发现并发掘的磁山遗址而得名[2]。目前，大家对这两支考古学文化的认定与归属问题看法还不很一致，如有学者在将这两类遗存进行比较对照之后，认为它们的面貌既相似又相异，或统称之为"磁山文化"[3]，或分别名之为同一文化的"裴李岗类型"和"磁山类型"以示区别[4]，有的视两者为并行发展的两支考古学文化，分别称为"裴李岗文化"、"磁山文化"[5]。依迄今的发现来看，这两类遗存虽然大体都处于黄河下游冲积扇的西部，但磁山一类遗存基本上只见于太行山东侧，而裴李岗一类遗存则主要分布在太行山以南的河南中西部地区。它们似乎各有自己一定的分布范围，彼此虽为近邻，文化面貌上尽管也具有某些相同或相似之处，但考虑到人类文化的产生与发展演进通常情况下并不是孤立的，两者之间那些共性因素毕竟只是或者说主要是由于毗邻文化间交往过程互为影响的产物，况且二者面貌上反映出来的诸多差异又的确比较显著，因此，我们后面的叙述拟将它们视为联系比较密切的两支考古学文化。

1. 裴李岗文化

裴李岗文化自1977年发现之后，已经发掘过的遗址在这个时期的诸文化中是比较多的，除裴李岗遗址外，较重要的还有密县的莪沟北岗与马良沟、长葛石固、舞阳贾湖、郏县水泉、巩义瓦窑嘴和铁生沟、汝州中山寨、新郑沙窝李及渑池班村等。从这些遗址所在的地理位置看来，这一文化的分布大体上以太行山南侧和秦岭东侧的黄河与淮河冲积平原之西部较密集。但直到20世纪末，该文化发掘出土的遗迹现象仍多系墓葬和灰坑，有关当时村落的房屋建筑、陶窑等居住和生产性设施发现却都很少。墓葬以长方形竖穴土坑墓最常见，资料尽管较丰富，但被全面揭露出来的墓地可以说还没有一处。文化遗物主要是石器、骨器和陶器三大类。石器既有打制的也有磨制的，打制石器占有相当大的比重，磨制石器一般约占石器总量的半数左右。有些石器是打制与磨制或琢制与磨制兼施，打、磨兼用的石器通常只是刃部磨光，其余部位打击痕迹往往清晰可见。器类有铲、镰、斧、凿、磨盘、磨棒及敲砸器和刮削器，后二者均属纯打制石器。石铲数量最多，大都呈长方舌形体，圆弧刃，有些铲的上下两端均磨成圆弧刃，且多有使用痕迹。石镰数量次之，制作较精，形体多为弓背前窄尾宽状，刃部常见特意加工成的细密而整齐的锯齿，尾端一般多有用以捆绑木柄的凹槽。石磨盘平面形状多呈前宽后窄的鞋底状，底面往往有四个圆柱形矮足两两布列于前后两端。骨器多见箭头、锥、针等少数几类。陶器的制法始终以泥条盘筑和泥片贴塑为主，陶质有夹砂和泥质两大类，多呈红色或红褐色，器表以素面为主，有花纹装饰的不太多，比较常见的纹饰是连续折线状的压印纹或纵横布列的篦点纹，刻划、锥刺等纹样极少。双耳壶、三足钵、筒形深腹罐和钵等四种器类在各遗址的出土陶器中数量一般都较多，所以，它们应是构成这一文化基本陶器群的主体器类。石器与陶器所展示的这些共性不但从一个重要侧面显现了该文化的特色，而且说明这些遗址文化遗存的总体面貌是基本一致的（图一）。

裴李岗、水泉、北岗和石固等遗址经碳十四实测的十几个年代数据表明，该文化的绝对年限大都落在公元前 6100～5000 年之间[6]。多年以来，基于出土资料的局限，研究者一般多限于就其分期、分区、特征等几个基础研究领域作一些初步讨论，进行深层次探求的还很少。即便如此，各家的认识往往仍是歧见纷呈，并不都一致。

在文化分区方面，有的认为该文化大致可划成以新郑裴李岗遗址和漯河翟庄遗址为代表的两个类型，前者主要见于秦岭北侧的浅山与平原地区，后者则都分布在淮河流域的上游地区[7]；而巩义瓦窑嘴遗址的发掘者在把裴李岗文化其他遗址出土遗物同瓦窑嘴遗存进行比较以后，却倾向于后者应是不同

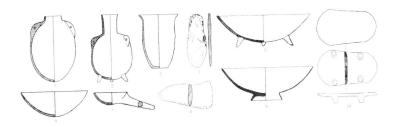

图一　裴李岗文化遗物

1、2.小口双耳壶　3.深腹罐　4.石铲　5.三足钵　6.圜底钵　7.勺　8.石镰　9.圈足碗　10.石磨盘（1、3、6、7.出自河南长葛石固遗址，余皆出自河南新郑裴李岗遗址）

于裴李岗一类遗存的"一个新的类型"[8]，还有的在详细介绍与分析了舞阳贾湖遗址的诸类遗存之后，断言其文化特色不独同周边地区的磁山、老官台等文化差异显著，即使在人们通常所说的裴李岗文化分布地域内，淮河上游、嵩山左近及豫西黄河流域三个地区分别以舞阳贾湖、新郑裴李岗和渑池班村为代表的三类遗存之间，尽管具有某些文化共性，但由于各自的主体特征仍较明显，彼此并不能完全相包容，其实不都属裴李岗文化的范畴，所以，力主将它们分别称为"贾湖文化"、"裴李岗文化"和"班村文化"。至于大致见于伊、洛河流域下游的瓦窑嘴一类遗存，则应是裴李岗文化"晚期阶段的代表"。而豫北地区淇县的花窝一类遗存，由于其"主体因素属于磁山文化，同时也有不少裴李岗的因素"，因此，推测其有可能是磁山文化南下的一个地方类型[9]。

　　在文化谱系研究方面，论者一般多是就某个遗址的具体资料早晚关系加以比较和讨论，而对该文化发展变化全过程进行综合性分析的却不多。前一类如：裴李岗遗址第三次的发掘者据墓葬所在层位的先后将80多座墓葬归为上、下两层[10]，有学者依该墓地墓葬间的叠压打破关系并结合早晚墓葬随葬陶器变化的特点，把这批资料又概括成先后三期[11]；水泉遗址的发掘者将100多座墓葬及80多个灰坑与窖穴统分成早晚三期，其中，所有墓葬均属其第二期，而灰坑和窖穴则分属一、二、三期[12]；石固遗址的发掘者认为该遗址出土的60多座墓葬和180多个灰坑及少数几座半地穴式的房基址大体可分成先后四期[13]；贾湖遗址发掘报告则将其所获资料分为前后三期九段[14]。后一类如：在比较了裴李岗、莪沟北岗及河北武安磁山三遗址各种遗存的异同之后，将以裴李岗和北岗为代表的裴李岗文化分成前后三期，并认为其早期要早于磁山文化早期[15]；或在着重分析了裴李岗、水泉、石固、北岗及沙窝李等遗址出土几类主要陶器递嬗的轨迹和特点之后，虽然也主张把该文化由早到晚发展变化的全过程划分成先后三期，但各期之间的分界及其内涵与前者却并非都相同，且指出其第二期还可再细分为早晚三段，第三期也能再分成前后两段[16]。

裴李岗文化研究的另一成果，是朱延平和戴向明两位学者在分期的基础上，就这一文化墓地的布局与结构及其反映的社会形态所作的尝试性讨论。朱延平认为该文化的"诸墓地是由若干块墓区组成的"，指出裴李岗遗址的下层墓地存在着南、北、西、中四个小墓区；而裴李岗上层和北岗两个墓地非但都可以分成东、西两大片墓区，并且每区都还能进一步划分为几个小的墓葬群团，其中，前者的东、西两大区均各有北、南、中三小群，北岗西区基本可划成南、北两块小区，而东区则大

致有北、中、南三个小墓区。对于这种同一墓地之所以能够区
分成若干块大小墓区的现象，被认定必是受一定社会机制制约
的产物，即裴李岗下层墓地的四个小墓区可能是同一氏族内四
个不同家族的墓葬区，而裴李岗上层墓地的东、西两片墓区实
质亦可"理解为各含三块家族墓区"的两个氏族墓地[17]。戴
向明认为裴李岗墓地存在着东、中、西三个墓区，其中的东、
中两区前后大约延续使用了一百多年，包容了早晚三个不同时
期的墓葬，西区只是从第二期才开始起用的新墓区，每个墓区
不同期别的墓葬大体都分别排列在相应的"半环形轨道上"，
并认定整个墓地实际上是"两个相对独立的家族的墓区"构成
的同一氏族墓地[18]。以史前某些墓地资料为依据来探讨分析
相应时期的聚落和社会组织结构的状况无疑是可行的途径之
一。上述两位学者尽管所用材料相同，研究方法相似，然而他
们无论在墓地的分区、墓葬的排列方式还是在对人们共同体组
织结构的诠释上显然并不一致。这与前述之文化分期、分区等
基础研究反映出来的问题实际是一样的。由于研究者对类型学
的认识与所持标准往往互不相同，遂导致得出的结论千差万
别。但是，对于我们来说，准确、扎实的资料对于开展考古学
深层研究是至关重要的，所以，公布发掘资料时，究竟怎样才
能做到取舍得当，全面真实地反映田野发掘的成果和工作水
平，仍是需要认真揣摩和探求的问题。如能始终坚持实事求是
的科学态度，方法运用又得当，在充分讨论中逐步求得共识，
相信并不是不可企及的。

2．磁山文化

磁山文化的命名地磁山遗址发现于 20 世纪 70 年代初，
1976~1978 年在此进行的两次发掘虽然发现了属于该文化相

当多的灰坑、窖穴和部分房屋基址以及一大宗石、骨、陶器等遗物，但此后含有这类遗存的遗址发现却一直不很多，经过调查试掘并发表了相关资料的也只有河北武安洺河流域的牛洼堡、西万年及河北省中部易县的北福地和涞水的炭山等少数遗址。几十年来，论者往往偏重于泛泛讨论这类遗存与周边其他同期文化的关系，而专就此文化进行比较深入的研究和系统论述者却少见。例如，有的在比较了磁山、裴李岗两类遗存遗迹和遗物方面的异同之后，或认为两者"具有同一考古学文化（共同体）的性质，它们的差异主要是地域上的（也不排除有时间上的）"，因而可视为"一个文化共同体的两个文化类型"，主张把这两类遗存统谓之"磁山文化"的同时，还强调在文化命名问题上，"要克服狭隘的地方观念"，以免造成不必要的混乱[19]；或认为"两者是属于不同的文化共同体"，两个文化由于所处时代相同，分布地域相邻，彼此免不了要有交往并"互相影响，因而产生了一些相似的文化特征"，在磁山下层遗存时期，两个文化间相同的因素极少，只是到了磁山上层阶段，两者相同或相似的遗物才多了起来[20]。有的则认为"磁山文化并不是中原地区固有的文化"，它"具备了很浓厚"的"北方文化色彩"，"与长城以北的新石器文化有着千丝万缕的联系"[21]。还有一些文章的思路也都与上述大同小异，兹不一一枚举。这种局面的出现，当然不能不说同其资料积累还太少有关，直至今日有关文化分布的确切范围、基本特征、变化过程等基础性问题都还有待进行大量工作去弄清楚。

磁山遗址发掘报告据遗存间相互叠压打破的地层关系，将其所得主要资料划分成前后两期。两期遗存之间，既具有较多的相似性，又存有些许差异，由此可知，它们延续的年代当不算太久。总起来说，这两期的房屋建筑流行圆形和椭圆形的地穴或半地穴式。原被报告归类为圆形和椭圆形的那些灰坑中，有一些因规模较大，坑径一般达 3 米左右，一侧通常多设有台阶形或斜坡状的出入口，不但底部往往会出有成组的陶器和石器，而且坑内堆积中还常常夹杂着许多红烧土块。凡此者，似皆应视为房屋建筑遗迹。这里的居民用来贮存物品的窖穴多系长方形直筒状和口小底大的袋形坑，其下部常见留存有多量已炭化了的粟类粮食及其他遗物。据统计，在已发现的 300 多个灰坑和窖穴中，还存放有粮食的即多达 80 个，炭化粮食堆积最厚者达 2 米以上；石器作为当时的主要生产工具和加工工具，制法有打制、磨制及打制与磨制兼用三种，以磨制的为主，约占出土石器总量的半数以上，纯打制的石器较少，前期仅占石器总数的 1/3，后期约占 1/5，打、磨两种制法兼施的石器数量最少。基本器类有斧、铲、锛、凿、镰、磨盘、磨棒、砺石、敲砸器和刮削器等。其中，石磨盘除底面带有四个圆柱形矮足的以外，还有一些是无足的。石镰的基本形态虽亦为前窄尾宽状，但却不见裴李岗文化那种锯齿形刃者；骨、角器的器类除锥、针、笄等日常生活用品外，还有许多箭头、鱼镖、梭、凿和匕等渔猎及其他工具，类别比裴李岗文化要多得多；手制陶器以夹砂陶居大多数，泥质陶很少，多呈褐色和灰褐色，红陶和红褐陶很少，器表以素面为主，有纹饰者，常见绳纹，篦纹和压印编织纹次之，附加堆纹和锥刺纹最少。基本器类有盂、筒腹罐、靴形陶支脚和钵，其他还有三足钵及钵，后期小口细颈鼓腹壶亦占有一定比例（图二）。其中的盂和靴形陶支脚在裴李岗文化中是基本不见的，小口细颈壶亦同裴李岗文化的双耳壶差异显著。上述遗存提供的种种信息说明，当

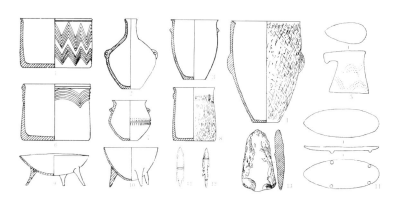

图二　磁山文化遗物

1、6、8.陶盂　2.小口双耳壶　3、4、7.陶罐　5.陶支脚　9、10.三足钵
11.骨镞　12.骨鱼镖　13.石斧　14.石磨盘（均出自河北武安磁山遗址）

时居民的经济生活应是旱作农业与渔猎并重，农业经济不论从
经营规模还是从发展水平上看，都已远远超出了我们的意料。
另外，由动物遗骨的鉴定结果推测，作为一种辅助性经济成
分，那时的居民已饲养了猪、狗、鸡等家畜和家禽，标志着家
养动物的种类比新石器时代早期又有了增加[22]。这批资料经
碳十四测定的几个年代数据约在公元前 6100～5600 年之
间[23]。

　　牛洼堡和西万年两遗址试掘出土的少量石器与筒腹盂、靴
形支脚等早期陶器，形态分别和磁山遗址的同类遗存相若[24]，
由此知道它们的年代当接近。

　　北福地和炭山两遗址发掘的主要收获是出土了一座房址和
十几个灰坑，同时还得到了一些陶器和少量石器等遗物。房址
系方形的半地穴式，灰坑有圆形、椭圆形和圆角长方形三种。

发掘报告把这些含有与磁山遗址相近因素的遗存统归为北福地第一期，并以磁山遗存作为分辨的界标，将磁山遗址所没有的北福地一期遗物均视为"甲类遗存"，而与磁山的遗物近似者则谓之"乙类遗存"。"甲类遗存"陶器的类别稍多些，以圆弧浅腹圜底釜数量最多，顶面呈长条形或圆形、以下或为实心或作空心的柱状陶支脚次之，其他还有壶、盆、钵、鼎等；"乙类遗存"陶器器类少，主要是盂和陶支脚。从遗迹与地层堆积的先后关系及其伴出陶器等遗物反映出来的某些特点看来，北福地一期尽管还有早晚之别，但鉴于可资比较的资料太少，加上在有的堆积单位中，这两类遗存往往又是共存的，发掘报告界定两者的年代大体同时当然无不可。此外，发掘报告还认为，"甲类遗存"的发现，为探寻"后岗一期文化"的渊源或可提供一些比较和思考的线索[25]。这实际上是说，在北福地一期中，至少是那些偏晚的遗存，诸如 H18、F1 等，年代应该都不很早。

基于北福地一期"乙类遗存"与磁山遗存的面貌相似，而其"甲类遗存"同后者差别又很大，我们将磁山和北福地一期为代表的两类遗存看成是磁山文化的两个不同地方类型，问题应该不大。从北福地一期中的盂、陶支脚、釜及鼎等陶器观察，其流行年代较磁山遗存当晚得多，因此，两者之间存在的若干差异不光是不同地区类型差别的反映，而且也是由于早晚不同，到了北福地一期时对外联系趋于密切，接受来自周边（尤其是其东邻）同期文化的影响日益强烈，从而导致其文化面貌发生了比较大的变化。

（二）老官台文化

老官台文化遗存的发现，最早实际可上溯到 20 世纪 50 年代末 60 年代初。1958 年，经重新复查并于翌年做了试掘的陕西华县老官台遗址，在出土的文化遗存中，首次被辨识出一些有别于人们所熟知的仰韶文化的陶器等遗物[26]。1958~1959 年发掘的华县元君庙遗址，在一处仰韶文化"半坡类型"墓地北侧出土的几个灰坑中，也有三个坑的内涵和老官台的发现基本一致。因这类遗存与"半坡类型"墓地所反映的文化面貌迥异，这样就有了一个新文化的提出与命名问题。稍后，陕南西乡县李家村遗址的发掘亦着手进行，工作开展虽然也较早，其出土遗存与前二者尽管亦类似，但发掘者却将这批资料或仅视为"与渭河流域的仰韶文化有极密切的关系"[27]，或看成"可能晚于仰韶文化"，且"与长江流域新石器文化的关系较为密切"，并界定其年代约同屈家岭文化相当[28]。在此背景下，当时有学者即明确指出：李家村遗存的发现，应该看成"是探索仰韶文化前身的一个较可靠的新线索"[29]；"以元首岭、元君庙下层为代表的文化遗存"，"无疑同半坡类型的仰韶文化具有一定的渊源关系"[30]。显然，在老官台一类遗存发现的初期，考古学界对它究竟应归属哪个文化系统及其空间定位等问题，认识上是大相径庭的。此后，伴随相关资料积累日渐丰富，兼以裴李岗、磁山等同期文化的相继发现和确认，为进行大范围和多视角的比较研究提供了较为宽松的氛围和充分的条件，使人们对老官台和李家村一类遗存认知明显深入了，整合过程似乎也加快了，但这并不是说人们对它方方面面的认识问题在短期内都趋同了。

事实上，研究者对这类遗存所持种种见解总都免不了存有这样或那样一些差别，拿文化命名来说，就有几种不同的叫法。如在"老官台文化"一名正式提出前后[31]，有人即把汉水上游的李家村一类遗存谓之"李家村文化"[32]；另有人认为老官台一类遗存应归属磁山—裴李岗文化，年代上前者较后者可能要稍晚[33]；或嫌"老官台文化概念不太清楚，内涵比较庞杂"，在认同汉水上游"李家村文化"的同时，又主张将渭河流域以北首岭下层为代表的一类遗存划入仰韶文化早期，称为"北首岭类型"，而以大地湾一期、白家村为代表的另类遗存则谓之"大地湾文化"或"白家村文化"[34]；有人把渭河、汉水流域的这类遗存统名之"李家村—老官台文化"，再分别称两个流域为"李家村类型"和"老官台类型"[35]；还有人因嫌这些遗存的内涵太"庞杂"，主张把它们的区域划小，归并成大地湾下层、北首岭下层与李家村三组，认为三者"应属各自独立的三个文化"，并分别称为"大地湾文化"、"北首岭文化"和"李家村文化"。这三个文化"以大地湾文化出现最早"，渭河流域后来发展成"北首岭文化"，汉水上游地区则演变为"李家村文化"[36]。鉴于秦岭南北两侧的此类遗存以老官台遗址的工作开展最早，其文化性质又是最先被识别出来，在相关资料中，该遗址由于当时发掘面积小，已面世的遗存尽管还不够典型，但依考古学文化命名的习惯做法，我们这里仍采用"老官台文化"一名。

20世纪七八十年代以后，随着大规模田野调查和发掘工作的顺利开展，属于这一文化的遗存不但在关中和汉水上游两个地区发现得越来越多，而且还进一步探明，其分布范围的西界已延伸到了甘肃省东部。在这一大片地区内，迄今已发掘并公布了相关资料的主要遗址，渭河流域有宝鸡北首岭下层、渭南县北刘早晚两期、临潼县白家村早晚两期、秦安县大地湾一期、天水西山坪早期和师赵村一期，汉水上游有西乡县李家村、何家湾与汉阴县的阮家坝、马家营、白马石、南郑县的龙岗寺及商县紫荆遗址一期等。这些遗址皆处于沿河两岸的阶地上，面积一般在一两万平方米之间，面积小的仅数千平方米，出土的遗迹现象均以灰坑数量最多，房址与墓葬尤其是房屋类居址都很少。灰坑的平面形状以圆形或椭圆形的居多，方形和长方形的较少。所见房屋基址皆系圆形半地穴式，坑壁一侧往往设有斜坡式或台阶形的门道。墓葬多为长方形竖穴土坑，流行单人仰卧伸直葬，少侧身屈肢葬，个别墓采用多人合葬。还有一些则是瓮棺葬，通常多适用于未成年的小孩。在各遗址伴出的文化遗物中，既有许多共同特点，同时又显现出了某些差异，例如，有的遗址石器以磨制的为主，打制石器占有一定比例，有的遗址则以打制石器居多，磨制石器居其次。总体说来，两类遗址石器的主要器类都是斧和铲，锛、凿、磨盘和磨棒等较少，砍砸器和刮削器是打制石器中数量最多的两种器类。骨、角器中除作为狩猎工具的矛、箭头数量较多外，还有一些锥、针等日常生活用器发现也不少。另外，在临潼白家村有关蚌器的资料中，刀、镰的数量也比较多。蚌镰的基本形态是背部较弧凸，体前窄尾宽，中部往往有穿孔，锯齿形刃排列亦多密集而整齐，特点颇鲜明，同裴李岗文化普遍流行的锯齿刃石镰形态较相似。陶容器的成型方法主要有泥条盘筑和泥片贴塑两种，非实用的小型陶器一般采用直接捏塑法。从统计情况看，不同遗址陶器的质地与颜色很不一致，有的全都是夹砂的红褐和灰褐色陶（如白家村），有的则是泥质陶为主，夹砂陶很少，陶色多呈红或红褐色，同时还有一定数量的白陶、灰

白陶及少数黑陶（如李家村）。器表大都有装饰花纹，素面无
纹者很少。最常见的纹饰是拍印的绳纹，一般都是密集布满整
个器表。不同地区绳纹的布列态势差异较明显，渭河流域以交
错绳纹为主，斜行或竖行的绳纹不多；而汉水上游则以斜绳纹
和竖绳纹较多，交错绳纹较少见。陶器的其他装饰还有刻划
纹、锥刺纹、附加堆纹等，不过数量均不太多。此外，在渭河
流域的白家村、大地湾一期和北首岭下层，特别是前二者还有
相当多的彩陶，而汉水上游彩陶却罕见。白家村和大地湾一期
的彩陶主要以红彩绘饰花纹，常见的纹样不外两种：一是在
钵、碗类腹上部涂绘一周宽带形纹；二是施绘内彩，即在陶器
内壁上画直线、弧线、卵点、圆圈及水波状等几何形花纹。陶
器群的造型，多圜底器和附乳突形足的三足器，圈足器数量也
不少，平底器不发达。基本器类有浅腹圜底钵（或碗）、三足
钵（或碗）、筒形深腹三足罐和圈足碗（或钵）等（图三）。不

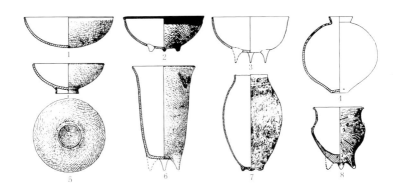

图三　老官台文化典型陶器

1.钵　2、3.三足钵　4.小口罐　5.圈足碗　6～8.三足罐（1～6.出自陕西临
潼白家遗址，7、8.出自陕西宝鸡北首岭遗址）

难看出，上述的文化差异主要是表现在渭河与汉水流域两个地区。这两个地区之间由于有秦岭的阻隔，远古时期交通往来必然会多有不便，因此造成其南北两侧的物质文化面貌不尽一致。大地湾、北首岭、白家村、北刘及李家村等遗址的遗存经碳十四测定的近 20 个年代数据，一般也都落在公元前 6000～5000 年之间[37]。

如同本节伊始所说，老官台文化从发现之初到人们的认识逐渐趋向深入，同样也走过了一段崎岖路。如果说直至今日，有人对将其视为仰韶文化"半坡类型"的先行文化并命名为"老官台文化"还持有异议的话，论者在诸如文化分期、分区等基础研究问题上见解往往也不都一致，有的持两期说，有的则持三期说。两期说者如：认为渭河流域大地湾一期和北首岭下层"应是同一文化中早晚不同的两个类型"，"北首岭下层类型属于老官台文化晚期"[38]；或将早期称为"北刘类型"，并认定汉水上游的"李家村文化""年代大致与北首岭类型相当或稍晚"[39]；将渭河流域这类早期遗存称为"白家村文化"，其中的大地湾一期、西山坪一期、白家村和北刘等均属其早期，北首岭下层与西山坪二期等遗存是由早期"发展而来的"，是白家村文化向仰韶文化过渡的一个中间类型[40]；或认为老官台文化不但可以划分成西部、东部和南部三个地方类型，而且每个类型都还能再分成大致相对应的早、晚两期。指出渭河流域的此类遗存大体可以西安西面的兴平为界分成东、西两区。其中，"西部类型"的范围大致东至武功，西达陇东秦安、天水一线，北到长武，南抵秦岭北麓。本区的"早期以秦安大地湾早期和天水西山坪一期遗存为代表，晚期以宝鸡北首岭早期和西山坪二期遗存为代表"。"东部类型"的范围西至咸阳，东到潼关，南及商县一带，北缘大致在大荔一线。该区的"早期遗存以临潼白家和渭南北刘遗址为代表，晚期遗存以华县老官台遗址为代表"。"南部类型"即汉水上游地区，"早期遗存以西乡何家湾下层为代表"，晚期还能再细分为前、后两段，"前段以李家村遗址为代表，后段以龙岗寺下层为代表"[41]。三期说者有的把上述遗存称为"白家文化"，认为"李家村文化""可能是白家文化分布在汉水上游的一个支系"，"大地湾类型"属该文化早期，"北刘类型"为中期，北首岭下层系晚期，大地湾与北刘两个类型因面貌和特点"基本相同"，故"可归并为前期阶段"，晚期或曰后期是"向仰韶文化过渡"的阶段[42]；有的将大地湾一期的大部分遗存以及北刘下层、紫荆一期、元君庙 H403、H405 等均归属老官台文化的早期阶段，视北首岭下层为其晚期阶段，而大地湾一期中另外一些稍晚的遗存以及元君庙 H406 和老官台等遗址则应是"早期向晚期过渡的中间阶段"[43]。

　　上面的叙述表明，频繁出现的某某"类型"多数情况下指的都是文化遗存的早晚，与我们通常所说的文化"期"实际是一回事儿。在我国新石器时代考古中，"文化类型"的提出最早始于 20 世纪 50 年代。当时，河南陕县庙底沟和三里桥两遗址所出仰韶文化遗存显现出来的若干差别，发掘者认为是早晚不同的反映，因此，倾向于将它们视为两种不同的"类型"。60 年代，《西安半坡》发掘报告刊行之后，一些研究仰韶文化的学者往往把半坡遗址中早于庙底沟遗址的仰韶遗存称为"半坡类型"，并且将和庙底沟遗址面貌相若、年代相当的仰韶遗存归属"庙底沟类型"。当进入 20 世纪七八十年代以后，随着我国新石器时代文化的发现越来越多，研究越来越深入，"文化类型”运用亦日愈普遍，既有用以标志某文化某个时期遗存的，也有用来反映同一考古学文化分区研究的，而同一文化或虽属同文化、但却是不同地区不同时段的遗存则分别用不同的文化“期”来表述。后一种研究方法与表述方法，其文化“类型”和文化“期”的基本概念显然是有区别的。这里的文化“类型”实即依同一文化不同地方间存在的诸种差异而划分成的若干文化小区，文化“期”却是指文化或类型由早及晚发展变化的过程或曰不同阶段。众所周知，同一考古学文化不但面貌与特征上具有许多共性，而且分布范围一般都比较广。由于创造这一文化的居民所在地区不一样，他们虽大体上属同一族群，但很有可能分属不同的支系，兼以处于边缘地区的居民不可避免地要同其周邻发生交往，从而导致当地的文化遗存或多或少总会渗进一些外来的因素，同时，因受不同地区环境的影响和制约，他们的生产方式、生活方式以及信仰、审美情趣等方面也总会有一些不同，这些不同反映在物质遗存的面貌上，自然就会有这样或那样一些差别。在这种情况下，我们若不进行分区研究，便很难将该文化递嬗的过程及其特征认识清楚。一般而言，同一文化的不同地区类型通常都是并行发展变化的，它们之间自然也免不了要相互影响，互为吸收。所以说，文化类型所反映的实际上主要是同一文化不同地区遗存之间同步的、横向的关系，划分文化类型所依据的原则和条件与命名考古学文化并无本质区别，只不过前者涵盖的地域范围比后者要小得多罢了，而文化期反映的则是遗存之间前后的、纵向的关系。由此可见，这样来研究和梳理分析考古资料，层次比较分明，条理亦较清楚，有助于我们对资料的准确把握。这在我国考古学研究的方法论上无疑也是一个新的发展。

（三）北辛文化

北辛文化因山东省滕州市北辛遗址的发掘而得名。该遗址位居薛河畔，1964 年调查发现，1978～1979 年先后做了两次发掘，揭露面积计 2500 多平方米，主要收获是取得了一批早于大汶口文化的石器、骨角器和陶器及少量灰坑、瓮棺葬等资料[44]。约在北辛遗址发掘前后，与之相类似的文化遗存，像泰安大汶口遗址的下文化层[45]、兖州王因遗址的下文化层[46]也都相继发现。大汶口下层遗存除含有以上几类文化遗物外，还有少数房屋建筑的基址、灰坑以及墓葬等遗迹出土，从而使泰山南侧汶河、泗河流域的这类遗存资料更加丰富，文化面貌与特征反映亦更清楚。进入 80 年代末以后，在泰山北侧的淄河、潍河流域，继淄博市临淄区后李官庄遗址[47]的发掘之后，章丘市的小荆山[48]、西河[49]、潍坊市的前埠下[50]及长清县的张官[51]等遗址也都做了规模不等的发掘。这些遗址出土的文化遗存有一些由于年代比上述汶、泗流域文化时代早，面貌两相差异显著，有学者因而主张将本地区的后李早期一类遗存从北辛文化中分离出来，另行命名为"后李文化"，而后李第二期等一类遗存则被归入"后岗一期文化"的另一地区类型——"后李二期文化"[52]。

概括说来，汶、泗流域的北辛一类遗存具有如下特点：房屋基址多见椭圆形和圆形的浅穴或半地穴式，一侧均附有斜坡式或台阶形门道，皆系单间的小型建筑。室内的烧灶似未经特意加工处理，位置不固定，多在居住面一侧，大多数灶面都与居住面持平。房屋的柱洞数量不等，大都是细小的浅坑；墓葬以长方形竖穴土坑墓为主，流行单人仰卧伸直葬，晚期始有少量二次葬和两个人以上的合葬墓。墓葬中的成人骨骼见有生前拔除侧门齿的现象。随葬品普遍较贫乏，无明显差异。石器质料硬度多不很高，形体较厚重，制作方法有打制、琢制和磨制三种。打制石器始终占有相当大的比例，磨制石器总的说来不发达，往往仅刃部磨光，背部一般为打制或琢制，通体精磨者很少。晚期磨制石器数量略有增加，纯打制石器则明显减少。器类多斧、砍砸器、铲、砺石、磨盘和磨棒，锛、凿、刀、镰等较少。其中的斧、铲等器类大都系圆弧刃；骨、角器总体说来不很发达，皆以动物长骨及角等部件经砍、劈、削再磨制成所需器具，主要有箭头、鱼镖、矛、锥、笄、针等渔猎工具和日常生活用器；陶器有泥质和夹砂两类，全系手制，以泥条盘筑和泥片贴塑为主，小型陶器一般直接捏塑成形。器表以素面为主，装饰花纹前后变化较显著，早些时候，盛行刮抹成的长细泥条堆纹，此外，还有一些篦线纹和刻划纹，晚些时候，细泥条堆纹消失，篦线纹少见，锥刺纹和刻划纹流行，并出现了少量红衣陶和单彩陶。彩陶花纹多呈宽带状，常以红彩或黑彩绘饰于钵（碗）类的口部。陶器群的造型多三足器和平底器，圜底器日趋减少。基本器类有多种形态的鼎、釜以及盆与钵，其他还有双耳壶、三足钵和陶支脚等（图四）。以上资料经碳十四测得的年代大体都落在公元前 5500～4200 年之间[53]。

　　依淄河和潍河流域的现有资料看来，后李早期一类遗存，房屋建筑基本以圆角方形或长方形的半地穴式为主；陶器的陶土原料一般都未经淘洗，故多系夹砂粗陶，颜色斑驳不纯，以红褐色为主，红色和灰褐色较少。釜类大型器多用泥圈叠筑法经拍打、刮抹成形，形态往往因此而不够圆整，胎壁多较厚且

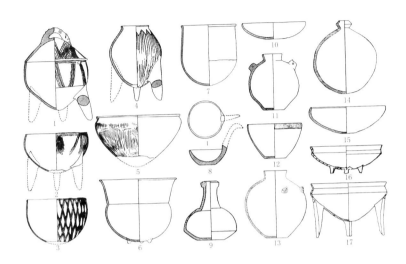

图四　北辛文化陶器

1、2、4、17.陶鼎　3、5、7.陶釜　6.三足釜　8.勺　9.小口壶　10、15.陶钵　11.小口双耳罐　12.陶碗　13.陶罐　14.圈底罐　16.三足钵（1~12.出自山东滕州北辛遗址，13~15.出自山东汶上东贾柏遗址，16、17.出自山东淄博后李遗址）

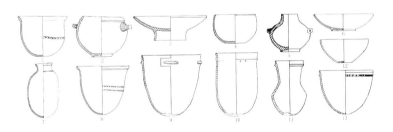

图五　后李遗存陶器

1、8~10、13.陶釜　2.双耳罐　3.圈足盘　4、12.钵　5.直口鼓腹壶　6.圈足碗　7.高领蛋形壶　11.瓶（1~7.出自山东章丘西河遗址，8~13.出自山东淄博后李遗址）

凹凸不平，烧成温度一般都不高，质地松软。器类多圜底釜，其他还有壶、钵等（图五）。此时，釜类陶器既是主要的盛储器，又常和石支脚配套构成炊煮器，功能分化尚不明显。到了相当于北辛和大汶口下层时，泰山南北侧的北辛和后李两类遗存，大凡处于同一时间层面者，面貌上既具一致性又有某些差异。如墓葬形制，除泰山南侧习见的那种长方形竖穴土坑外，这里还有竖穴土洞墓；两地石器、骨角器的质料、制法、基本器类及其形态多相同或相似；陶器的质地、颜色及其变化与制法等方面也均相同，基本器类相似。两地陶器的差异主要反映在两个方面：器表装饰上，早些时候，泰山南侧盛行刮抹而成的长细泥条堆纹，北侧所见却是短泥条附加堆纹，两种花纹的形态与装饰技法显然不一样。两地各种鼎类陶器口腹部的基本形态虽大同小异，三足却不尽一致，泰山北侧多见凿形足，形态较单一，相比之下，南侧的鼎足则多样化，以圆锥形者最多，侧装三角形者次之，凿形足最少。从后李和北辛两类遗存各种工具的类别推测，两者的经济结构当基本相同，也应是旱作农业为主，并辅以渔猎、家畜饲养和采集的多种经济。后李早期一类遗存碳十四实测的上限年代约在公元前 6100 年左右[54]。

　　到目前为止，研究者对以上遗存的认识和论述颇不一致。以它们的变迁过程和发展去向而言，有的主张分早、晚两期，晚期实现了向大汶口文化的过渡[55]。有的将其与易县北福地"甲类遗存"相比较以后，视之为"磁山、裴李岗文化"和"后岗一期文化"的中间环节[56]。有的认为泰山北侧的早期遗存存在着分别以后李、西河和小荆山为代表的东、西两个小区，东区的叫"后李类型"，西区的叫"西河类型"，后者的

"晚期与北辛文化早期是并列发展的"，前者的晚期与北辛文化早期的年代虽也可能"重叠或很接近"，但面貌"却仍然与北辛文化不同"，因此，它们"不可能存在相互传承关系"。这两个类型和北辛文化实际"是海岱地区不同体系的新石器文化"[57]。有的把以北辛、大汶口下层和汶上县东贾柏遗址为代表的遗存分成早晚三期六段，认为"北辛文化是在后李文化、裴李岗文化的共同基础上发展起来的"，泰山北侧的"北辛文化主要来自后李文化"，汶、泗流域的"北辛文化则与裴李岗文化的关系更为密切"，并把分布在不同地区的北辛文化划成"鲁中南区的北辛类型、鲁北区的苑城类型、胶东区的白石类型和苏北区的大伊山类型"[58]。还有的认为后李早期一类遗存与晚些时候的北辛一类遗存基本上是一脉相承的，总体说来，其演进的全过程连续性较清晰，具有"共时性"，因此，可视为同一考古学文化。至于前后显现出来的某些差异毕竟只是遗存处于不同发展阶段的反映，所以，主张将这一过程分成前后四期，其中，一期即以小荆山、西河等遗址为代表的后李早期又可细别为先后五段，二、三、四期主要含北辛、大汶口下层及"后李二期"等遗存，三、四两期也都能再分成早晚两段，创造了后李和北辛两类文化遗存的居民，"实际上是两个尚处于融合过程前期阶段的不同群体"，是故，可把泰山南北侧的北辛文化遗存分别称为"北辛类型"和"后李类型"。而分布在胶东半岛海岸沿线的白石村一类遗存，基于特殊的地理环境，不论从物质遗存展示的文化传统还是由当时居民的经济结构考察，都能看出其极富个性，少量因素虽与北辛文化晚期文化遗存相同或相似，但那只是与其西邻发生交往的产物，并不反映该地区的文化本质，所以应将这类遗存从北辛文化中独立出来，另行命名为"白石村文化"。白石村文化和北辛文化上述两个类型的晚期分别实现了向大汶口文化相应类型的过渡[59]。

至于后李类型能否进一步划成东、西两个小区，或曰两个亚型，还有待相关资料更加丰富并进行充分比较研究后方可认定。实际上，不光后李类型是这样，北辛类型亦同样如此。从理论上讲，对尚处于融合过程，尤其是那些处在这一过程早期阶段的同一类型不同地方的居民，基于种种主客观原因，他们大体同时的物质文化遗存往往总会展示出某些差别，为使我们的认识不致陷入误区，探明造成这些差异的真正原因，准确把握文化嬗变的脉络和特征，创造条件开展多层次的分区研究，应该说不仅很有必要，而且也是极其有效的途径。

说到北辛文化的地方类型，便不能回避所谓"青莲岗文化"问题。这一文化的最初命名源出江苏省青莲岗和北阴阳营两个遗址的发掘。苏北淮安县的青莲岗，于 20 世纪 50 年代初发现，1958 年做了小规模发掘，出土新石器时代较早的少量遗存以陶片为主，可辨器类主要有腹部有一周腰檐的圜底釜、双耳壶及钵，在钵类腹片中有些是口部饰一周宽带状红彩的彩陶，有的腹壁内侧还画有彩色花纹[60]。南京市的北阴阳营，在 1955～1958 年先后进行了四次发掘，出土了大宗主要属新石器时代晚期的文化遗存。其中，头两次的发掘报告曾认为这批资料中的早期遗存基本上与青莲岗遗址相同，故主张把它们"定名为青莲岗文化"[61]。稍后，连云港市二涧村遗址发掘出土的下层遗存中，陶器与青莲岗遗址较相似，器类除釜、钵外，还有鼎等[62]，因而使青莲岗一类较早的陶器群增加了新器类。20 世纪 50 年代末至 60 年代初开始发掘的苏北邳县刘林和大墩子两遗址，发现了相当于青莲岗和大汶口文化早、中期三个阶段的遗存，大墩子遗址此次的发掘报告据其出土遗存间的叠压打破关系，将这三种遗存由早及晚依次称为"青莲岗类型"、"刘林类型"和"花厅类型"，把本应归属大汶口文化的刘林、花厅两个阶段与青莲岗遗存一并都视为青莲岗文化，认为三者乃是"青莲岗文化系统的三个不同时期的代表性遗存"[63]。这期间，还有学者不但认为青莲岗文化的分布地域遍布"江苏全境"，"西到安徽南部"，而且以为北阴阳营及新沂花厅村等遗址当属该文化的代表性遗存[64]。这些观点的提出引发了此后长达数十年的学术论争。

迄今，考古学界对"青莲岗文化"所持种种见解，归结起来说，大致不外如下五类：

①有些学者在接受了上述观点后，又将其分布范围进一步扩大，认为南至浙北，北及山东，实际包括了长江下游、淮河下游和黄河下游地区的新石器晚期不同文化遗存都应归属该文化的范畴，并把这一大"青莲岗文化"划为江南和江北两个类型。其中的"江北类型"再分成"青莲岗期"、"刘林期"、"花厅期"和"大汶口晚期或景芝镇期"；或把江北类型的范围略划小，即将其北界限定在泰、沂山脉以南，但基本观点同前者区别并不大。这种论点只是把二涧村下层、大墩子上下层、刘林、曲阜西夏侯墓地、日照东海峪下层以及大汶口遗址首次发掘的三期墓葬等遗存混在一起统分为前后六期，再把鲁南和苏北大汶口文化发展变化的整个过程一分为二，认定以刘林、大墩子上层及上述大汶口早期墓为代表的大汶口文化早、中期遗存与二涧村、大墩子两遗址的下层悉属"青莲岗文化"，而以大汶口中、晚期墓葬、西夏侯墓地及东海峪下层为代表的遗存

则属大汶口文化[65]。

②有的学者认为北阴阳营下层遗存的面貌"同淮安青莲岗遗址比较一致，可能属于同一文化系统"，两者与淮北的大汶口文化差异明显。但由于据以命名为"青莲岗文化"的"遗址不够典型"，加上后来又将其"概念扩大以致包括了不同系统的文化而引起争论，如果将江淮之间作为一个文化区，或可定名为北阴阳营文化"[66]。

③为避免将分布在苏北以北的大汶口同长江下游的马家浜等文化相混淆，有学者建议"青莲岗文化"一名似可弃置不用，认为青莲岗一类遗存可归属大汶口文化[67]。

④有的学者视苏北的刘林、大墩子与鲁南的大汶口、西夏侯及东海峪下层等遗存均为大汶口文化，并将这些遗存划分成前后相承的早、中、晚三期。其中，早期以刘林墓地和大墩子下层及该遗址上层中的早期墓为代表，中期主要以大汶口遗址首次发掘的早、中期墓及大墩子遗址上层中的晚期墓为代表，晚期主要以大汶口遗址首次发掘的晚期墓、西夏侯上层墓和东海峪下层为代表。这种观点认为，待将来与大墩子下层相当的资料进一步丰富后，在大汶口文化刘林遗存所代表的早期之前，也许有可能"另立一期，或另立文化"；或把所谓"青莲岗文化""江北类型"中的"青莲岗期""作为大汶口文化的前身来处理"[68]。

⑤还有的学者认为苏北地区的青莲岗一类遗存与北辛文化晚期文化遗存面貌相同或相似，年代亦接近，因此，将其视为北辛文化的另一区，名之为"大伊山类型"。

以沂河、沭河流域下游为中心的苏北和皖北地区，地理环境等自然条件同汶、泗流域中下游虽极相似，但这一带因地处南北和东西三大文化系统交汇区的北缘，在北辛文化时期，这里由于同周边地区的联系均比较密切，其文化遗存难免要包容一些外来的文化因素。如80年代末，在沭阳万北遗址发掘和采集的早期资料中，罐形鼎和盆形鼎的形态与大汶口遗址的北辛文化晚期基本相同或相似[69]，兼以青莲岗遗址的双耳壶基本同于大汶口遗址北辛文化晚期的同型壶，便不但可以佐证青莲岗、二涧村和万北等遗址早期遗存的年代约与北辛文化晚期相当，而且说明当时这一带的居民确曾同其北邻发生过密切的交往关系。再如90年代初发掘的皖北宿县小山口、古台寺两遗址早期遗存，前者伴出的少量石器既有打制的也有磨制的，磨制石器的类别有斧和锛，其他还有磨盘、磨棒等。陶器均以夹砂的最多，泥质的占少数，手制陶胎壁皆较厚，烧成温度普遍不高，质较松软，器表以素面为主。器类多釜，其次是鼎和钵。其中的釜类，侈口或直口深腹，或敞口斜腹，腹上部往往有一周链式堆纹或加附若干枚乳丁形装饰，有的还附有短柱形捉手[70]，基本形态虽多与北辛文化相似，然而它们的装饰和附件却不尽一致。从这些迹象观察，此类遗存不仅地方特色显著，而且亦明显早于青莲岗、大墩子下层及万北诸遗址的早期遗存，见于青莲岗和大墩子下层中那种腹部附有一周腰檐的陶釜，显然并非由小山口和古台寺一类釜演变而来。青莲岗遗址这种陶釜同北辛文化晚期的双耳壶共存，表明两者的流行年代应大致相当。以迄今的资料看来，腰檐釜这种器类，主要是分布在长江下游到淮河下游的东部一带，其中，偏早一些的有浙北地区的河姆渡文化和桐乡罗家角下层遗存，晚些时候的有以嘉兴马家浜和高邮龙虬庄为代表的两类遗存。比较这些腰檐釜可知，青莲岗的不论同河姆渡文化和罗家角下层的还是跟晚些时候的马家浜文化或龙虬庄一类遗存相比较，形态都不一样，因此，我们怀疑在马家浜和龙虬庄两类遗存的分布区内或许还有比两者之早期更早些的遗存。换言之，出自青莲岗和大墩子下层带腰檐的陶釜很有可能就是江淮之间新石器时代中期文化晚段北进的产物。

通过上面的比较分析当不难看出，小山口、古台寺和青莲岗等遗存与北辛文化应大体处于同一时空层面，它们实际都属于新石器时代中期阶段。小山口、古台寺与青莲岗两类遗存相距虽然不远，但由于两者之间尚存有相当长一段缺环，相关资料又均欠丰富，无法进行比较，因此，它们之间的关系一时还难以说清楚。不过有一点是可以肯定的，即这两者同北辛类型相应时段的文化面貌存在若干共性又有一些差异，总体说来关系比较密切。基于此，若将两者视为北辛文化的另外一个或两个地区类型，问题应该不会太大。目前，关于这两类遗存分布的确切范围及其发展过程尽管都还不明了，要深入认识它们的文化面貌并概括其特征还需要待相关资料进一步丰富起来，但无论如何，这一带存在着至少一种比新石器时代晚期文化更早的遗存是不容置疑的。所以，那种力主将青莲岗一类遗存同大江南北的新石器晚期文化归并在一起的见解和做法显然是不妥当的。

至于青莲岗一类遗存的命名问题，笔者以为把它继续称为"青莲岗文化"固然不合适，但称为"大伊山类型"亦未必就是可取之举。这是因为，在苏北地区，这类遗存毕竟以青莲岗遗址开展工作最早，由于受当时方方面面条件的局限，揭露面积小，致遗存的面貌不甚清楚，这批资料因而被学界部分同仁认定不具"典型性"。事实上，青莲岗遗址自那次小规模发掘以来，虽历经近半个世纪的沧桑巨变，但遗址依然保存尚好，据说其属于新石器时代的文化堆积仍只有最下面的一层[71]。类似这样的遗址，堆积情况可能并不很复杂，若再作适当规模的发掘，相信新石器时代各种遗存的面貌和特点，包括器物群的共存关系等，相对说来比较容易弄清楚。从另一方面说，自"青莲岗文化"一名提出以后，由于其分布地域被人为地无限扩大，下限年代又延伸过远，致使我们的认识一度陷入误区，但"青莲岗"在人们的心目中毕竟已扎下了根，影响面颇广，大家已经习惯了，所以，若非要急于给这类遗存命名，我们建议叫"青莲岗类型"。

（四）兴隆洼等文化

20 世纪后半叶，我国北方地区新石器时代中期的文化除上述重要发现外，在燕山南北两侧的辽河等流域以及黄海和渤海北侧的浅山与平原地带还先后发现了一些陶器群以筒形罐为主体器类的文化遗存，像兴隆洼、新乐下层、小珠山下层等。

1. 兴隆洼文化

该文化得名于 1983～1992 年经前后五次发掘的兴隆洼遗址。遗址位于大凌河的支流牤牛河右岸一岗地上，西北距今兴隆洼村约 1 公里，现行政区划属内蒙古赤峰市敖汉旗宝国吐乡。五次发掘揭露面积累计 10000 多平方米，发现了一处保存较为完好的早期村落，出土遗迹有房址、灰坑、窖穴及环绕居住生活区的一圈围沟，也有少量墓葬，同时，还伴出了一大批陶、石、玉器和骨、牙、蚌器等文化遗物。在遗迹中，属于兴隆洼文化时期的房址共约 100 多座，皆系长方形或方形的半地穴式单间建筑，一律呈西北—东南走向分排布列，约有 10 余排，每排房屋数量多少不等。房址面积有大有小，一般多在 40～80 平方米之间，最大的达 140 余平方米，最小的尚不足 13 平方米。这些半地穴的房址，均未发现供进出房屋的门道设施，这或许是由于房址上部普遍遭后期破坏所致。室内居住面并不都很平坦坚硬，中部一般都有一个口大底小的圆形浅坑式烧灶，灶底多较平整，有的还用石块铺垫，有的坑内尚遗有草木灰。支撑房顶的立柱之柱洞都见于居住面上，数量与分布情况因房屋大小而有差别：小型房子多只有 4 个，分别位居烧灶周围的四个不同方向上，排列基本对称；较大和大型的房子，柱洞往往较多，一般呈两圈排列，除烧灶四周的 4 个外，余皆在靠近房基坑周壁的居住面上。窖穴多数都散布在房址区以外，少数见于房址内。后者悉露口于居住面上，房屋废弃后均被房基坑内的回填土所叠压。窖穴形状结构以圆形和椭圆形的直壁平底坑居大多数，口小底大的袋形以及长方形和不规则形坑居少数。环绕村落的壕沟宽约 1.5～2 米，现存深约 0.5～1 米。所见少数墓葬亦多在房址内，所以，也被称为"居室葬"。发掘者认为这应同"当时人的祭祀活动有关"，"墓主因生前地位或死因特殊而被埋入室内"，使其"成为生者崇拜、祭祀的对象"。此类墓葬也都是长方形竖穴土坑，均置房内一侧，紧靠房基坑壁下挖，打破了居住面。葬式皆系单人的仰卧伸直葬。由于这类墓葬在房内的具体位置往往不一样，各墓人骨的头向不可能都一致。多数墓都有随葬品，类别以陶器、石器和骨器较常见，少数墓还随葬玦等装饰性玉器及牙器和蚌器。陶器质地皆含砂，烧成温度大都不高，多疏松。均手制，以泥圈叠筑法为主，器壁与底部拼接常见壁下端外包底周缘捏

合成型，胎壁较厚重，小型陶器一般系直接捏塑而成。陶色多
灰褐和黄褐色，少数局部呈红褐色。器表大多数都见有分段布
列的各种花纹装饰。施纹方法以压印为主，压划和戳印的次
之。花纹排列组合常见三段式：口部多为压印或压划的弦纹
带；其下方往往是附加的或由上下刮抹而堆成的一周窄泥条，
泥条带上面再施交叉短斜线、平行短斜线或戳印的指甲状纹
样；再往下面才是主体纹饰，以竖压横排的线式之字形纹、横
人字纹较多，其他还有席状纹、网络纹和交叉短斜线纹等。之
字纹线条粗细多较均匀，排列或密集或稍显疏朗。陶器群的基
本器类为筒形罐，一般多呈侈口、斜直深腹或深直腹平底状，
其他还有少量钵、碗、杯等。石器数量较多，有打制、磨制、
琢制和压削的四类。打制石器器类有锄形器、铲形器、刀及砍
砸器等。其中以锄形器最富特色，基本形态是上部均有短柄，
柄下方作宽肩或束腰斜肩状以便捆绑木柄，器身较宽扁，多系
圆弧刃。其功用可能与铲形器同为掘土工具。磨制石器数量不
多，器类主要有斧、凿等。琢制石器的类别主要是磨盘和磨棒。
压削石器大都是细小的石叶，一般用来镶嵌在骨、木质器柄上
作为刀具的石刃。骨器亦多属工具，主要类别有刀、鱼镖、两
端刃器及锥、针等（图六）。此遗址的发掘简报依据其出土遗迹
间的叠压打破关系及陶器等遗存反映出来的某些差异，将这批
资料分成了前后三期[72]。这三期遗存凡用木炭标本测得的碳十
四年代数据一般都在公元前 6200～5400 年之间[73]。

在兴隆洼遗址开展工作期间，先后进行过较大规模的发
掘，而且出土遗存也都较丰富，并公布了部分资料的同期遗
址，文化面貌与兴隆洼遗存基本相同或相似的还有白音长汗、
查海及北京市的上宅和北埝头等。

图六　兴隆洼文化遗物

1、2、7、8. 筒形罐　3. 钵　4. 骨鱼镖　5. 骨锥　6. 罐　9. 石刀　10. 石锄(6、9、10. 出自内蒙古敖汉旗兴隆沟遗址,余皆出自内蒙古敖汉旗兴隆洼遗址)

　　白音长汗遗址坐落于西拉木伦河北岸的阶地上,东北方同今白音长汗村邻近,属内蒙古自治区林西县。1988～1989年对其做了前后两次发掘。揭露面积约2500平方米,主要收获是取得了一批大体相当于兴隆洼时期的遗迹和遗物资料。遗迹包括房址、灰坑、墓葬与环绕村落的一条围壕,遗物亦不外陶、石、骨、蚌及玉等质料的器具。已出土的10余座房址,与兴隆洼聚落一样,亦皆方形或长方形的半穴居,也是分排布列,每排大致呈西北—东南走向一字排开。这些房址凡保存较好者,大都有进出房屋的门道设施。门道多较狭窄,均见于房基坑东壁中部,东向或略朝东北。房基坑底中间部分往往比周围的地面略高,有的还以黄泥进行抹制,并用火作了烧烤处理，从而形成一个长方形平台式居住面。居住面周围的地面一般为原生黄土，多不平整。烧灶也多置于居住面中部，与兴隆洼不同的是，这里的灶址均系在浅坑内或用四块石板围砌成方形灶坑，或用若干块石板平铺，两种灶石板的顶面多同居住面齐平。发现有柱洞的房址不多，个别室内见有四个，前后各两个分布于居住面两侧，有的有三个均在室后部，与房基坑西壁基本平行排列。围绕村落的环壕现存宽、深均不足1米。文化遗物中，陶器的质地、色泽、制法、装饰技法和花纹排列组合方式及其器类与兴隆洼的多雷同，两者的差别主要是这里的陶器大都呈尖唇或圆唇外叠状，口壁因而多较厚。石器制法同兴隆洼基本一致，打制石器数量最多的是铲，一般为扁平长方形，圆弧刃或平直刃，有的刃部还经过磨制。压削的细石器亦以长石叶为主。发掘者认为这类遗存同兴隆洼遗存之间存在的差异"既有地域的因素也有时间的因素"，且视之为兴隆洼文化的"白音长汗类型"，指出其分布范围主要是在西拉木伦河上游一带，同晚些时候的富河文化在分布地域上有着大面积的重合，并结合两者文化面貌反映出来的若干相似性，认为富河文化与白音长汗类型具有比较密切的因袭发展关系，推测富河文化"所处时代至少不晚于红山文化或者更早"[74]。

查海遗址处于下辽河的一条支流绕阳河源头南侧一岗地向阳面的下部，东北邻近今沙拉乡查海村，隶属辽宁省阜新蒙古族自治县。其现存面积约1万平方米左右，1986～1990年先后做了四次发掘，揭露面积1500多平方米，主要收获是发现了10余座房址和少数灰坑，伴出文化遗物也多为陶器和石器，另有少量玉器等。从已公布的资料看，房址多系圆角方形的半地穴式，大体上也是分排布列，似乎也都未发现门道设施。房屋烧灶的位置、形状结构、柱洞的分布及室内往往附有圆形或椭圆形窖穴等情况也都基本同于兴隆洼遗址。文化遗物中，陶器皆手制，泥质的极少，大多数都夹砂，烧成温度多不高，陶色以灰褐为主，红褐色次之。器表素面的极少，装饰花纹除少见压印席纹，压印平行短斜线纹和锥刺列点纹稍多外，其他纹饰的种类与排列组合形式以及器类和器形同兴隆洼、白音长汗两遗址的差别似均不大。石器制法完全同于兴隆洼遗址，也有打制、磨制、琢制和压削四类。打制石器类别主要有锄形器、铲和敲砸器，前两者皆扁薄体，圆弧刃或平直刃较宽，基本形态同上述两遗址多相似。磨制和琢制石器器类主要是斧、磨盘和磨棒，斧多为圆弧刃。发掘简报将这批资料划分成前后两期，认为前期的年代约同兴隆洼遗存相当，并主张把后期遗存另行命名为"查海文化"，而且希望待相关资料进一步丰富后，再将查海前期与兴隆洼遗存加以区分，以便使其"回归为查海文化"[75]。在参与该遗址发掘工作的成员中，有人认为查海与兴隆洼两类遗存虽然也存在某些差异，但对于将两者完全分离开来各自单立文化，却持不同见解，认为这样做尚欠斟酌，至少是时机还不成熟[76]。

北京市平谷县的上宅与北埝头两遗址，前者位于洵河上游北岸一岗地上，东南邻今韩庄乡上宅村，1985~1987年先后进行了五次发掘，揭露面积共约2500平方米，获得了一大宗陶器和石器等遗物。后者坐落在洵河一条支流错河南岸的二级阶地上，东邻今大兴庄乡北埝头村，1984年即对其做过一次清理发掘，揭露面积约1500平方米，除获取了若干陶器、石器等文化遗物外，还发现了一些半地穴式的房址。北埝头遗址的房址保存情况均不好，多仅见部分房基坑之底部，无明显门道痕迹。居住面上往往能见到一个或两个口朝上的陶罐被埋入地下，罐内尚贮有草木灰，被认为可能是烧灶附近保存火种的地方。两遗址出土陶器的情况比较一致，陶质皆以夹砂的最多，泥质的较少，夹砂陶中常常杂有滑石粉，颜色多红褐和灰褐色。均手制，器壁厚薄不均匀。器表大都有装饰花纹，素面的不多。相比较而言，这里的纹饰种类似较简单，也以竖压横排的线式之字纹最多，次为划纹、篦点纹、戳印纹等，花纹排列组合罕见三段式，由连续线式之字纹或戳印纹构成的双"～"形花纹最富特征。陶器群的器类除筒形罐数量众多外，还有钵、碗、陶支脚及一些附有圈足的钵和碗。其中，陶支脚的基本形态同上述易县北福地"乙类遗存"较接近。石器制法与兴隆洼、白音长汗和查海三遗址完全一致。其中，打、磨、琢三种器类多斧、磨盘和磨棒，铲、凿等占少量，罕见前三处遗址那种锄形器。压制的细石器类别有箭头、尖状器、刮削器和石叶等。这两个遗址的上述资料不论同兴隆洼等遗存还是磁山文化显然多少都有一些差异，发掘者据此主张以上宅遗址为代表的这类遗存应单独命名为"上宅文化"，认为其从早到晚的发展变化过程可分成三期四段，其中，早期的年代约与兴隆洼遗存大致相当，晚期的年代推测或可同仰韶文化后岗类型的早期相近[77]。还有人认为其早期的面貌多与兴隆洼文化相似，燕山南麓也许"正是兴隆洼文化分布的南界"。所谓"上宅文化"仅指上宅二期遗存，它是介于"中原和北方两大原始文化区接触地带的一种新的文化类型"。至于上宅第三期遗存，由于面貌同"安阳后岗一期较为相似"，其年代当较晚[78]。

在对以上资料进行综合性研究的学者中，有的认为兴隆洼文化的分布地域主要是在西辽河流域的西拉木伦河、老哈河和教来河以及大凌河流域,"南可到燕山南麓",此外,在松辽平原中部的通榆县一带也可寻觅到一些线索[79];有的虽然也认为其南界起于燕山南麓的洵河流域和渤海北岸,东抵下辽河流域西面的低山丘陵地区,但北面的范围大体是在乌尔吉木伦河一线或稍远。后者认定多数地区的这类遗存都能划分成前后三期:早期的陶器"器表流行交叉状压印纹而不见之字纹";"中期交叉纹继续存在,但纹饰规整",同时又出现了压印之字纹;"晚期交叉纹消失,之字纹更趋规整",且凡饰之字纹的筒形罐"一般不兼施其他纹饰","部分筒形罐的厚唇沿更加宽厚",较大型的罐体之口部常见横压竖排的之字纹[80]。

如前所说,兴隆洼文化的分布地域无疑也是相当广阔的。在这一范围内,各地的文化面貌大体相同或相似,但多少总会反映出一些差别。本节前面所述五处遗址共四类遗存间的若干差异,或许正是由于它们所在地区不同和所处时段早晚不全一样而致。因此,有关该文化的演变谱系、分区、各区间的分界及其同后续文化的关系等基础研究领域都还亟待深入。

2. 新乐下层遗存

新乐遗址位在沈阳市北郊辽河与浑河之间的北陵地区一处东西走向的岗地上。自1973年进行首次发掘之后,20世纪70年代末到80年代末又多次做了发掘清理。遗址表土层以下的古文化堆积大致可区分成两大时期,上层遗存属青铜时代,下层遗存被视为本地区新石器时代略偏早阶段。这几次发掘出土新石器时代的遗迹现象同样也主要是一些半地穴的房址,与之同时的文化遗物除陶器、石器、玉器和骨器外,还有一批煤精制品。已面世的10余座房址皆作圆角长方形或方形,建筑面积有大也有小,个别大型的达90平方米以上,少数在50平方

米左右，多数在 30 平方米以下。保存较好的两座尚存有门道，
其中一座门道开在房基坑东壁中部，呈斜坡式伸出基坑外。室
内居住面多数基本平整，圆形或椭圆形浅坑式烧灶一般置于居
住面中部，少数偏于一侧，由还存有门道的房址可知烧灶的位
置可能大都正对着门道。房内柱洞的数量多少不等，大型和较
大的房子柱洞往往较多，或置于房基坑壁与居住面结合部，呈
一圈排列，由此知道，这一圈立柱当多系半明柱，或除外圈的
柱洞外，在居住面上再另置一圈或两圈明柱，与外圈的半明柱
共同构成两圈或三圈柱网。小型房子柱洞多较少，大都在居住
面与房基坑壁结合部作一圈排列。有的房内也设有储物的窖
穴，一般系圆形直壁平底坑。陶器以夹砂陶为主，多红褐色，
灰褐和黄褐色者较少，一律手制，烧成温度亦不高，陶质多较
松软。器表大都通身饰满纹饰，素面的极少。施纹方法多见压
印，篦纹次之，压划和锥刺的最少。压印纹以竖压横排的连续
之字纹最常见，弦纹、席纹、横人字纹较少，横压竖排的之字
纹更少。篦纹多呈横向列点状，席纹和曲尺状列点纹较少。各
种花纹大都做工精细，排列密集整齐，口部多为一周或数周压
印或压划的短斜线纹、席纹、横人字纹，有的则是一两周锥刺
列点纹，其下方或以横排之字纹或以弦纹或以篦点纹构成主体
纹饰，基本不见兴隆洼文化那种三段式组合。之字纹印痕两端
一般稍宽且略深，中间较窄较浅，与兴隆洼文化的线式之字纹
差别较明显。少数钵、碗类器表施有红衣，个别口部还绘饰一
周宽带状黑彩。器类以筒形罐为大宗，其他还有少量斜口器、
圈足钵、钵或碗、杯等。所谓斜口器，实即以成型之筒形罐在
投窑烧制前，将器身上部切削成斜形口。筒形罐虽亦多瘦深腹
型，但腹壁中下部大都作弧曲缓内收状，形态同兴隆洼文化的

亦有显著差异。石器制法也有打制、磨制、琢制和压削四种。以打制石器的数量最多,约占出土石器总量的半数,器类主要有敲砸器、砍砸器、刮削器、尖状器和网坠,还有少量略呈亚腰形的直刃铲。次为压削的细石器,约占出土石器总数的1/3左右,器类亦多石叶,其他还有刮削器、尖状器和箭头等。箭头既有平底的也有有铤的。磨制和琢制石器数量最少,器类主要是斧、凿及磨盘和磨棒(图七)。骨器的类别有箭头、器柄、锥、笄等。煤精制品几次发掘均有发现,数量较多,皆磨制,或呈球形,或为泡形,或作耳珰状,可能多属装饰品类。此外,在有的房址附近还伴出了一些炭化谷物和果核,经鉴定,认为谷物粒大饱满,与黍类近似,果核有榛子和山樱桃两种。在新乐遗址进行发掘工作的初期,就整个辽河流域及其周围地区而言,当时已知的资料可与新乐下层遗存相比较者还极少,鉴于其面貌同晚些时候的红山文化差异显著,特色鲜明,发掘

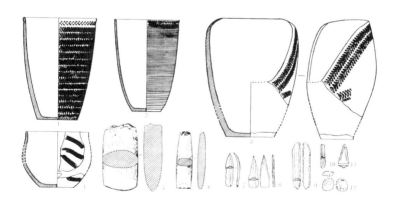

图七　新乐下层文化遗物

1、2.深腹筒形罐　3.斜口罐　4.罐　5.石斧　6.石凿　7.石尖状器　8、11.石镞　9、10.细石叶　12.刮削器 (皆出自辽宁沈阳新乐遗址)

者遂将之命名为"新乐下层文化",并推测这个时期应该已经有了农业,而且渔猎仍是那时居民"经常的生产活动"[81]。这批资料经碳十四实测的几个年代数据一般都落在公元前5500～4800年之间[82]。后来,这类遗存又被正式定名为"新乐文化"。

新乐下层一类遗存,据认为主要分布在辽河和浑河冲积平原的中部地区,从文化遗存的年代与相似性来说,这一地区同上述兴隆洼文化的分布区"是既有联系又有区别的不同文化区域"[83]。但迄今这类遗存除新乐遗址外,新的发现还没有见诸报道。这或许是由于调查、发掘研究工作尚未全面展开所致。有学者还从比较分析兴隆洼和新乐下层两类遗存筒形罐上的压印之字纹以及后者与红山文化中斜口器的形态入手,指出兴隆洼文化和新乐下层竖压横排的之字纹"大体上反映了从无到有、由不规整到略规整这样一个发展过程",并由此得出结论:新乐文化的年代要比"兴隆洼文化最晚者还要晚些",或者说,新乐下层遗存的年代应在兴隆洼文化晚期和红山文化之间,进而又推定,"新乐文化的前身应是一种以接受兴隆洼文化影响为主的遗存"[84]。我们至少可以认为,这个结论同兴隆洼和新乐下层两类遗存的实测年代是相吻合的。

3. 小珠山下层遗存

依迄今的发现看来,小珠山下层一类遗存主要分布在辽东半岛南端的浅山平原地带和沿海岛屿、陆地。自1978年小珠山遗址的小规模发掘之后,先后发掘出土这类遗存的主要遗址还有后洼下层和北吴屯下层,后二者的相关资料均比小珠山遗址丰富得多。

小珠山遗址位于辽宁省大连市长海县广鹿岛中部,已揭露面积还不到 100 平方米，发掘者依该遗址出土新石器时代遗存间的差异，将其文化堆积归并成了上、中、下三层。上面的两大层遗存分别属于新石器时代晚期和铜石并用时代，下层遗存即田野工作期间所划分的第⑤堆积层，伴出了一些陶器、石器和少量骨器等遗物，估计年代当稍偏早，被称为"小珠山下层类型"[85]。后洼遗址在辽宁省东沟县马家店镇三家子村北，总面积不到 2 万平方米，1983～1984 年做了发掘，揭露面积约 1800 平方米。北吴屯遗址位于大连庄河市黑岛镇以东的黄海岸边，北面邻近英那河入海口。其总面积约 1 万余平方米，1990 年进行的发掘揭露面积 400 多平方米。这两个遗址的下层都发现了一些房址和灰坑，伴出遗物包括陶器、石器、骨角器和少量玉器，后洼下层另有比较多的滑石及玉、陶质的雕塑品。发掘者界定二者的年代应与小珠山下层相当，认为北吴屯与后洼两遗址下层的面貌基本相同，但两者同小珠山下层遗存之间却既具若干文化共性又有些许差异，因而主张将三者所在的这一文化区再划分成两个小区，并把后洼和北吴屯两遗址下层所代表的一区另行命名为"后洼下层类型"[86]。

后洼和北吴屯两遗址下层的房址平面形状既有圆形的，也有圆角长方形的，皆系半穴居。凡保存较好者，坑穴一侧或一角尚见有斜坡式或台阶形的门道，在靠近房基坑周壁的居住面上多排列着一圈柱子洞，居住面中部或一侧一般都有一个用天然石板围成的长方形或方形烧灶。这三个遗址下层陶器的共同特点是，皆手制，多采用泥条盘筑，器壁厚薄较均匀。陶质全都夹砂，其中又大都羼有滑石粉，陶色多斑驳不纯，以灰褐色为主，红褐色次之，红陶极少。器表大都有纹饰，素面的很少。施纹方法常见压印，刻划和戳印的较少。压印纹中，多竖压横排之字纹，次为席纹、斜线三角纹、网格纹、短斜线纹及弦纹等。之字纹的显著特点是印痕两端更加宽而深，中间则更显窄而浅，与新乐下层显然并不完全一致。戳印纹多见横向列点状纹。各种花纹大多饰于腹壁中上部，以下素面，有的仅以一种纹样如之字纹或席纹单独排列成花纹带，有的之字纹则多与网格纹、弦纹、短斜线纹、斜线三角纹等纹样中的一种或两种配套组成花纹带，之字纹与压印席纹配套使用的较少。各种花纹做工大都较精细，排列密集整齐。器类除筒形罐外，后洼和北吴屯两遗址下层还有一些鼓腹罐、盆、钵或碗以及纺轮和网坠等工具。筒形罐的基本形态多侈口，少数为直口，腹壁多自上而下微弧曲缓内收，有些罐类的口部外侧还流行加附两个对称的瘤状竖耳。小珠山下层多见打制石器，磨制的较少，而后洼和北吴屯下层则以磨制的为主，打制的较少。总起来说，两种石器的器类主要有斧、铲、刮削器、砍砸器、磨盘、磨棒、网坠及砺石等（图八）。三个遗址均罕见细石器。骨器的类别多锥和针，皆磨制而成。后洼下层的雕塑品质料大多系滑石，少数为玉质和陶质，塑像既有人物也有诸如猪形、虎头形、鹰形、鸟形、鱼形、蝉形及虫形等类动物。这些作品上面大都钻有一圆孔，可能多是为穿绳以便佩戴的饰件。有学者认为，这些塑像不但多属饰件，而且还"具有浓厚的原始宗教和巫术特色"[87]。此外，小珠山和北吴屯的文化堆积中往往都杂有大量牡蛎、蛤蜊等海产品的介壳及一些鱼骨和其他动物骨骼，所以，有时也谓之"贝丘遗址"。由上述石、骨、陶质工具的类别推定创造这类文化的先民已经有了农业应该没有问题，同时，浅海捕捞和陆地狩猎作为辅助性经济成分在他们的日常生活中亦当占有十分重要的地位。

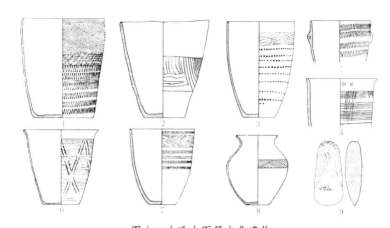

图八　小珠山下层文化遗物

1～7.筒形罐　8.鼓腹罐　9.石斧（皆出自辽宁长海小珠山遗址）

　　后洼和北吴屯两遗址的下层经碳十四测得的几个年代数据一般都落在公元前 4500～4000 年之间[88]。从小珠山下层和新乐下层两类遗存的文化面貌与特点观察，两者的年代应大体相当，前者至少当不比后者更晚。但小珠山下层遗存实测年代范围不论与兴隆洼文化还是新乐下层遗存的测年相比，都要晚得多，这同实际情况显然是不相符的。究竟是什么原因造成小珠山和新乐两者的测年有如此大的误差，尚有待今后作深入探求。

　　自新乐下层、小珠山下层和兴隆洼三种文化遗存相继发现以来，其陶器群尽管都以筒形罐为主体器类，而且陶器器表装饰又都盛行竖压横排的之字纹，但由于三者分别处于不同的地区，加上筒形罐与之字纹的形态及其他方面又存在着诸多明显差别，考古学界便较普遍地认为它们既互有联系，又是各自独立的不同文化体系[89]。同时，在小珠山下层和中层两类遗存的关系上，大家还认定前者是后者的主要文化渊源，而比小珠山中层更晚的新石器时代文化则是小珠山上层一类遗存[90]。这样一来，辽东半岛地区长期未能搞清楚的新石器时代文化编年便初步建立起来，这是 20 世纪后半叶该地区考古的重要成果之一。至于小珠山下层一类遗存与其南邻胶东半岛同期文化的关系，两者的筒形罐不论在陶质、器形还是花纹与装饰技法上往往都有一些相同或近似之处，这不但可以证明两个半岛远古时期的居民经济文化往来关系密切，而且还说明小珠山下层的年代应和白石村文化晚期大体相当，而在小珠山下层遗存中，却难得见到白石村文化的因素，于是可以断定胶东半岛当时来自辽东半岛的文化影响曾呈一边倒的态势[91]。另外，就新乐下层与小珠山下层两类遗存自身的研究现状而言，文化渊源及其流变过程都还不清楚，也是需要今后下大力气继续去探索的课题。

上面，我们已就黄河流域以北地区新石器时代中期诸考古学文化的面貌、特点及研究现状做了介绍和说明，现在让我们再将此时整个北方地区上述文化的共同特征作如下概括：①各个文化遗址的数量普遍比新石器时代早期显著增多，说明此时的人口和不同的人群均已大大增加。人们为了便于日常生活取水，又怕雨季来临因河水泛滥而遭水害，所以，居址一般都选定在沿河两岸的台地上，但他们的遗址面积仍然大都比较小，反映了当时人类社群的规模都还不大，同一聚落群中心聚落同一般聚落之间的分化尚不明显。遗址伴出的文化遗迹和遗物大多不太丰富，遗存的年代越早越如此。②诸文化虽已普遍有了旱作农业和家畜饲养业，但仍然都还不很发达，渔猎和采集作为辅助性经济依然占有比较重要的地位。③为冬季御寒保暖之需，房屋建筑流行半地穴式。房子附近多挖有窖穴，有的文化同时还将窖穴建在房内，以备贮存粮食及其他物品。这同北方地区年降雨量较少，地下水位普遍偏低是相适应的。④制作石器的技术水平普遍还不很高，各文化的打制石器所占比重依然较大，不少文化仍存在细石器，有的文化细石器在出土石器总量中还占有较大的比例。⑤陶器皆系手制，胎壁多厚薄不均匀，质较松软，器形往往不很圆整，陶色多不纯，以红褐和灰褐色为主，表明烧制技艺普遍还不够高。黄河流域的器类流行圜底器和三足器，器表装饰以绳纹、锥刺纹、刻划纹和篦纹等较多；长城以北的器类则多见平底器，器表装饰以压印的各种花纹为主，其中尤以竖压横排的之字纹最常见。在北方地区，分别以鼎类陶器为代表的三足器和以筒形罐为代表的两大文化区的形成由此已初显端倪。⑥墓葬悉为竖穴土坑，基本上不见葬具，流行单人一次葬，葬式多仰身直肢。随葬品大都不丰富，贫富分化现象反映不明显。

（五）皂市文化

自 20 世纪 70 年代末以来，考古工作者在长江中游地区先后发现了皂市下层、城背溪和彭头山等文化遗存，这些遗存因所在地区和年代早晚不同，文化面貌上存在若干差异，但总体说来却大体相同或相似。由于人们对究竟应该使用什么样的文化名称尚存有歧见，致使同一种文化有了"城背溪文化"、"皂市下层文化"和"彭头山文化"三种名称。

"城背溪文化"一名源于湖北省枝城市（原宜都县）城背

溪遗址的发现与发掘。长江自出西陵峡后即转向东南流，江水由此开始趋向平缓。遗址位于枝城市北面约 10.5 公里的长江西岸边，1983～1984 年先后进行了两次发掘，揭露面积近 300 平方米，主要收获是得到了一批石器、骨器和陶器等文化遗物。在城背溪遗址进行发掘前后，考古工作者还陆续发掘了枝城市境内的枝城北、花庙堤、金子山、孙家河、栗树窝子及枝江县的青龙山、秭归县的柳林溪和朝天嘴[92]等遗址，这些遗址出土的早期遗存虽多不及城背溪的丰富，但与其面貌皆基本相同，年代亦大致相当。由于不论从文化堆积的先后关系还是从遗存的比较分析上考察，这类遗存均比本地区已知的大溪文化要早，因而确认它们"应是新石器时代早期分布于长江中游的一个地方性文化"[93]，后来即被命名为"城背溪文化"[94]。

　　城背溪一类遗存，总起来说，制作陶器的陶土原料大都没有经过淘洗，陶质多含砂和夹炭，以夹炭陶数量最多，其中多含稻秆、稻壳等炭化物，含砂陶较少，泥质陶最少。全系手制，基本成形方法有泥片分层贴塑和泥条盘筑，两种方法都要用相应的工具进行拍打和刮抹，器壁多厚薄不匀，器形往往不很圆整。烧成温度大都不够高，质较松软，陶色以红褐和灰褐为主，黑陶和橙红陶占少量。器表大都有纹饰，素面的不多。装饰花纹多见绳纹和线纹（亦可视为细绳纹），其他如镂孔、刻划和压印纹等占少量。少数陶器还施有红色、黄色或白色陶衣。盛行圜底器和圈足器，少平底器，基本器类有釜、罐、圈足盘、钵与陶支脚。其中尤以弧腹圜底釜数量最多，陶罐腹上部常见附有两个对称的竖耳，陶支脚主要有实心和空心两种，其顶面或为圆形或呈椭圆形或作方形，以下横截面作椭圆形或方形或长方形，体表面一般都饰满绳纹、细绳纹或刻划的方格纹，有的还钻有方形或椭圆形镂孔（图九）。石器以打制为主，有些器体表面尚可见有琢制的痕迹，少数器体打制和琢制成形后还经过粗磨，刃部磨光的石器不多。主要器类为斧，其他还有少量锛、凿、网坠和石球等。骨器有铲、锥、针等少数器类，皆经磨制而成。发掘者后来在论述这类遗存的面貌和特点时，又据遗址往往都伴出有比较多的水牛、鹿及鱼牙、鱼鳃、蚌壳、贝壳、鳖甲等陆生和水生动物的遗骨，推定当时居民的经济生活应是种植水稻、家畜饲养和渔猎并重的多种经济。发掘者同时还认定城背溪一类遗存主要分布在鄂西地区的峡江两岸，其发展变化过程大体上可分成早、中、晚三期，中期还能再细别为前后两段，并指出，这三期遗存与分布在湘北洞庭湖和澧水流域的皂市下层、彭头山两类遗存实际"均属于长江中游地区同一种新石器时代早期文化"，它们之间存在的若干差别，主要是由于年代早晚和所在地区不同而造成的[95]。城背溪遗址用伴出兽骨测得的碳十四年代范围在公元前5600～5400年之间[96]。

"皂市下层文化"源于湖南石门县皂市遗址的发掘。该遗址位于澧水的支流涔水东岸，1977年和1981年先后做了两次发掘，揭露面积约1100平方米。发掘者将其文化堆积自上而下分为五层，其中，第三层以上属商周及其以后的堆积，第五层堆积出有新石器时代较早阶段的石器和陶器等遗物，被视为下层遗存。这类遗存的陶器亦皆手制，器壁多厚薄不均，烧成温度多不够高，不少陶片断面尚可分辨采用泥片分层贴塑的痕迹。陶色多斑驳不纯，以红色和红褐色为主，胎心大都呈灰褐色。发掘简报称其陶质以夹砂者数量最多，泥质的次之，夹炭的很少。从出土陶片统计结果看，约近半数的陶器器表有装饰

花纹，施纹方法有拍印、刻划、锥刺、戳印等，常见的纹饰为
交错绳纹和细绳纹，其次是刻划纹，戳印纹和镂孔等占少数。
此外，另有少量泥质红陶器表施有白色陶衣，有的在白衣上还
用红彩绘画花纹。陶器群的基本器类有罐、釜、圈足盘、器座
和陶支脚，盆、钵等占少量。其中，以罐类数量最多，形态多
样，概括说来，有直口或侈口高领罐、双耳罐、盘口罐和敛口
罐，其次是圈足盘，多系敞口斜腹浅盘下附圈足较高，再次是
器座，釜和陶支脚比前三种器类均少得多。石器制法主要有打
制和磨制两种。打制石器中除了大型的外，还有一些细小的燧
石石器，其石料悉为黑色，器类主要有小石核和小石片两种，
多数石片都未经再次加工，少数由二次加工出刃、尖的石片与
石核有可能同属刮削器类。大型打制和磨制石器的主要类别及
形态与城背溪基本一致，但磨制石器制作比后者一般都显得精
致一些。发掘者认为这些遗存与北面的城背溪一类遗存之间具
有许多共性。稍后，有学者也认为澧水流域与鄂西地区的早期

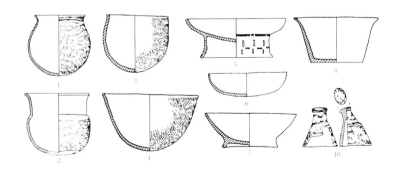

图九　城背溪遗址出土陶器

1、2. 釜　3、4、6. 圜底钵　5. 圈足盘　7. 圈足碗　8. 平底碗　9. 陶支座

遗存"是既有区别又互相联系的","它们共同构成了长江中游的早期新石器文化",并将皂市下层与临澧县胡家屋场等新石器时代遗存一并命名为"皂市下层文化"[97]。皂市下层测得的碳十四年代数据约在公元前 5700~5500 年之间[98]。

"彭头山文化"因湖南澧县彭头山遗址的调查和发掘而得名。遗址坐落在澧水和它北面一条支流涔水之间的一处岗地上,其西、南两侧被涔水的小支流所环绕,东南距澧县县城约 12 公里。湖南省的文物考古工作者 20 世纪 80 年代开展文物普查工作发现该遗址后,1988 年对它做了首度发掘,揭露面积约近 400 平方米,除获得了本地区关于较早阶段房屋建筑与墓葬、灰坑等遗迹现象的少量资料外,还伴出了一大宗陶器、石器及炭化稻谷等遗存。这些遗存经碳十四和加速器质谱法测得的年代数据,筛选后,一般都落在公元前 6500~5500 年之间。不论从其文化面貌反映的特点还是由实测的年代看,比皂市下层一类遗存显然要早,所以,调查和发掘者均主张将其另行命名为"彭头山文化",并把环洞庭湖地区新石器时代文化的谱系概括成"彭头山文化→皂市下层文化→大溪文化→屈家岭文化→龙山时代文化"[99]。

该遗址现已出土的房址皆甚残破,难辨整体形状和结构,有的房基底部仅残留一层铺垫土,有的既留有部分垫土也有少数柱洞残部。为解决室内潮湿问题,铺垫土一般都是用黏土添加多量粗砂或红烧土渣,由这种现象推测,当时这里的房子大都应该是地面起建的建筑。已发现的十几座墓葬均系竖穴土坑,平面形状有长方形、方形、圆形等几种,"多属二次葬",随葬品普遍较少,多为陶器,有的还有少量石质装饰品。陶器的陶土原料亦大都未经淘洗,因陶土中羼有大量稻壳、稻谷及

图一〇　彭头山遗存陶器

1、3.釜　2.盘　4.亚腰双耳罐　5.圈足盘　6.钵　7.圜底罐（1～3.出自
湖南澧县彭头山遗址，4～7.出自澧县胡家屋场遗址）

其他有机物，烧制后便成为夹炭的陶器居多数，器表一律呈红
色或红褐色，胎心则为灰褐色或黑灰色。制法基本有两种：凡
器形较大者，亦多采用泥片分层贴塑法成形；小型陶器则直接
捏塑成形。大多数器类胎壁普遍较厚，且厚薄不均匀，形态多
不够规则圆整，制作工艺技术显得较原始。器表素面的较少，
多数都有装饰花纹。以错乱的绳纹最常见，往往从上到下布满
全身，施纹方法多采用拍印，有的可能也用滚印。其他纹饰还
有戳印纹、锥刺纹、刻划纹和镂孔等。陶器多圜底器，少平底
器，基本不见圈足器。主要器类有罐、高领罐、釜、平底或圜
底盘、盆、钵和陶支脚等（图一〇）。石器制法与皂市下层一
致。大型打制石器多以砾石直接打击而成，数量较多，器类不
外砍砸器、刮削器和石锤三种。细小的黑色燧石石器多为一次
打击成形，也以石片数量最多，石核较少，有的还保留有天然
砾石面，少数经二次加工出刃、尖。器类亦多刮削器，还有少
量锥形雕刻器。磨制石器工具类仅有石斧一种，余者均系长条
形和管状的装饰品，制作大都较精致。彭头山遗址的炭化稻壳
和稻谷遗存不仅在陶片中比较多见，在已废弃房屋类建筑的红

烧土块中时常也夹有此类遗物。目前尽管还不能肯定这些稻谷
必属人工栽培稻，但从采自彭头山遗址发掘现场的古代孢粉分
析结果看，全新世早期以后，洞庭湖地区一直处于持续不断的
升温期，气候温暖湿润，禾本科花粉多"与现代水稻接近"，
并认定其属于水稻[100]。对于这些水稻，有学者推定大都应该
属人工栽培稻，并由此进一步确认长江中下游乃是人类栽培水
稻的一个重要发源地[101]。在上一章，我们曾讲到江西和湖南
一带的古代植硅石检测结果表明，自新石器时代早期始，人工
栽培稻属植硅石越往后越多，而野生稻属植硅石却日渐减少。
这一事实无疑为上述推论的成立又提供了一个极其有力的实证
依据。

在长江中游有关新石器时代中期文化遗存的一系列发掘研
究中，从八十垱遗址所获当时聚落的资料比彭头山聚落又有了
新进展。该遗址亦隶属湖南澧县，具体位置在澧水的支流涔水
南岸，北邻今梦溪镇。1993～1994 年对其连续进行了两次发
掘，揭露面积近 600 平方米，主要成果除获得了部分关于房屋
建筑的柱洞和红烧土面以及一批陶器、石器等遗物外，更重要
的是还发现了环绕聚落的围沟和"围墙"。发掘者据遗存间的
叠压关系与陶器等遗物排比分析的结果，将其分成前后两期，
认为这两期遗存不但文化面貌与彭头山相若，而且年代亦与之
大体接近。

经钻探和小面积发掘已初步探明，围绕这一村落的壕沟，
实际是由前后两次修建的两条沟重叠在一起。最初开挖的那条
沟现仅存底部，其建筑年代和使用年代约与本遗址的前期遗存
同时。后经长期淤积已不能正常发挥防护功效，便在原有基础
上再重挖，所以，后来形成的这条沟非但打破了原来那条沟而

且还叠压在它的上面。这条沟大体呈一不规则长方形环绕村落一圈，上口宽约 4 米，底宽 1.5 米，深 1.5～2 米。围沟以内的居住生活区面积约 1.6 万多平方米。所谓"围墙"，即从后来这条壕沟里挖出来的土沿沟内侧堆放而形成的一条土埂。现存高约半米多，底部最宽 6 米左右。其土质较致密坚硬，上下颜色差异显著，因而可以断定是分层堆筑起来的。这道土埂的出现，无疑有助于增强环壕的防护功能。新壕沟在使用过程中，由于雨水常年冲刷，沟壁免不了要坍塌，再加上沟内积水的沉积作用难免使之淤塞，导致其积水和排水等防护功能大大削弱，所以，后来又曾有过两三次较大规模的清淤活动，并把挖出来的土分别堆筑于土埂两侧以修补其护坡[102]。作为环壕防护功能的辅助性设施，八十垱聚落土埂的产生似可理解为当时的居民因遗址范围内尤其是居住生活区的地势偏低易受洪灾侵害而采取的一项举措。这一发现在人类社会早期阶段聚落的防护性设施中尽管可能并不具有普遍意义，但却为研究这一时期聚落的模式、形态提供了一例新材料。

对于以上三类遗存，多数学者认为它们应该属同一种文化。有学者明确指出，洞庭湖和鄂西地区"地理位置相邻，文化特征虽有差别，但大部分是相近或相似的，又都是大溪文化的前身，很可能是属于同一考古学文化的两个地方类型，共同代表长江中游的新石器时代中期文化"[103]。然而，这并不是说大家对这些遗存的认识都已完全一致了。事实上，论者对这类遗存的面貌与特征、所处发展阶段以及晚期同大溪文化的因袭关系诸问题，认识上差别虽然不大，但究竟是将它发展变化的整个过程视为同一文化还是分为两个文化以及应该给它起个什么名字等方面却各持己见，以致使同一类遗存有了三种不同

的称谓。例如，有的学者力主将属于同一大时期，并且"具有
一些共同特征"的彭头山和皂市下层两类遗存分别称为"彭头
山文化"、"皂市下层文化"，认为两者是存在着"源流关系的
新石器时代早期文化的前、后阶段"，它们之间显现出来的某
些差异只是遗存处于不同发展阶段的反映，而见诸临澧县的
"金鸡岗一类遗存，在时间上是介于彭头山文化和皂市下层文
化之间的"，可视为两种文化的过渡或作为"皂市下层文化的
早期阶段"[104]。持有类似观点的学者中，有的还将鄂西地区
的城背溪与枝城北、金子山与孙家河等遗存也分别归入"彭头
山文化"和"皂市下层文化"中[105]。又如，有的在对这些遗
存作了比较系统全面的研究分析之后，把它们统称为"城背溪
文化"，并依地区差异将其划为"城背溪类型"和"皂市类
型"，指明前者最密集的分布地域是"西陵峡内外，东西距离
有100多公里"；后者分布"最密集的地方在澧县和临澧县一
带"。这种观点认为城背溪类型可初步区分成分别以城背溪遗
址早期遗存和孙家河遗址为代表的早、晚两期；皂市类型发展
变化的全过程由早到晚则包括了彭头山、金鸡岗、胡家屋场和
皂市共四期。至于城背溪文化的石器制造业何以远不如中原地
区的同期文化发达？论者认为，乃是由于"城背溪文化属稻作
农业区，在水田里生产是以比较轻便的木器和骨器为主"，再
加上当时这里先民的经济结构"渔猎经济成分占有的比重很
大，原始农业在很长时间内并不占主要地位"[106]。

　　就实际情况而言，彭头山遗存尽管普遍早于皂市下层遗
存，但并不等于它比城背溪遗址的所有遗存都要早，这三种遗
存既然属同一大时期、同一文化性质，它们面貌上存在的若干
不同充其量不过是发展过程中不同时段和不同地区间差别的反

映，加上前者的发现以及对它实际开展发掘研究工作又晚于皂市和城背溪两遗址，将其单列为独立的文化自然不妥。另外，皂市遗址的两次发掘工作不但均早于城背溪遗址，而且针对两者的文化命名按刊发时间来看也是"皂市下层文化"在前，"城背溪文化"在后，若用城背溪一名来代表这三种遗存显然是背离了文化命名习惯做法的。如果从皂市和城背溪两遗址保存的现状考察，基于它们所在地理环境不同，处于长江西岸的城背溪遗址由于江水历年侵蚀坍塌，等到发现它时现存面积本来就不很大，经过两次发掘以后，更是所剩无几。据皂市遗址发掘简报介绍的情况判断，该遗址的下层不但出土文化遗物并不比城背溪遗址逊色，而且其所在位置与保存状况比后者也要好得多，遗存涵盖的年代范围虽然不太长久且较晚，但作为这一文化晚期遗存的代表却颇具典型性。"城背溪文化"一名自提出以来，固然已为人们所熟悉，但若干年之后如让我们去查找此遗址，怕是难寻其踪影了。所以，依据文化命名的一般原则和惯例，我们建议还是把长江中游地区的新石器时代中期遗存统称为"皂市文化"为好。此外，考虑到分别以峡江两岸及洞庭湖、澧水流域为中心的鄂西和湘北丘陵平原地区，不独物质遗存具有若干差异，而且两地居民的经济结构亦应不完全相同。峡江地区由于受多山地、少平原的地貌和生态环境的制约，当时的居民点分布虽较密集，但遗址面积却多较小，可以想见，类似这样的村落人口数量也应该不太多，他们尽管可能已经知道种植水稻以保障食物来源，但当时这里的稻作农业不可能很发达，渔猎在他们的经济生活中所占比重当远远大于湘北地区。有鉴于此，我们赞同将这一文化分成皂市下层和城背溪两个地方类型。

（六）河姆渡文化

1. 河姆渡遗址

该文化得名于浙江省余姚市河姆渡遗址的发现与发掘。此遗址的古代文化堆积可分为四层，发掘报告认为，上面的两层遗存分别属于马家浜和崧泽文化时期，下面的两层堆积均较厚，除伴出有大量房屋建筑的木质构件外，其他遗物如陶器、石器及骨、角、牙和木质等器具也都比较丰富，皆属河姆渡文化。从最下面那层木构件的形式及出土情况看来，它们都应该属于房屋类建筑的散件，其建造和使用年代当早于这层堆积的形成年代。

建筑木构件总数达千件以上，主要有桩木、圆木和木板三大类。桩木有圆柱形、方柱形和木板三种。圆柱形桩直径多较小，方柱形桩较粗壮，板材桩通常宽在10～50厘米，厚在2.4～4厘米之间。所有桩木一端皆加工成尖头，然后分排将尖头一端垂直打入生土层中。每排现存长度不一，桩木数量不等，排列或密集或稀疏，最长的一排约23米，包括方柱形、圆柱形和木板三种桩共78根，较短一些的残长不足7米，现有桩木仅9根。圆木构件上面往往都带有榫卯结构，推测当属房屋的梁、柱类。有的圆木长达2.6米，两端都加工成小榫，可能属于立柱类，两端的榫头应该是分别用来同上方的屋梁及下面地龙骨上的卯孔进行套接的，有的榫头上还凿有穿透的销钉孔，显然是为防构件脱榫，以销钉进行固定的。木板类构件除用作桩木外，还有一些则是企口板。其中，保存较完好的一块企口板，长79厘米，宽17厘米，厚5厘米，两侧面分别开凿成一条宽1～2.5厘米、深约2.3厘米的凹槽，有的木板尚可见一侧之两面均被砍削成斜面状。这种企口板无疑是用来密接拼板的材料。由上述木构件的形式和桩木分排布列等情况分析，这里的房屋建筑流行的应该是一种干栏式的木屋。

最下层伴出的其他遗物中，石质工具虽以磨制的为主，但磨制多欠精，器体上常常留有打击和琢制的痕迹，通身磨光者少见。器类不多，主要有斧，锛、凿和砺石次之。骨、角、牙器以工具类数量最多，器类有耜、箭头、矛头、凿、锥、针和匕等，其他器类还有哨以及笄、管、坠、珠等乐器和装饰品。工具类中，以骨耜最富特点，共发现79件，大都用偶蹄类哺乳动物的肩胛骨经凿、削、磨等方法制成。其形体较厚重，肩臼部位削磨齐平，多数还由两侧对穿一长方形孔，胛骨板面中上部一般也都穿凿有两个并列的椭圆形孔。肩臼两侧的长方形孔和骨板上的椭圆形孔周围往往都有因捆绑木柄而留下来的绳索印痕。从这些现象看来，这种工具的功用或许有如现代的铁锹，被用来在水田里进行翻土和平整土地。箭头数量很多，主要有斜铤和圆铤两种。矛头数量也较多，一般呈柳叶形，形体多比箭头修长。凿和锥两类除骨质的外，有一些则是用鹿角磨制成器。木器出土数量也较多，这在其他文化中是难得见到的。其器类有铲、矛头、匕、器柄、纺轮及木棒等。其中，铲类器体两侧和刃部较薄，中间厚，上端有一方形短把。矛头多圆铤，身部横截面或作圆形或呈椭圆形，有的为便于捆绑木柄，身后部还刻有一道横向凹槽。此外，工具中还有多种形态的陶纺轮，横截面有长方形、梯形、一面平另一面弧凸形、亚腰形及周侧中间外凸的算珠形等，有的素面，有的则饰以刻划的斜线纹、弧线纹或戳印的圆窝纹。下面两层出土的陶容器皆手制，胎壁较厚，器形往往不够圆整，多夹炭黑陶和灰褐陶，硬度大都不很高。器表素面的较少，最常见的花纹是拍印的绳纹和刻划纹，锥刺纹和戳印纹等较少。陶器群造型多圜底和平底，不见圈足器和三足器。基本器类有釜、罐、钵、盘、器座和支脚等。釜的形态多敛口和侈口，作盘形口者很少，腹部往往加附一周突脊，皆圜底。罐有双耳罐和单耳罐，大都系平底。盘均作敞口，斜浅腹，平底（图一一）。发掘报告认为这两层遗存虽有早晚之别，但两者"内涵基本一致"，继承和发展的关系较清楚，同视为河姆渡文化应没有问题[107]。

上述两层遗存测得的十几个碳十四年代数据多在公元前5200～4200年之间[108]。

考古学界对河姆渡遗址上下四层古文化遗存属性的界定，除了发掘报告编撰者的上述认识外，还有一种意见认为以河姆

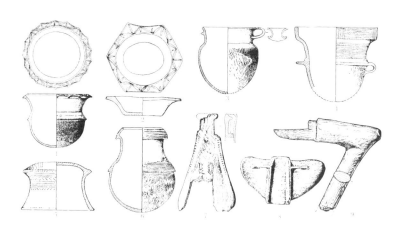

图一一　河姆渡文化遗物

1、3、4、6.陶釜　2.陶盘　5.陶器座　7.骨耜　8.木蝶形器　9.木器柄（均出自浙江余姚河姆渡遗址）

渡遗址为代表的遗存主要分布在宁绍平原的东部，主张把河姆渡遗址的四层古文化遗存全都归属河姆渡文化，并提出下面的两层为该文化的早期阶段，上面的两层则属其晚期阶段；或将这四层遗存由下而上视为"一脉相承的"四期，认定这四期遗存不但"同属于河姆渡文化"，而且这一文化"和马家浜文化各有自己的渊源，它们之间只能是相互影响的关系，绝不可能是一前一后的发展关系"[109]。这实际上是把河姆渡与马家浜两个文化看成是关系密切、年代相当、并行发展嬗变的同期文化。

2. 罗家角下层遗存

罗家角遗址隶属浙江省桐乡县，发掘者将该遗址表土层以下的古文化堆积分成了上下四层，并认为这"四个文化层属于同一文化"，"是一个连续发展和渐变的过程"，可视为"马家浜文化的罗家角类型"。发掘报告执笔者在其另一篇有关罗家角遗存的研究文章中，当述及马家浜与河姆渡两个文化的关系时，又进一步指出，前者的早期给予后者早期的影响比后者接受来自河姆渡文化的影响似乎要大得多[110]。

从发掘资料观察，罗家角四层遗存之间由早到晚承袭发展的关系固然比较密切，但前后的文化内涵却并非一致。比较这四层遗存即不难发现，第④层与第③层以上的陶器群并不都一样，前后的文化面貌差异较明显，应把它们视为早晚两个不同的文化，所以，这里将第④层堆积作为该遗址的下文化层，其余三层为其上文化层。

据发掘报告介绍，罗家角下层的遗迹现象主要是十几个灰坑，伴出陶器多夹砂和羼蚌壳粉末，有少量夹炭陶、泥质陶更少，陶色以红褐和红色为主。皆手制，以泥条叠筑法为主，较大型的釜类陶器多采用分段叠筑然后拼接成型。器表多素面，纹饰以拍印的绳纹和刻划纹较常见。陶器群造型亦流行圜底器和平底器，三足器与圈足器仅有个别矮三足钵和矮圈足盘，基本器类以釜为大宗，其他还有少量双耳罐、盆、盘、钵与平底盉等。第③层以后才始见三足盉和少量陶豆，鼎类陶器则主要见于①、②两层。在第④层的釜类陶器中，腹部加附一周凸脊的筒状釜、筒形腰檐釜和弧腹腰檐釜数量均较多，其中的侈口、腹部附有凸脊的筒状釜与河姆渡最下层的同类陶釜形态颇近似，惟独弧腹腰檐釜为罗家角遗址所特有。这说明，罗家角下层遗存不但文化面貌同河姆渡遗址下层既相似又有区别，而且其年代亦应与后者大致同时，经碳十四和陶片热释光两种测年法获得的几个年代数据也都佐证这一推定基本上是可信的。罗家角上、下两类遗存因袭关系虽然比较清楚，但那也只能表明上层遗存是直接继承下层遗存发展而来，两者无疑应属于同一文化系统，但却并不意味着它们必都属同一考古学文化。基于两者文化面貌之间差异较明显，下层遗存年代又确实比较早，同时，由于罗家角下层一类遗存地处太湖流域，而河姆渡下层一类遗存则多集中于钱塘江南岸一带，这两者文化面貌上反映出来的若干差别无疑当主要是由于其所在地区不同而造成的。目前，在环太湖地区，鉴于可同罗家角下层相比照的另外一些同期遗存还有待继续去探寻，为了与周边地区其他同期考古学文化的上下限取得一致，以便能从比较大的范围对这些文化从纵横两个方向开展深入的对比研究，我们建议将罗家角下层与河姆渡遗址下部两层为代表的两类遗存暂且都划归河姆渡文化，并把它们作为该文化的两个不同地方类型。至于罗家角上层遗存，从其陶器的类别和形态等因素考察，面貌与马家浜一类遗存基本相同或相似[111]。这类遗存在长江下游地区经考古发掘出土的已比较多，年代普遍较晚，视为新石器时代晚期文化的早段应该没有问题。远在 20 世纪 70 年代末期，有学者就已认定马家浜一类遗存当是"来源于较早的河姆渡（下层）文化"，并提出将其同上海青浦的崧泽等遗存一起命名为"马家浜文化"[112]。有学者在接受了这一观点后，进而又把马家浜、崧泽两类遗存分别视为马家浜文化的早、晚两期，且认为崧泽期是向良渚文化过渡的阶段[113]。这当然是可以成立的。

注　释

[1] 开封地区文管会《河南新郑裴李岗新石器时代遗址》，《考古》1978 年第 2 期；开封地区文管会《裴李岗遗址 1978 年发掘简报》，《考古》1979 年第 3 期；中国社会科学院考古研究所河南一队《1979 年裴李岗遗址发掘报告》，《考古学报》1984 年第 1 期。

[2] 河北省文物管理处等《河北武安磁山遗址》，《考古学报》1981 年第 3 期。

[3] 严文明《黄河流域新石器时代早期文化的新发现》，《考古》1979 年第 1 期。

[4] 李绍连《关于磁山、裴李岗文化的几个问题——从莪沟北岗遗址谈起》，《文物》1980 年第 5 期。

[5] 安志敏《裴李岗、磁山和仰韶——试论中原新石器文化的渊源及发展》，《考古》1979 年第 4 期；李友谋等《试论裴李岗文化》，《考古》1979 年第 4 期；杨肇清《关于裴李岗、磁山文化的定名及其年代问题的探讨》，《华夏考古》1987 年第 1 期。

[6] 中国社会科学院考古研究所《中国考古学中碳十四年代数据集（1965～1991)》，文物出版社 1991 年版。

[7] 赵世纲《裴李岗文化的几个问题》，《史前研究》1985 年第 2 期。

[8] 巩义市文物管理所《河南巩义市瓦窑嘴新石器时代遗址试掘简报》，《考古》1996 年第 7 期；郑州市文物工作队等《河南巩义市瓦窑嘴新石器时代遗址的发掘》，《考古》1999 年第 11 期。

[9] 河南省文物研究所《舞阳贾湖》，科学出版社 1999 年版。

[10] 中国社会科学院考古所河南一队《1979 年裴李岗遗址发掘报告》,《考古学报》1984 年第 1 期。

[11] 金家广《试论裴李岗新石器时代早期墓葬的分期——读裴李岗遗址发掘资料记》,《考古与文物》1987 年第 2 期。

[12] 中国社会科学院考古研究所河南一队《河南郏县水泉裴李岗文化遗址》,《考古学报》1995 年第 1 期。

[13] 河南省文物研究所《长葛石固遗址发掘报告》,《华夏考古》1987 年第 1 期。

[14] 河南省文物研究所《舞阳贾湖》,科学出版社 1999 年版。

[15] 杨肇清《关于裴李岗、磁山文化的定名及其年代问题的探讨》,《华夏考古》1987 年第 1 期。

[16] 张江凯《裴李岗文化陶器的谱系研究》,《考古与文物》1997 年第 5 期。

[17] 朱延平《裴李岗文化墓地初探》,《华夏考古》1987 年第 2 期;朱延平《裴李岗文化墓地再探》,《考古》1988 年第 11 期。

[18] 戴向明《裴李岗文化墓地新探》,《华夏考古》1996 年第 3 期。

[19] 向绪成《磁山、裴李岗遗存文化性质与命名讨论》,《磁山文化论集》,河北人民出版社 1989 年版。

[20] 李友谋《论磁山和裴李岗文化遗存的相互关系》,杨肇清《略论裴李岗文化与磁山文化的关系》,均见《磁山文化论集》,河北人民出版社 1989 年版。

[21] 孙德海《磁山与裴李岗》,《磁山文化论集》,河北人民出版社 1989 年版。

[22] 河北省文物管理处等《河北武安磁山遗址》,《考古学报》1981 年第 3 期。

[23] 同 [6]。

[24] 河北省文物管理处等《河北武安洺河流域几处遗址的试掘》,《考古》1984 年第 1 期。

[25] 拒马河考古队《河北易县涞水古遗址试掘报告》,《考古学报》1988 年第 4 期。

[26] 北京大学历史系考古教研室《华县、渭南古代遗址调查与试掘》,《考古学报》1980 年第 3 期。

[27] 陕西省社会科学院考古研究所汉水队《陕西西乡李家村新石器时代遗址 1961 年发掘简报》,《考古》1962 年第 6 期。

[28] 陕西省社会科学院考古研究所《陕西西乡李家村新石器时代遗址》,《考古》1961 年第 7 期。

[29] 夏鼐《我国近五年来的考古新收获》,《考古》1964 年第 10 期。

[30] 苏秉琦《关于仰韶文化的若干问题》,《考古学报》1965 年第 1 期。

[31] 代表性论著有：严文明《黄河流域新石器时代早期文化的新发现》，《考古》1979 年第 1 期；张忠培《关于老官台文化的几个问题》，《社会科学战线》1981 年第 2 期。

[32] 魏京武《李家村新石器时代遗址的性质及文化命名问题》，《中国考古学会第一次年会论文集》，文物出版社 1979 年版。

[33] 同 [4]。

[34] 中国社会科学院考古研究所《宝鸡北首岭》，文物出版社 1983 年版；梁星彭《关于仰韶文化的几个问题》，《考古》1979 年第 3 期；安志敏《裴李岗、磁山和仰韶——试论中原新石器文化的渊源及发展》，《考古》1979 年第 4 期；安志敏《略论三十年来我国新石器时代考古》，《考古》1979 年第 5 期；吴加安等《汉水上游和渭河流域"前仰韶"新石器文化的性质问题》，《考古》1984 年第 11 期。

[35] 吴汝祚《论李家村—老官台文化的性质》，《考古与文物》1983 年第 2 期。

[36] 林寿晋等《陕南甘东的先仰韶文化》，《文物与考古论集——文物出版社成立三十周年纪念》，文物出版社 1987 年版。

[37] 同 [6]。

[38] 张朋川等《试谈大地湾一期和其它类型文化的关系》，《文物》1981 年第 4 期。

[39] 张瑞岭《试论渭水流域的新石器时代早期文化遗存》，《考古学集刊》第 4 集，科学出版社 1984 年版。

[40] 王仁湘《论渭河流域早期新石器文化发展的两个阶段》，《考古》1989 年第 1 期。

[41] 杨亚长《试论老官台文化的类型与分期》，《考古与文物》1992 年第 4 期。

[42] 石兴邦《前仰韶文化的发现及其意义》，《中国考古学研究——夏鼐先生考古五十年纪念论文集（二）》，科学出版社 1986 年版。

[43] 郎树德等《关于老官台文化的新认识——兼谈大地湾一期文化遗存》，《考古与文物》1984 年第 6 期。

[44] 中国社会科学院考古研究所山东队等《山东滕县北辛遗址发掘报告》，《考古学报》1984 年第 2 期。

[45] 山东省文物考古研究所《大汶口续集——大汶口遗址第二、三次发掘报告》，科学出版社 1997 年版。

[46] 中国社会科学院考古研究所《山东王因——新石器时代遗址发掘报告》，科学出版社 2000 年版。

［47］济青公路文物考古队《山东临淄后李遗址第一、二次发掘简报》，《考古》1992 年第 11 期；第三、四两次的发掘简报见《考古》1994 年第 2 期。

［48］山东省文物考古研究所等《山东章丘小荆山遗址调查、发掘报告》，《华夏考古》1996 年第 2 期。

［49］山东省文物考古研究所《山东章丘市西河新石器时代遗址 1997 年的发掘》，《考古》2000 年第 10 期。

［50］山东省文物考古研究所等《山东潍坊前埠下遗址发掘报告》，《山东省高速公路考古报告集》，科学出版社 2000 年版。

［51］北京大学考古学系与山东济南市文化局 1999 年合作发掘，资料待刊。

［52］王永波《关于后李文化的谱系问题——兼论北辛文化的内涵和分期》，《青果集》，知识出版社 1993 年版。

［53］同［6］。

［54］北京大学考古系碳十四实验室《碳十四年代测定报告（10）》，《文物》1996 年第 6 期。

［55］伍人《山东地区史前文化发展序列及相关问题》，《文物》1982 年第 1 期；吴汝祚《试论北辛文化——兼论大汶口文化的渊源》，《山东史前文化论集》，齐鲁书社 1986 年版。

［56］张忠培等《后岗一期文化研究》，《考古学报》1992 年第 3 期。

［57］张学海《海岱区史前考古若干问题的思考》，《中国考古学会第九次年会论文集》，文物出版社 1993 年版。

［58］栾丰实《北辛文化研究》，《考古学报》1998 年第 3 期。

［59］张江凯《略论北辛文化及其相关问题》，《考古学研究（四）》，科学出版社 2000 年版。

［60］南京博物院《江苏淮安青莲岗古遗址古墓葬清理简报》，《考古通讯》1958 年第 10 期。

［61］南京博物院《南京市北阴阳营第一、二次的发掘》，《考古学报》1958 年第 1 期。

［62］江苏省文物工作队《江苏连云港市二涧村遗址第二次发掘》，《考古》1962 年第 3 期。

［63］江苏省文物工作队《江苏邳县刘林新石器时代遗址第一次发掘》，《考古学报》1962 年第 1 期；南京博物院《江苏邳县四户镇大墩子遗址探掘报告》，《考古学报》1964 年第 2 期。

［64］曾昭燏、尹焕章《古代江苏历史上的两个问题》，《江苏省出土文物选集》，

文物出版社 1963 年版。

[65] 吴山菁《略论青莲岗文化》,《文物》1973 年第 6 期;南京博物院《长江下游新石器时代文化若干问题的探析》,《文物集刊》第 1 集,文物出版社 1980 年版。

[66] 安志敏《略论三十年来我国的新石器时代考古》,《考古》1979 年第 5 期。

[67] 夏鼐《碳－14 测定年代和中国史前考古学》,《考古》1977 年第 4 期。

[68] 高广仁《试论大汶口文化的分期》,蒋赞初《对于长江下游新石器时代文化几个问题的再认识》,两文均见《文物集刊》第 1 集,文物出版社 1980 年版。

[69] 南京博物院《江苏沭阳万北遗址新石器时代遗存发掘简报》,《东南文化》1992 年第 1 期。

[70] 中国社会科学院考古研究所安徽队《安徽宿县小山口和古台寺遗址试掘简报》,《考古》1993 年第 12 期。

[71] 龙虬庄遗址考古队《龙虬庄——江苏东部新石器时代遗址发掘报告》第 498 页,科学出版社 1999 年版。

[72] 中国社会科学院考古研究所内蒙队《内蒙古敖汉旗兴隆洼遗址发掘简报》,《考古》1985 年第 10 期;1992 年发掘简报见《考古》1997 年第 1 期。

[73] 同 [6]。

[74] 郭治中等《林西县白音长汗遗址发掘述要》,《内蒙古东部区考古学文化研究文集》,海洋出版社 1991 年版。

[75] 辽宁省文物考古研究所《阜新查海新石器时代遗址试掘简报》,《辽海文物学刊》1998 年第 1 期;《辽宁阜新查海遗址 1987—1990 年三次发掘》,《文物》1994 年第 11 期。

[76] 方殿春《阜新查海遗址的发掘与初步分析》,《辽海文物学刊》1991 年第 1 期。

[77] 北京市文物研究所《北京平谷上宅新石器时代遗址发掘简报》、《北京平谷北埝头新石器时代遗址调查与发掘》,均见《文物》1989 年第 8 期。

[78] 郁金城《北京市新石器时代考古发现与研究》,《跋涉集》,北京图书馆出版社 1998 年版。

[79] 杨虎《试论兴隆洼文化及相关问题》,《中国考古学研究——夏鼐先生考古五十年代纪念论文集》,文物出版社 1986 年版。

[80] 朱延平《辽西新石器时代考古学文化纵横》,《内蒙古东部考古学文化研究文集》,海洋出版社 1991 年版。

[81] 沈阳市文物管理办公室等《沈阳新乐遗址试掘报告》，《考古学报》1978 年第 4 期；沈阳市文物管理办公室等《沈阳新乐遗址第二次发掘报告》，《考古学报》1985 年第 2 期；李晓钟《沈阳新乐遗址 1982～1988 年发掘报告》，《辽海文物学刊》1990 年第 1 期。

[82] 同 [6]。

[83] 同 [79]。

[84] 朱延平《辽中区新石器时代文化刍议》，《辽海文物学刊》1990 年第 1 期。

[85] 辽宁省博物馆等《长海县广鹿岛大长山岛贝丘遗址》，《考古学报》1981 年第 1 期。

[86] 许玉林、傅仁义等《辽宁东沟县后洼遗址发掘述要》，《文物》1989 年第 12 期；辽宁省文物考古研究所等《大连市北吴屯新石器时代遗址》，《考古学报》1994 年第 3 期。

[87] 宋兆麟《后洼遗址雕塑品中的巫术寓意》，《文物》1989 年第 12 期。

[88] 同 [16]；北吴屯遗址下层的碳十四年代见《大连市北吴屯新石器时代遗址》，《考古学报》1994 年第 3 期。

[89] 张忠培《辽宁古遗存的分区、编年及其他——"环渤海考古"学术讨论会上的发言》，《辽海文物学刊》1991 年第 1 期；许玉林《后洼遗址考古新发现与研究》，《中国考古学会第六次年会论文集》，文物出版社 1990 年版。

[90] 郭大顺等《以辽河流域为中心的新石器文化》，《考古学报》1985 年第 4 期；孙祖初《论小珠山中层文化的分期及与各地比较》，《辽海文物学刊》1991 年第 1 期。

[91] 张江凯《论北庄类型》，《北京大学百年国学文粹·考古卷》，北京大学出版社 1998 年版。

[92] 有关资料分别见《中国考古学年鉴》1984、1985，文物出版社 1984、1986 年版；国家文物局三峡考古队《湖北秭归朝天嘴遗址发掘简报》，《文物》1989 年第 2 期。

[93] 严文明《新石器时代考古》，《中国考古学年鉴》1984，文物出版社 1984 年版。

[94] 严文明《中国史前文化的统一性与多样性》，《文物》1987 年第 3 期；陈振裕、杨权喜《湖北宜都城背溪遗址》，《史前研究》(辑刊) 1989 年。

[95] 杨权喜《试论城背溪文化》，《东南文化》1991 年第 5 期。

[96] 同 [6]。

[97] 湖南省博物馆《湖南石门县皂市下层新石器遗存》，《考古》1986 年第 1 期；

湖南省文物普查办公室等《湖南临澧县早期新石器文化遗存调查报告》，《考古》1986 年第 5 期。

[98] 同 [6]。

[99] 湖南省文物考古研究所等《湖南省澧县新石器时代早期遗址调查报告》，《考古》1989 年第 10 期；《湖南澧县彭头山新石器时代早期遗址发掘简报》，《文物》1990 年第 8 期。

[100] 湖南省考古研究所孢粉实验室《湖南澧县彭头山遗址孢粉分析与古环境探讨》，《文物》1990 年第 8 期。

[101] 严文明《中国史前稻作农业遗存的新发现》，《江汉考古》1990 年第 3 期。

[102] 湖南省文物考古研究所《湖南澧县梦溪八十垱新石器时代早期遗址发掘简报》，《文物》1996 年第 12 期。

[103] 同 [101]。

[104] 何介钧《洞庭湖区新石器时代早期文化探索》，《湖南考古辑刊》第 5 辑。

[105] 裴安平《距今七千年前的我国新石器遗存研究》，《湖南考古辑刊》第 5 辑。

[106] 张绪球《长江中游新石器时代文化概论》，湖北科学技术出版社 1992 年版。

[107] 浙江省文物管理委员会等《河姆渡遗址第一期发掘报告》，《考古学报》1978 年第 1 期。

[108] 同 [6]。

[109] 牟永抗《试论河姆渡文化》，《中国考古学会第一次年会论文集》，文物出版社 1980 年版；刘军《河姆渡文化的再认识》，《中国考古学会第三次年会论文集》，文物出版社 1984 年版。

[110] 罗家角考古队《桐乡县罗家角遗址发掘报告》，《浙江省文物考古所学刊》1981 年；姚仲源《二论马家浜文化》，《中国考古学会第二次年会论文集》，文物出版社 1982 年版。

[111] 浙江省文管会《浙江嘉兴马家浜新石器时代遗址的发掘》，《考古》1961 年第 7 期。

[112] 同 [67]。

[113] 牟永抗、魏正瑾《马家浜文化和良渚文化——太湖流域原始文化的分期问题》，《文物》1978 年第 4 期。

三　新石器时代晚期诸文化

（一）仰韶文化

自 1921 年在河南渑池县首先发现仰韶文化至今，含有这类遗存的遗址已发现近 3000 处，这些遗址大都见于黄河及其支流的河旁台地上，其中尤以泾、渭、伊、洛和汾水流域最密集。由于仰韶文化分布地域辽阔，从早到晚延续时间近 2000 年，不同地区和不同时段的文化面貌并不完全相同，我们在下面的叙述中只能按不同区域和早晚顺序分别概括其文化特点。

1）以渭河流域为中心的关中、豫西、晋南区。

本区是该文化分布的中心区域，这一带新石器时代考古工作开展最早，发掘的遗址数量也最多。本区仰韶文化年代最早的半坡类型（期）分布范围东起潼关，西至天水，南到西乡，北及铜川。此时的居址一般为向心型的环壕聚落，房屋以圆形或方形的半地穴式为主。成年居民死后一般都葬入公共墓地，除单人仰身直肢葬外也有不少二次合葬；婴儿死后多以瓮棺葬的形式处理。陶器皆手制，以泥质红陶和夹砂红陶居多。最富特征的器类有杯形口尖底瓶、深腹小平底瓮、鼓腹弦纹罐、卷沿圜底或平底盆及钵，其他还有葫芦形瓶和小口细颈壶等。盛行绳纹和锥刺纹装饰。彩陶不够发达，主要是黑彩的几何形纹样和鱼、鸟、人面等像生性图案（图一二）。生产工具中，石

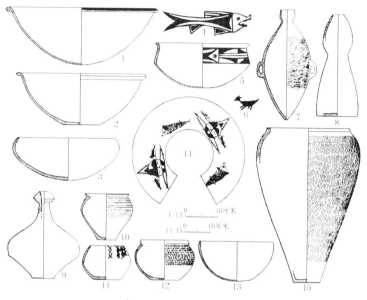

图一二　仰韶文化半坡类型陶器

1、2、5.盆　3、13.钵　4.鱼纹图案　6.兽纹图案　7.尖底器　8、9.壶
10~12.罐　14.陶盆锤人面与鱼纹花纹展开示意图　15.瓮（皆出自陕西西安
半坡遗址，据《新中国的考古发现和研究》）

器有磨制和打制的两种，制作工艺较原始，骨器一般为镞、
钩、叉等渔猎工具。20世纪70年代中期之后，有人将半坡期
的晚段另称为"史家类型"。与半坡类型大体同时的晋南、豫
西一带，陶器群的基本器类、形态和彩陶纹样与关中地区并不
完全相同，可视为东庄类型。

庙底沟类型（期）因1953年河南陕县庙底沟遗址的发掘
而得名。此类遗存主要是继承东庄类型发展而来，房屋既有长

方形半地穴式，也有地面起建的，这种形式的房屋在有的地区已开始出现了分间套的大型建筑，同时，有的地区房屋居住面往往抹成白灰面。灰坑流行壁面经修整的袋形坑。庙底沟类型的墓葬发现不多，一般是头西脚东的单人仰身直肢葬。陶器以细泥红陶最多，典型器类有环形口尖底瓶、小口平底瓶、夹砂罐、圜底釜、灶、曲腹盆和曲腹钵等。彩陶发达，主要使用黑彩，兼用红彩，流行圆点、弧三角、涡纹和网纹为母题的复合纹样，动物形花纹显著减少（图一三）。石器以磨制为主，骨器和陶质工具较半坡时期减少。庙底沟类型是仰韶文化的鼎盛

图一三　仰韶文化庙底沟类型陶器

1.釜　2、3.罐　4.灶　5、6、11.盆　7、8.碗　9、10.瓶　12、13.陶盆腹部图案展开图（皆出自河南陕县庙底沟遗址，据《新中国的考古发现和研究》）

阶段。这一类型分布的范围极广，囊括了从豫西到陇东，从内蒙古中南部直至汉水上游的广袤地区，文化共性相当突出，但若仔细比较，仍可看出不同地区的文化面貌并非完全一致，似还能再细分为若干个亚区，如渭河流域的泉护类型、南阳盆地的下王岗类型，晋南地区的则仍可称为庙底沟类型。

西王类型（期）是以山西芮城西王村遗址命名的。墓葬有成人的单人仰身直肢葬和幼儿的瓮棺葬，大多不见随葬品。陶器中红陶最多，次为灰陶，轮修口沿的现象普遍。常见的器类有喇叭形口亚腰尖底瓶、饰粗绳纹和附加堆纹的筒状瓮、带流罐、宽平沿斜腹盆和敛口钵等。纹饰以绳纹最多，附加堆纹和篮纹也有一定数量。彩陶数量大幅减少，纹样也趋于简单，仅见线纹、圆点和波折纹。石器大多通体磨光，种类增多，有孔刀和镰是新出现器类。骨器和陶质工具的种类与庙底沟期相若。这个时期仰韶文化开始趋向分化，地方性特点更加突出：天水以西地区的文化发展走上与仰韶文化相异的道路，形成独立的马家窑文化；分别继承泉护类型和庙底沟类型而来的仰韶文化在渭河流域和晋南地区的文化面貌虽然十分接近，但在器类和彩陶特征上仍有所差异，因此有学者提出可区别为"半坡晚期类型"和"西王类型"两类；内蒙古中南部的仰韶文化也别具特色，可作为仰韶文化的海生不浪类型，但是也有人强调它与仰韶文化不同，并将它称为"海生不浪文化"或"庙底沟文化"。

继西王类型之后出现的庙底沟二期遗存（有人也谓之"庙底沟二期文化"或"庙底沟二期类型"）是仰韶文化向龙山时代的过渡阶段。目前对这一类遗存的性质还有不同看法，或认为属于仰韶文化晚期[1]，或归之为"河南龙山文化"早期[2]，或因其具有明显的过渡性而定为独立的"庙底沟二期文化"[3]。庙底沟二期的房屋为圆形、椭圆形的单间或双间房，居住面多抹成"白灰面"。墓葬多见排列整齐的长方形竖穴土坑墓，流行单人仰身直肢葬，一般无随葬品。陶器以夹砂粗灰陶和泥质灰陶为主，陶器多饰横篮纹，次为绳纹和附加堆纹，少见彩陶。典型器类有小口平底瓶、斝、釜灶、夹砂罐、盆形鼎等。

2）以伊、洛河为中心的豫中区。

本区最早的仰韶文化遗存是王湾遗址的一期一段。由于同类遗存发现尚少，故暂被归入了东庄类型。目前对豫中这一时期的聚落和房屋形态了解还很少，只知道此时的陶器以泥质红陶比例最大，素面为主，部分陶器的器表饰细绳纹，彩陶极少。杯形口尖底瓶、圜底钵、鼓腹罐、鼎的特征与芮城东庄村遗址第一期接近[4]。

相当于庙底沟期的文化遗存以洛阳王湾遗址的一期二段和郑州大河村遗址的第一、二期为代表。有的学者视其为仰韶文化庙底沟时期的"阎村类型"。阎村类型的房屋有方形的地面建筑，成人死后多使用"伊川缸"作瓮棺葬具。陶器仍以红陶为主，灰陶次之，器表多素面，彩陶数量增加，黑彩为主，有睫毛纹、月牙纹、网纹等。器类有敛口钵、折沿盆、矮领罐、小口尖底瓶，陶鼎多见釜形和盆形两种。

继阎村类型之后的是以大河村第三、四期为代表的一类遗存，学术界目前对其性质的判定尚有不同意见，有人把它们总称为"秦王寨类型"或"秦王寨文化"、"大河村类型"或"大河村文化"；也有人认为与大河村三、四期为代表的遗存面貌有别，应分别命名为秦王寨和大河村类型。调查发现此时文化面貌相同的遗存主要分布在黄河以南的贾鲁河、双洎河和颍河流域，西部达到伊河和北汝河一带。秦王寨类型的聚落已经有了明显的等级分化，相较于面积仅数万平方米的同时期遗址，郑州大河村的面积达30万平方米，在仰韶文化晚期显得相当突出，似已成为区域性的中心聚落。此时的聚落虽然仍具有凝聚性的特点，但已不再是内向式的，分间式地面建筑变得比较常见。墓葬多为单人一次葬，随葬品较少，瓮棺葬多见于埋葬幼儿。彩陶以黑、红彩或红、棕彩的复彩为主，多施白色陶衣，纹样繁缛，有锯齿纹、六角星纹、弧三角、太阳纹、～纹、X纹、网纹等，一般饰于陶器的肩部或上腹部。器类以折腹鼎、罐形鼎、曲腹彩陶钵、敛口深腹罐、折腹豆等较有特点（图一四）。文化因

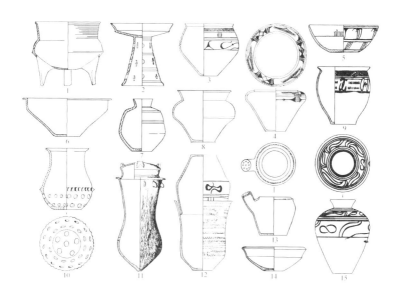

图一四　仰韶文化秦王寨类型陶器

1.鼎　2.豆　3、9、15.彩陶罐　4、5.彩陶钵　6、14.盆　7.壶　8.罐　10.甑　11、12.瓮棺葬具　13.盂（1～13.出自河南郑州大河村遗址，14、15.出自郑州西山遗址）

素的分析表明此时明显受到了来自东方大汶口文化和南方屈家岭文化的强烈影响。

伊、洛河流域继秦王寨类型之后的,是谷水河类型。它的年代当与庙底沟二期相当。

3)豫北冀南区。早在20世纪30年代,豫北、冀南地区就发现了仰韶文化遗存,著名的后岗"三叠层"为解决仰韶和龙山时代遗存的先后关系提供了重要线索[5]。20世纪50年代初期通过对隔洹水相望的后岗和大司空两遗址的再次发掘,使人们认识到两者的文化面貌各具特色,遂有"后岗类型"和"大司空类型"的命名[6]。

后岗类型的房屋一般作圆角长方形或椭圆形的半地穴式。墓葬大都系竖穴土坑,有单人葬和合葬两种,多无随葬品。1987年,在濮阳西水坡遗址的墓葬内还发现了用蚌壳摆成的动物形纹样,纹样大体有三种,以龙、虎、鹿为主题,张光直推测其中M45的龙、虎、鹿造型是原始道教中的三跻。墓主则是原始的道士或巫师[7]。后岗类型的陶器以红陶为主,次为灰黑陶,手制,主要器类有圆柱形足的圜底鼎、曲腹盆、夹砂弦纹罐、小口细颈壶、红顶碗或钵、锥刺纹盆、缸等。彩陶数量不多,纹饰均是红彩的几何形纹,如宽带纹、竖线纹、网纹等(图一五)。石器中打制和琢制的占有相当比例,器类包括斧、铲、锛、刀、磨盘等。后岗类型表现出强大的生命力,它的一支沿着黄河及其支流汾河进入太原盆地,另一支则沿太行山东麓北上雁北及内蒙古中南部一带[8]。20世纪90年代,张忠培先生等又提出了"后岗一期文化"的命名[9]。后岗一期遗存在文化面貌上虽然受到仰韶文化半坡类型的强烈影响,两者的年代当接近,但它们的文化面貌与基本特征差别还是较大的。

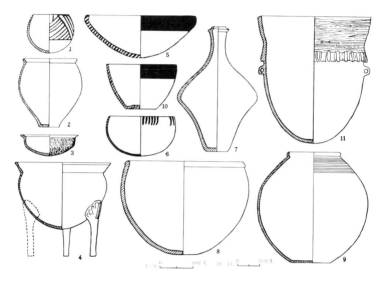

图一五　仰韶文化后岗类型陶器

1、3、6.陶钵　2、9.陶罐　4.陶鼎　5.陶盆　7.陶瓶　8.陶瓮　10.陶碗
11.陶缸（均出自河南安阳后岗遗址，据《新中国的考古发现和研究》）

　　继后岗一期之后，豫北冀南地区逐渐发展起来了大司空类型。这一类型主要分布在卫、漳河流域，再往北到大洋河、桑干河流域也有少量发现。此时的房屋建筑和墓葬发现很少。陶器一改以往红陶占优的局面，以灰陶为主。器表多磨光，饰篮纹者也不少，少量彩陶花纹可能受到了秦王寨类型的影响，有弧三角纹、睫毛纹、水波纹等。器类常见敛口彩陶钵、平底彩陶碗、折腹盆、高领罐（图一六）。同本地区较早的后岗类型以及邻近的豫中、山东地区的同期文化相比，大司空类型缺乏鼎、豆等器类。后岗类型和大司空类型的遗存虽然在下潘汪、

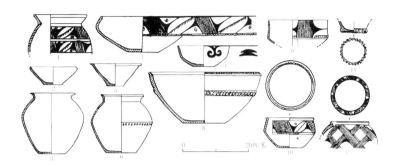

图一六 仰韶文化大司空类型陶器

1、3、6、12. 罐 2、4. 钵 5、7. 碗 8~10. 盆 11. 残器底（1、2、4~8.
出自河北磁县界段营遗址，余皆出自磁县下潘汪遗址，据《新中国的考古发现
和研究》）

界段营等遗址共存，但一直没有找到能够明确说明二者年代先
后的层位关系，这也是两者孰早孰晚的争论长期存在的主要原
因。大司空类型之后豫北冀南一带的史前文化如何过渡为龙山
时代的后岗二期文化，有人虽然提出了台口类型说，但由于资
料有限目前还不十分清楚。

从仰韶文化已揭露出来和正在揭露的聚落看，布局较为清
楚的前期聚落基本都见于渭河流域，如临潼的姜寨、宝鸡的北
首岭和西安的半坡等。姜寨遗址揭露面积约 1.6 万平方米，发
现了一处保存较为完好属于半坡时期偏早阶段的姜寨一期村
落。村落的平面形状基本呈不规则的圆形，其西面和西南面紧
靠临河，其余几面有人工挖成的围沟环绕，面积约 2 万平方
米。居住生活区位于围沟以内的中心广场周围，共有五群房
屋。每群房屋约 20 座左右，都能分成大、中、小型三类。每

群大型房屋仅一座，系半地穴式或平地起建的方形，面积都在70平方米以上，建筑工艺较考究。中、小型房屋皆散布在大房屋周围，多为方形或圆形的半地穴式，少地面起建的。五个群落中的中型房屋数量均远远少于小型房屋，后者面积多不超过20平方米。每群所有房屋的门道全都朝向中心广场。在一些房屋的周围还分布着窖穴等经济设施和儿童的瓮棺葬。广场偏西北和偏西南还发现有饲养家畜的圈栏。由于圈栏被安排在不同建筑群团的大房子附近，怀疑当时的家畜饲养业有可能是归属不同建筑群所代表的社群所有。村落围沟以外已经发掘出三片墓地，从三者各成独立单元的情况判断，墓地和居住区内不同的建筑群或许存在着对应关系。烧制陶器的陶窑在居住区内仅发现2座。另据当地居民称，遗址西南的临河岸边曾发现过集中分布的窑群，只是早已被破坏殆尽。

半坡早期聚落同姜寨相似，也是由居住区、墓地和窑场等几部分组成，居住区外有壕沟环绕。由于发掘面积有限，居住区的整体布局尚无法获知。但从已有的资料看，半坡聚落的房屋似也存在着分群现象，各群房屋的门道基本一致，都朝向村中间的中心广场。环壕北侧和东侧各有一片与房屋建筑大致同时的墓地。窑场位于村东北。

宝鸡北首岭遗址东、西两侧因分别有金陵河和黄土塬屏护而没有发现像姜寨与半坡那样环绕村落的壕沟。居住区的房屋多方形半穴居，面积多不大，大体可分成三群，南、北两群房屋的门道分别为北向和南向，西群房屋门道朝东。南群和西群还各有一座面积在85平方米以上的大房子。从三个群落的房屋门道都朝向村中间看来，村中部亦当有一个公共广场。墓葬区位于居住区的南边，在西、南两个房屋群落中分别发现了一座陶窑。

归纳以上几处仰韶早期村落的形态，可以发现它们具有以下几个特点：

①村落规模均不大，相互间的差别不明显。各个村落具有一定程度的封闭性。

②村落营建之初皆经过规划，村内存在着功能上的分区，居住生活区、手工业区（窑场）同公共墓地区分离，空间上基本不相混杂。

③居住区外一般有围沟环绕，房屋存在分群现象且每个建筑群往往由大、中、小三类或中、小两类房屋构成，房屋不论大小，大都系单间，各建筑群之间看不出明显的分化。

④村落所有房屋的门道都朝向中部的广场，反映出强烈的凝聚式、内向性特点。

⑤同一村落的房屋既然可以划分成若干群，每群房屋又有大、中、小或中、小型之别，说明当时的每个村落的社群组织都应该存在着四个或三个不同级别的结构。

如果将庙底沟期以后的遗存都视为仰韶文化的后期，那么房屋建筑与聚落形态从庙底沟期就开始发生了新的变化过程。据调查和发掘资料看来，此时除了大量存在的几万平方米的小遗址外，同时还出现了像庙底沟、王家咀、泉护村等面积达20万平方米以上的大、中型遗址，最近发现的灵宝县西坡等遗址面积更达40万平方米以上[10]。由遗址的规模并结合其伴出的各种文化遗存观察分析，这些大、小遗址之间往往会表现出明显的等级差别，说明这个时期聚落间的分化正在逐步加剧，在一些地区的聚落群中开始产生中心聚落，而且随着时间的推移，不但中心聚落与非中心聚落间的差别日益显著，即便是同一村落居民间的差距也正在逐渐加大。此后聚落形态变化的另一表现是房屋建筑既有单间的，也有双间的，在汉水流域的上游及豫中地区甚至还出现了地面起建的成排的多间套长方形房屋，表明房屋的建筑形式与结构已开始向多样化演变。

河南郑州的大河村遗址被一条古河道分成东、西两区，两区各有自己的居住区和墓葬区。居住区的房屋都是东西排列，其中东区发现三排，西区一排。每排房子中有单间，也有双间的，在西区还发现了四间的房屋。

河南邓州的八里岗遗址位于湍河南岸，面积只不过五六万平方米，20世纪90年代以来，已先后对其进行了多次发掘，这里出土的相当于仰韶文化庙底沟期以后的房子主要都是成排的多间套的长屋。各排的主体建筑基本呈东西走向一字排开，南北至少有并列的三排，排与排之间有宽约20米左右的空场，每排都由分间套的长方形房子若干座组成。这种分间套的长屋基本都是一次规划建成的，套与套之间有南北向的木骨泥墙隔开，每套房一大间加一小间或两小间，大小间有门道相通，且各自另有门道通向室外。以中间的一排房子为例，每套房屋的大间皆居南侧，小间不论一间还是两间均在大间之北侧，大间中部一般都设有一个1米见方的方形地面灶，其南墙往往在东西两端各开一门道通向南院，北墙则有一门道通往北侧的小间，有的小间一隅同样也设一个略小的方形地面灶，其北墙还另开一门道通往北院。每套房内不仅有烧灶设施，而且凡属遭火灾焚毁的房子内必留存有许多陶器等日常生活用器。各排长屋尽管历经多次毁弃与重建，但每次重建基本都是在原房址的上面进行，前后左右错位一般都不大。八里岗聚落房屋的这种结构与布局充分说明了两个问题：一是居民每次建新房时始终在严格遵循着村内的统一规划；二是从居民的社会组织系统来说，每排房屋都展现出了三级结构，其中，每套房子不仅是一个相对独立的消费单位，而且在整排房子中它显然又是最基本的或曰最低一级的个体家庭，而比个体家庭高一级的无疑应是整座房屋，它是属于扩大家庭或曰家族所有的，每座长屋实有房间的套数实即体现了每个家族含有个体家庭的数量。每排既然都有几座这样的长屋，那么各排房子实际就应该是由几个家族组成且比家族还要更高一级的氏族组织。依此判断，这个村落至少当存在着三个氏族，它们共同构成一个胞族或部落。

此外，在河南淅川下王岗遗址出土的是一座共有房间 20 余间套的大型排房，通长达 85 米。保存较好的房间有双套间、单套间和单间三种。每套房屋面积和结构的不同可能反映了个体家庭人口构成及数量的不同[11]。在文化性质相同的湖北枣阳雕龙碑、河南荥阳点军台等遗址也都见到了采用长屋和将房屋成排布列的做法。

甘肃秦安大地湾遗址是仰韶文化后期聚落发生分化的另一突出例证。遗址位于五营河南岸的山坡上，面积约 36 万平方米。在已出土的房屋遗迹中，F901 位于半山腰，是一座类似殿堂的大型建筑，由前堂、东西两侧室和后室组成，建筑面积近 130 平方米。门道朝南，门外的广场上排列着整齐的柱洞和青石板。屋内有巨大的柱洞和灶台，地面经过多层特殊处理，光滑坚硬。房内伴出口径达 46 厘米的四足鼎，箕形器、平底釜等陶器也为一般遗址所不见。这座房屋建筑规模宏大，工艺考究，许多学者都认定它是召开部落议事会和举行宗教活动的会堂[12]。其他房屋均在 F901 以南呈扇形分布，门道都向北，并且也可区分为不同的建筑群团，每群房屋也有大小之别。遗址面积较大以及像 F901 这样高规格建筑的存在，说明大地湾遗址的地位绝非一般，它很可能是当时的一处区域性聚落中心。

仰韶文化晚期聚落形态的另一显著变化是早期城址的出现。郑州西山城是黄河流域目前已知最早的城址，年代相当于仰韶文化晚期。城址平面形状近圆形，直径约 200 米。城墙以夯筑法建成，现已探明北墙和西墙上各设一城门，墙外挖有宽 4~7 米的壕沟。城内北部及城西外侧各有一片墓地和儿童瓮棺葬，中部和西北部为房屋和窖穴密集的居住区，附近还发现了陶窑，房屋基础部分和城墙内有用婴儿奠基的现象[13]。

概括起来说，仰韶文化后期的聚落具有如下特点：

①聚落规模的大小存在着显著差别，出现了区域性的聚落中心，聚落群中的大小聚落两极分化的现象大致始于庙底沟期阶段，而且越往后分化越明显。

②房屋建筑和聚落形态的地方性特征表现突出，如汉水流域上游至豫中地区流行平地起建的分间套的长屋或排房；陇东较盛行窑洞式建筑；渭河流域中下游多半地穴式房屋。这说明区域环境和不同地区居民的文化传统在塑造区域文化面貌的过程中是起着决定性作用的。

③聚落布局虽仍保持着凝聚式的特点，但已不再单是内向型。八里岗村落房屋布局更加规范化以及同一家族的所有成员均有序地聚居于同一座长屋的情况表明，家族在氏族中的权力与地位已开始趋于强化。

④城址的出现是黄河流域仰韶晚期最突出的文化景观之一。此时，随着聚落形态的多样化及聚落群和聚落内部分化的不断加剧，最初的城乡对立和相互依存的格局正在逐渐形成。

　　仰韶文化是中国最早发现并命名的新石器时代文化，我国考古学界对这一文化的调查发掘工作最多，研究也最为深入。因此，仰韶文化研究在很大程度上反映了近现代中国新石器时代考古发展和研究重点转变的过程。通过近一个世纪的努力，我们现在对仰韶文化的分布、分期、地方类型、源流等问题已经有了较为深入的研究，对仰韶文化的社会组织结构、经济发展水平、聚落的特点及其演变规律等方面的探索也取得了一定进展。但由于受我国考古学发展水平的影响，我们现在的大量工作还多停留在仰韶文化的分期和分区等基础性研究方面，以重建中国史前史为目标的文化史层次上的研究虽已展开，但力度仍嫌不足，从社会史、艺术史等角度上对仰韶文化进行更加深入的探索则还需要我们付出更多的辛勤劳动。

（二）马家窑文化

　　安特生于20世纪20年代前期在甘青地区做了一些考古调查和发掘工作，陆续发现了辛店、齐家、马家窑、半山和马厂塬等遗址，稍后，他又把这些遗存归纳成齐家、仰韶、马厂、辛店、寺洼和沙井等六期[14]。到了40年代后半期，裴文中和夏鼐对黄河上游地区新石器文化做了一些重要研究。裴文中通过对西汉水、洮河、渭河上游、河西走廊以及湟水流域的调查，认为：①河西走廊是彩陶遗存由仰韶文化发展到马厂阶段的中心；②湟水下游发现的彩陶具有从仰韶时期（即指洮河流域相当于马家窑和半山遗存）向马厂期过渡的性质；③沙井与辛店两类遗存都是马厂遗存的后裔[15]。夏鼐通过对临洮寺洼山和宁定县（今广通回族自治县）阳洼湾两遗址的发掘，在阳洼湾一座齐家文化墓葬填土中发现了两块马家窑文化半山期的彩陶片，首次提出了"马家窑文化"的命名，并认定齐家文化和仰韶文化的陶器本属不同的文化系统且前者晚于后者[16]。至于甘青地区新石器文化不同时期遗存之间的年代关系，实际直到50年代末至70年代前期，随着一系列遗址的关键性地层关系先后被发现才逐渐得到了确认，例如：1957年，在马家窑遗址发现了马家窑一类遗存叠压于仰韶文化庙底沟期遗存之上的地层；1962年，在武山的石岭下遗址发现了马家窑遗存在上、石岭下遗存居中、下层属仰韶文化庙底沟期遗存的三叠层；1973年，在永昌鸳鸯池遗址则发现了马厂期的墓葬M44打破半山期的M72；1974年，在永登蒋家坪遗址又发现马厂期的墓葬打破马家窑期的地层[17]。有了这些确凿的地层关系便为建立该地区庙底沟→石岭下→马家窑→半山→马厂由早到晚的相对年代框架提供了科学依据。

下面拟将整个马家窑文化划分成前后相继的马家窑、半山和马厂三大期。

武山石岭下遗址是裴文中在1947年发现的，1962年甘肃省博物馆进行了复查。现在知道，石岭下一类遗存主要分布在渭河上游及其支流葫芦河以及西汉水和洮河流域，其中的甘肃东部天水至武山一带为其中心区。这个时期的陶器以泥质红陶为主，次为夹砂红陶和泥质灰陶，红陶多呈砖红色或橙黄色。彩陶纹饰包括黑彩几何形的波浪纹、连弧纹、叶纹、圆圈纹和仿动物性的鸟纹、鲵鱼纹等。常见细颈壶、彩陶壶、彩陶罐、敛口碗、卷沿盆、小口尖底瓶等器类。就文化面貌而言，它具有从仰韶文化庙底沟期到马家窑文化马家窑期之间的过渡性质。学界目前对石岭下遗存的性质尚存有不同认识：一种意见认为它应该属于马家窑文化，可以作为单独的"石岭下类型"或直接归入马家窑期的早段；另一种意见则主张把它划入大地湾四期，作为仰韶晚期遗存对待。我们赞同将石岭下遗存暂归马家窑期早段。

马家窑期的分布范围东起甘肃清水一带和宁夏西南部，西到青海贵德附近，南抵川北，渭河上游、湟水与洮河中下游是其遗址分布的密集区。此时的聚落多位于河流两岸近水源的阶地上，面积一般在10万平方米左右。林家和蒋家坪等遗址的发掘材料显示，这时的房屋多为圆形和方形的半地穴式，地面建筑出现较晚。这些房屋建筑一般各自独立，门道朝向不一。窖穴多位于房屋附近，有的里面还存放有粟类粮食。居民死后多葬入距居址不远的公共墓地，墓葬多为方形或长方形的竖穴土坑墓。葬式复杂多样，不同墓地的情况存在着明显差异。例如大通上孙家墓地流行二次葬，王保保城墓地多见仰身直肢葬。陶器的烧成温度普遍较高，以橙黄色为主，夹砂陶器表多饰绳纹和附加堆纹，彩陶相当发达，主体纹样为黑彩的弧线、弧边三角和圆点等构成的各种几何形图案，仿动物性花纹中的变形鸟纹和写实性蛙纹都很有特点，这些图案多施于器腹上半部，有的遍布全身，少量画有内彩。花纹的线条大都较流畅，粗细较均匀。基本器类有盆、钵或碗、细颈瓶、束腰带耳罐、彩陶瓮等（图一七）。石器有磨制的斧、刀、锛和打制的刀、敲砸器、细石器等，骨器有锥、镞、针、骨梗刀。其碳十四年代一般在公元前3200～2600年之间。

半山期遗存的分布范围与马家窑期差不多，只是西北部进一步伸展到了河西走廊的永昌附近。兰州青岗岔遗址半山期的房屋为长方形或方形的半地穴式，窖穴和陶窑位于房屋附近。

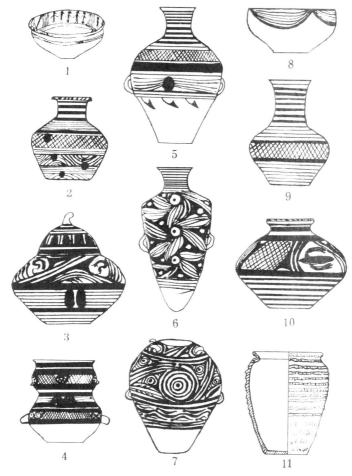

图一七　马家窑文化马家窑期陶器

1.舞蹈纹盆（青海大通上孙家寨出土）　2.瓶（甘肃兰州王保保城出土）　3.
带盖罐（王保保城出土）　4.束腰罐（甘肃永登杜家坪出土）　5.彩陶壶（甘肃
临洮马家窑出土）　6.尖底瓶（甘肃陇西吕家坪出土）　7.彩陶瓮（甘肃永靖三
坪出土）　8.碗（马家窑出土）　9.瓶（马家窑出土）　10.彩陶罐（甘肃榆中
马家呱出土）　11.粗陶瓮（陇西出土）（据谢端琚，1985 年）

属于此时的墓地,迄今已经发掘的主要有甘肃的地巴坪、张家台、花寨子、土谷台和青海的柳湾、阳山、苏呼撒等处,出土墓葬总数在 600 座以上。这些墓葬以长方形竖穴土坑墓为主,洞室墓出现时间较晚。这一时期开始大量使用木棺和石棺葬具,其共同特点是徒有四壁而无盖、底。葬式多见侧身屈肢葬和二次葬,与马家窑时期明显不同。这时的陶器中,泥质陶仍多为橙黄色,彩陶占出土陶器的比例高达 80% 以上[18],最常见的花纹是黑、红两彩相间的锯齿纹、漩涡纹和圆圈纹等,主要器类有小口细颈壶、细颈瓶、钵、双耳彩陶罐、单耳罐、长颈壶等。夹砂陶仅见陶罐一种,器表常见饰附加堆纹(图一八)。其生产工具和加工工具的种类与马家窑期基本相同。此外,骨柄石刃的复合工具在不少遗址都有发现,颇具特色。其年代范围大约在公元前 2600～2300 年之间。

马厂期的分布范围与半山期大体相仿,惟更向西延伸至玉

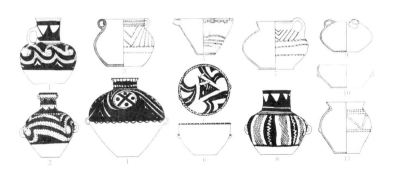

图一八 马家窑文化半山期陶器

1、7.单把罐 2、3、4、8.双耳罐 5.带流盆 6.彩陶盆 9.带流罐 10.陶钵 11.陶罐(1～3.出自甘肃康乐边家林遗址,4、5.出自甘肃兰州青岗岔遗址,6～8.出自兰州花寨子遗址,9～11.出自甘肃景泰张家台遗址)

门一带，遗址以湟水流域至兰州一线最为集中。这一时期的房屋建筑有地面起建的和半地穴式的两类，地面建筑既有方形和长方形单间的，也有双间和多间的，储物的袋状窖穴有的直接挖在屋内。陶窑往往成群分布，在兰州的白道沟坪—徐家坪遗址共清理出 12 座结构相同的竖穴窑，遗址内还发现了陶作坊、调色板等，陶器的专业化生产显然已出现了[19]。马厂期的墓地规模有大有小，规模较大的墓地已发现墓葬近千座。墓葬形制有长方形竖穴土坑和洞室墓两种，流行木棺葬具。不同地区葬式的情况不完全相同。墓葬（特别是晚期）规模大小和随葬品的多寡变得悬殊起来，反映了社会成员贫富分化已趋于明显。这时的陶器以红陶最多，器表流行施红色陶衣。夹砂陶以素面为主，有的还加饰绳纹、附加堆纹及划纹。彩陶以黑彩为主，有一些是红、黑两彩兼用，最常见的花纹是等距布列的四个大圆圈纹，其他还有菱形纹、折线纹、网纹和变形蛙纹，总体印象是线条更加潦草粗放。有的彩陶下腹部还绘有符号，计百余种。常见的器类有彩陶壶、长颈壶、双耳彩陶罐、单耳罐、彩陶豆及带流罐、筒形杯和绳纹瓮等（图一九）。其碳十四年代约在公元前 2300～2000 年之间。

（三）大汶口文化

大汶口文化的命名源于山东泰安市大汶口遗址的发掘。该文化历年发掘出土的遗迹大都是墓葬，有关当时村落内的房屋与生产性设施等发现不很多，但现已确知，山东省全境及苏、皖两省北部是这类遗存的主要分布地域。其碳十四实测年代一般约在公元前4200～2500年之间[20]。在如此漫长的发展变化

图一九　马家窑文化马厂期陶器

1、2、4、6、8、9.彩陶双耳罐　3、10.粗陶双耳罐　5.彩陶单把罐　7、11.
彩陶单把杯（1～3.出自甘肃兰州土谷台，4～6.出自青海乐都柳湾，7～11.
出自甘肃永昌鸳鸯池）

过程中，它的文化面貌前后当然不可能完全一样，依各种物质
遗存嬗变递进的情况和不同时期文化面貌反映出来的差别看
来，这一过程可大致划分成早、中、晚三期。下面即依现有资
料将这三期遗存的面貌与基本特征作概括说明。

　　1）在中期以前，房屋建筑普遍盛行单开间的半穴居，之
后便既有半地穴的也有平地起建的，有的地区甚至还出现了分
间的长方形房屋。储藏粮食类物品普遍使用窖穴。公共墓地的
墓葬通常也都能分成若干片，每片墓地一般都由若干排墓葬构
成。墓葬形制流行长方形竖穴土坑。未成年的小孩墓有的还使
用瓮、罐或盆等陶器作葬具，这种瓮棺葬墓的土坑一般呈圆
形。葬制和葬式始终以单人仰卧伸直一次葬为主，屈肢葬和俯
身葬少见。中期以前另有部分墓是两个人以上的合葬，晚期合
葬墓极少。合葬墓里的人骨既有一次葬也有二次葬。随葬品以

陶器、石器和骨器为主，并流行手持獐牙或獐牙勾形器的丧葬
习俗。在经济文化比较发达的地区，伴随着社会群体贫富分化
现象的出现，有些中心聚落的墓葬远在早期阶段就产生了明显
差别，其中的大、中型墓不独墓室规模较大，出现了二层台结
构，而且随葬品均较丰富，像彩陶一类精品皆出自这两类墓。
与此相反，那些小型墓却要么一无所有，要就是只有几件或十
几件普通的陶器、石器和骨器。中期以后，大、中型墓开始有
了木质棺、椁葬具，随葬品的种类和数量亦都进一步增加。其
中，中期阶段，这两类墓不仅有一般性的陶器和石器，彩陶增
多，而且往往还把一些精美的玉器以及象征财富的猪下颌骨或
整猪作为随葬品。到了晚期阶段，大、中型墓多随葬玉器及白
陶鬶、薄胎黑陶高柄杯等高档陶器，在有的地区，这两类墓葬
往往还随葬带有刻划符号的大陶尊，以猪骨作随葬品的现象反
而倒显著减少了，表明人们的财富观念又产生了一些新的变
化。此外，在有的中心聚落，同一墓地里大、中型富墓和小型
贫墓分开葬埋的趋势，亦自中期开始显现了出来。这说明，随
着氏族社会贫富分化现象的出现，这时的人们已滋生了等级观
念，以往那种氏族成员不分贵贱的平等原则已开始被打破。及
至晚期阶段，这种变化便更加明显，大型富墓和小型贫墓在有
的中心聚落已被分别葬埋于不同的墓地里，丧葬制度上的等级
制似乎已得到了社会的认可。

2）生产工具和加工工具始终以磨制石器为主，极少数打
制和琢制石器仅见于早期。磨制石器器类有斧、铲、锛、凿、
砺石、纺轮、磨盘和磨棒等多种。石器制作技术和工艺水平前
后的变化主要体现在石材选择和器形两个方面。在石材选择
上，早期的石质硬度多不太高，中期以后开始运用切割法加工

石材，一些高硬度的石料常被用来磨制成石铲。在器形上，早期时，石斧形体较厚重，多圆弧刃，一般都不穿孔。石铲亦多系圆弧刃，有穿孔和无穿孔的两类，穿孔的方法有两种，硬度稍高的石料通常多见两面琢钻的穿孔，硬度较低的石料则已开始采用管钻法穿孔。自中期以后，斧、铲、锛、凿等工具磨制越来越精细，形体日趋扁薄方正，刃口锋利，石斧穿孔亦开始逐渐流行起来，以两面琢钻的穿孔最常见，石铲大多为管钻孔，表明中晚期特别是晚期的居民加工石料制作石器的技能比早期已有了大幅度提高。

3）在比较多的墓葬中往往还会伴出一些工艺品，其中大都系装饰品，少数是礼器和日常生活用器。早期的装饰品以臂环最常见，大都是陶质的，石质的较少。中期以后，工艺品的制作技术有了很大进步，产品转向了制玉和象牙雕刻。玉制品主要有环和璧两类。玉环悉为装饰品，其中个体较大的用途同于陶、石环，亦属镯类；个体较小的，或属项饰，或属戒指类。玉璧个体都较大，直径约15～20厘米，可能属礼器类。墓葬出土时，璧或置于人体头部，或置于胸腹部，有些大型墓往往还随葬玉璧和石璧多件。大汶口文化凡出土有玉器的墓葬均属随葬品比较丰富的大、中型墓，说明这些墓葬的主人生前的身份地位当不同于一般的社会成员。象牙制品主要有雕筒和梳两种。牙雕筒数量较多，有的素面无纹，有的表面则刻饰有花纹，有的在花纹上还镶嵌着绿松石，做工讲究、漂亮。象牙梳出土数量虽不多，但亦足以反映大汶口文化的居民制作牙雕的技能和工艺水平已达到相当高的程度。

4）把不同地区的大汶口文化作为一个整体看待，各地的制陶业都经历了大体相似的发展阶段，而且越往后反映出来的一致性越多，显示出随着不同地区之间的交往日益频繁，相互融合趋向统一的步伐越来越加快。陶器群的陶质始终以夹砂和泥质两大类居主导地位，器表多素面，有装饰花纹的较少。早期均以红陶和红褐陶为主，泥质红陶的颜色一般都较纯净，另有少量灰褐陶和黑皮陶。皆手制，基本成型方法是泥条盘筑和泥片贴塑，小型陶器则直接捏塑成型，有些器类成型后还用慢轮修整器口。器表装饰常见刻划纹和锥刺纹，其次是镂孔。此外，还有少数彩陶，早些时候多系单彩，有黑、红、赭、白几种颜色，花纹较简单，多宽带状图案，晚些时候始见复彩陶，红、白、赭或黑、白、红几种颜色兼施，以几何形纹样为主，如曲尺纹、八角星纹、回形纹等，仿生性花纹主要是花瓣纹。中期红陶比例减少，灰陶数量大增，并出现了少量黑陶。这时的手制陶器成型方法与早期雷同，但各种器类形态均比较规整，可能在成型过程中已经使用了惯性慢轮陶车。有纹饰的陶器多见镂孔编织纹，弦纹次之，刻划纹和锥刺纹最少。彩陶多为复彩，纹样多同于早期晚段。到了晚期阶段，以黑陶为主，灰陶其次，红陶最少，同时还有一定数量的白陶。制法以轮制为主，从器表和底部往往遗有细密而均匀的旋痕与切割痕判断，此时应该有了转速比较均匀的快轮陶车。器表装饰主要是弦纹和镂孔，开始出现了少量篮纹，彩陶罕见。大汶口文化前后陶色发生的这种变化，当主要反映了选用和制备陶土原料以及烧制工艺两个方面演进的情况。晚期阶段的白陶原料实际是白垩土，大多用来制作陶鬶，这无疑是此时选择陶土范围有所扩大的一个力证。另外，在这时的泥质陶中，像薄胎高柄杯等器类皆系细泥陶，其原料来源无非有两种：一是直接选用风力和水力作用的沉积土；二是将陶土经水淘洗沉淀，去掉杂质，然后专门提取细泥进行踩揉并放置一段时间，待其中的有机物质腐烂后再拿来制作陶器。若属后者，则说明晚期阶段的大汶口人在制备陶土原料过程中，已经加进了淘洗和除腐两道工序，这同以前只使用一般性的陶土制作陶器相比，不论从工艺技术的复杂程度还是从产品的美观效果上看，当然都大不一样。据实验研究得知，大汶口文化的红、灰、黑三种颜色的陶器烧成温度差别并不大，最高一般都在 900℃ 左右[21]，可见陶色与陶质的坚硬程度并非都有直接关系，所以，不同陶色的形成只能从陶窑的结构和烧制技术的变化上去寻找原因。一般认为，红陶是因陶土里含有多量铁元素变为氧化铁而成。大汶口文化早期的陶器入窑后，窑室顶部可能不封口即点火，在烧制过程中，由于窑室内空气畅通，陶土里的铁在高温下得以充分氧化，变成了氧化铁，氧化铁是红色的，早期的陶器因而多红色和红褐色。中期以后，由于陶窑改成了封口窑，当陶器达到烧成温度后，从窑室顶部往窑内徐徐注水，使高温下的陶器又经历了一次还原反映过程，导致陶器里的氧化铁变为氧化亚铁，氧化亚铁呈灰色，中期的陶器自然也就灰陶多一些。至于晚期多黑陶的原因，目前主要有两种意见：一是当陶器达到烧成温度后，也是从窑室顶部往窑内徐徐注水，使窑室内许多游离的碳分子在高温下渗透进陶器里，然后再撤火出窑；二是在烧制过程中，通过改变燃料的性质得到黑陶，即先用草本燃料使窑室的温度逐步升高，然后改用木材烧旺火，使窑室温度迅速提高，达到烧成温度后再改用草本燃料保温，并逐渐减少填入燃料。这两种意见或曰方法均来自实验，而且也都得到了黑陶，但其内部的实质性变化究竟是什么却仍都不清楚。

总起来说，大汶口文化的陶器群从早到晚始终盛行三足器和圈足器，平底器也较发达，极少圜底器。在三足器中，除常见釜形、盆形、罐形和盂形鼎外，早期阶段还有相当多的带仰角把的釜形鼎、罐形鼎和壶形鼎，后者实即晚些时候广为流行的陶鬶之祖型，再加上这时的三足觚形杯和三足钵数量也都不少，诸类三足器总量实际已达到此时出土陶器的半数以上，其中，前四种鼎类不光在这时的三足器中数量最多，形制最复杂，而且还是纵贯该文化始终的主体器类。圈足器主要有豆、高柄杯和觚形杯三类。其中的陶豆始见于早期早段，出现无疑最早。厚胎高柄杯出现比豆虽稍晚，但延续时间亦很长，到晚期在此基础上又产生了薄胎高柄杯。觚形杯自中期以后亦多由原先的矮三足改为圈足。在大汶口文化漫长的发展演进过程中，这些陶器的形态不论怎样变化，但其基本属性和功能却是始终如一的，所以说，鼎、鬶、豆、高柄杯、觚形杯以及背壶等乃是构成这一文化陶器群最基本的器类（图二〇）。

大汶口文化的晚期阶段，在鲁东南和胶莱地区，陶器上还出现了十几种具有某种含义的刻划符号（图二一），有学者视之为早期的图像文字。刻符皆见于陶尊一种器类上，这种陶尊与刻符有如下几个方面的情况需要引起我们注意：一是陶尊形体均较大，器表大都满饰篮纹，刻符的位置比较固定，多在器腹上部，只有个别的在腹下部，有的刻符上还涂有朱砂；二是同一种符号不仅在同一地点多次重复出现，而且在距离比较远的不同地方往往也可以见到；三是作为一种随葬器物，这种带有刻符的陶器通常只见于那些随葬品比较丰富的大、中型墓里，小型墓却一概没有。这表明，这些带有刻符的陶尊很可能具有特殊的用途，在当时的氏族社会里，只有那些具有一定身份地位的权贵和富人才能对其拥有支配权。

5）大汶口文化的居民具有一些独特的风俗习惯，如枕骨变形，许多墓地都发现了人头骨的枕骨部分较平，这种现象应是生前有意而为，与其种属无关。由于枕骨变形现象在各个墓

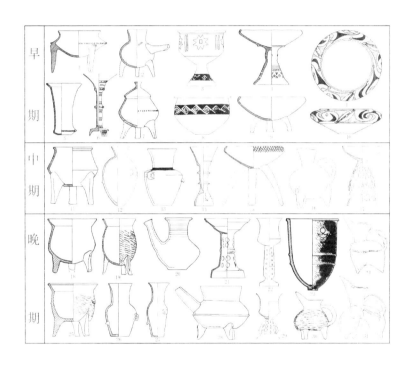

图二〇 大汶口文化典型陶器

1、7、9、11、15、18、19、25.陶鼎 2、18、24、30、31.陶鬶 3、4、17、21.陶豆 5、6、14.觚形杯 8、19.彩陶盆 12、13、26、27.背壶 20、28.陶盉 22、29.黑陶高柄杯 23.陶缸（1、6.出自王因遗址，2、7.出自刘林遗址，5、12、15、21、27.出自野店遗址 10.14.出自大墩子遗址， 18、26、29.出自西夏侯遗址,19.出自南兴埠遗址,20、25.出自大朱村遗址,22.出自东海峪遗址,23.出自陵阳河遗址 30.出自建新遗址,其余皆出自大汶口遗址）

图二一　大汶口文化大口尊刻符

1～6、9. 出自山东莒县陵阳河遗址，7、8、10、11. 出自莒县大朱村遗址

地所占比例一般都较大，所以，可以断定这是大汶口人的一种带有普遍性的社会习俗。再如齿弓变形，当系人在生前口中长期含一小陶球或石球挤压磨损所致。墓葬人骨中这种实例也比较多，有些墓葬里伴出的小陶球往往见于人骨口内或嘴部附近，我们将此类现象作为这一推论的证据应该是无可争议的。又如拔牙，大都是拔除两枚上侧门齿。各地的墓葬中所见拔牙者均系成年男女，未成年的小孩一律不拔牙，在有些墓地，拔牙的最高比例约占全部成年人骨的 30% 左右，可见并不是所有成年男女全都拔牙。拔牙的风习之所以在大汶口文化分布区的鲁中南和苏北两个地区显得更加流行，有学者依据上述相关情况并结合一些民族志和文献资料进行综合分析后，认为那里的居民"只不过是夷人中的一个支派"，而且明确指出，他们

拔牙既不是为了"女子忌夫"或子女凿下牙齿以"殉葬"父母，也不是为了男子举行"成丁礼"，而是因为有人以为拔了牙是一种美，为了美，一部分成年男女才忍痛把牙齿凿掉[22]。以目前已公布的资料看，这一结论无疑是颇有道理的。

总之，大汶口文化是一支别具特点的新石器时代晚期文化。从这一文化不同时期各个墓地反映的情况看来，不同地区以及同一地区的不同聚落之间，经济文化发展的水平并不都是均衡的，中心聚落与一般性聚落的分化实际自其早期阶段就发生了。我们依此把该文化文明化的过程划分成如下三个阶段应该是可以成立的：即早期阶段的中心聚落社群成员之间无疑已产生了富者和贫者；到了中期阶段，随着贫富两极分化的普遍发展，在一些中心聚落的公共墓地里富人和平民的墓区出现了分离现象，表明人们已有了比较明确的等级观念，氏族公共墓地制度开始被打破，往日以血缘关系维系社会生活的氏族制度逐渐趋向解体在这类聚落中首先显现了出来；及至晚期阶段，各聚落群内部的分化更趋激烈，富者与贫者死后较普遍地实行分区埋葬，中心聚落的上层权贵和富人已经有了独立的墓地，实行单独埋葬[23]，昭示埋葬制度上的等级制已初步形成。

（四）长江中游的大溪与屈家岭文化

1. 大溪文化的发现与研究

大溪文化得名于川东巫山县（位于今重庆东部）大溪遗址的发掘。1926年，美国中亚考察团的考古学家纳尔逊单独深入长江流域，调查了从四川万县（今重庆万州区）到湖北宜昌之间的古代文化遗址。他在巫山县的大溪遗址采集到一些石器

和陶片，并观察到含有鱼骨及人骨的文化层堆积[24]。1958 年
10 月，四川省博物馆组织了对长江三峡沿岸的考古调查，在
巫山县的火爆溪（即大溪）遗址曾征集到一件大溪文化的彩陶
筒形瓶[25]。人们当时对峡江地区不同时期的古文化遗存认识
尽管还很模糊，但这一发现还是引起了考古工作者的注意，于
是，长江流域文物保护委员会文物考古队便在次年对大溪遗址
进行了连续两次发掘，结果发现了 74 座墓葬。发掘者认为这
些古文化遗存是属于当地的土著文化，而且曾受到北方龙山文
化的影响，在时间上可能比已知的屈家岭文化要略晚一些[26]。
1962 年，有学者正式提出将这类遗存称为"大溪文化"[27]。
这一命名为识别长江中游地区新石器时代晚期遗存的面貌和特
点树起了标帜。进入 20 世纪 70 年代之后，随着峡江地区考古
调查和发掘工作的增多，特别是由于枝江关庙山遗址发掘工作
的展开，峡江地区新石器时代晚期文化面貌的同一性逐渐明
朗，将大溪文化视为分布在川东和鄂西地区的一支新石器时代
文化的观点曾一度得到了学界较为广泛的认同。湖南省的考古
工作者于 20 世纪 70 年代中期在湘北地区已陆续发掘了华容的
时家岗[28]、长岗庙[29]及澧县的三元宫[30]等遗址，但其时还
没有人对洞庭湖周边地区发现的以红陶为特征的石器时代遗存
同峡江地区的大溪以及江汉平原地区业已确立的屈家岭文化之
间的关系进行讨论。1978 年，考古工作者在安乡汤家岗遗址
的发掘中，又获得了一批以泥质红陶为基本特征的遗存，发掘
者注意到它与澧县的三元宫和大溪遗存之间有着颇多相似之
处[31]。不过，大家此时对湘北地区这些新石器时代遗存究竟
属于一支独立的考古学文化还是大溪文化的一个地方类型尚存
歧见。当 20 世纪 80 年代华容的车轱山[32]、安乡的划城岗[33]

等遗址的发掘资料陆续公布之后，有学者对这一地区的新石器
时代文化做了比较系统、深入的研究，认为这里早于屈家岭文
化的新石器晚期遗存大体可分成前后四期，其中，第一期以丁
家岗下层及其墓葬为代表，第二期以丁家岗二期和三元宫下层
为代表，第三期包括汤家岗中层、三元宫中层和划城岗早一期
等遗存，第四期则有划城岗早二期和车轱山第一期墓葬等。该
文作者在比较了这四期遗存与峡江地区的大溪文化在陶器、石
器和葬俗等方面的异同后，指出两地间的文化共性居主导地
位，洞庭湖周边地区的这类遗存仍应属于大溪文化的范畴，这
一文化在湖南的分布以澧水流域最密集，南界没有超过洞庭
湖，东界为临澧县的黄沙岗遗址[34]。

　　20 世纪 80 年代初，有的研究者在总结川东、鄂西和湘北
地区大溪文化的石器、陶器类别、形态等方面的特点时，指出
峡江地区和洞庭湖区的大溪文化面貌不尽相同[35]。作者虽然
未对自己的结论作进一步引申，但不难窥见考古学界已意识到
整个大溪文化的面貌是有区域差异的。所以，有学者在 1982
年即将鄂西、川东和湘北两地的大溪文化遗存分别命名为"红
花套类型"和"三元宫类型"[36]，指明前者分布在长江及其支
流的沮、漳河两岸，包括枝江关庙山、巫山大溪、宜都红花
套、松滋桂花树等遗址；后者主要分布在洞庭湖沿岸，包括安
乡汤家岗和划城岗、澧县三元宫、华容车轱山等遗址。也有学
者把这两个类型分别称为"关庙山类型"和"汤家岗类型"，
并认为两个类型都可区分成相互对应的四期，指出不同区域的
大溪文化发展是不平衡的，枝江、宜都和江陵一带自该文化的
二期开始即逐渐成为大溪文化的中心和最发达的地区[37]。这
一时期有关大溪文化发展不平衡性的讨论往往也部分地涉及其

文化渊源问题，其中的一种意见指认三峡地区的大溪文化早期遗存与城背溪遗存间有着密切的联系，后者的部分因素如猪嘴形陶支脚等，对鄂西地区大溪文化的同类因素曾产生过相当强烈的影响[38]。

20世纪80年代中期之后，湖北省新石器时代考古田野工作的重点由鄂西一带向江汉平原东部转移，部分学者开始重新审视大溪文化的特征和地方类型等问题。张绪球依据钟祥县边畈和京山县油子岭两遗址的发掘材料以及汉东一带部分遗址的调查资料，首次将江汉平原北部和中部"以红陶系为主的早期文化遗存"分别归纳成以边畈三期和油子岭一期为代表的两类遗存，两者虽各有特点但与大溪文化在主要特征上是一致的，可作为该文化的不同地方类型[39]。至此，大溪文化的地方类型由原来的两个增加到关庙山、汤家岗、边畈和油子岭四个。

到了20世纪90年代，与湘、鄂地区的大溪文化遗存被划分成同一文化的若干地方类型不同，部分研究者过分强调长江中游考古学遗存间的区域差异，原有的大溪文化体系被逐步分解。这种分离的趋势首先出现在对洞庭湖区新石器时代晚期遗存性质的争论，如有人将洞庭湖区早于屈家岭文化而晚于皂市下层的遗存称为"汤家岗文化"[40]，认为其承继皂市下层文化而来，具有独特的文化内涵和典型器物群，是一支独立的考古学文化。它与大溪文化间的相似因素被解释为不同文化间相互交往的结果[41]。有学者还对"汤家岗文化"进行了重新界定，认为"汤家岗文化"是以汤家岗下层和丁家岗一期为典型遗存的，它代表了皂市下层遗存向大溪文化过渡的中介形态[42]。这种观点的提出与20世纪80年代初对大溪文化的内涵尚无系统认识的情况下，因汤家岗一类遗存与峡江地区大溪文化的差别而将它们视为两个文化[43]，无论是在把握材料上还是在认识深度上都是不可同日而语的。有的在接受了"汤家岗文化"的新界定后，还对洞庭湖区新石器时代文化做了进一步区分，将原属于湘北大溪文化晚期的划城岗早二期和屈家岭文化早期的划城岗中一期合并为一个新文化——"划城岗文化"，而在"汤家岗文化"和"划城岗文化"之间的则为"丁家岗文化"[44]。当然，这种对湘北地区文化谱系的新理解究竟成立与否，在很大程度上还需要经过考古材料的进一步检验。

对于江汉平原东部地区的边畈、油子岭两类遗存的大溪文化性质，有的研究者同样也提出了质疑，认为边畈、油子岭两类型以鼎为主要炊器的传统非为大溪文化所有，故不应归入大溪文化系统之中[45]。边畈遗址的发掘资料迄今尚未正式公布，据主持发掘者的意见，遗址的一、二两期资料可能代表了当地较早的一支土著文化，第三期为大溪文化的边畈类型（时间约当大溪文化的第二期）[46]。由于确立该类型所依据的资料过少，其他研究者多采取了较为谨慎的态度，希望日后考古材料的增加能有助于这个问题的解决。考古材料相对丰富的油子岭一类遗存主要分布在京山、天门一带，发掘者称之为"大溪文化油子岭类型"（时间上相当于大溪文化的二至五期）[47]。近年来，"边畈文化"、"油子岭文化"的名称逐渐出现在一些专门的研究论著中。其内涵在不同的研究者之间并不完全一致，如：有的将谭家岭一期和龙嘴墓葬等红陶为主体的遗存划归"油子岭文化"，认为其文化因素包含了它所固有的和受大溪文化影响而产生的两类，前者的主导地位决定了这一类遗存不能与大溪文化混为一谈，它是屈家岭文化主要的直接来源[48]；还有的对"油子岭文化"作了比较宽泛的界定，认为这一在时

间上与大溪文化中晚期相当的文化可区分成油子岭、划城岗和
螺蛳山三个地方类型[49]。至于"边畈文化",一种意见认为它
是边畈遗址的一至三期遗存与油子岭一期的合称,并且被定性
为"前屈家岭文化",它与屈家岭文化分界的标志是江汉平原
东部新石器时代遗存从红陶向黑陶的转变[50]。

这样一来,在张绪球所划分的大溪文化四个类型中,唯一
还没有受到太多质疑的是分布在渝东和鄂西一带的关庙山类
型。但有人在1992年曾指出,分布在峡江地区的大溪文化最
明显的传统是以陶釜为炊器,以红衣红陶为特点的陶器群代表
了典型的大溪文化特征,而泥质灰、黑陶在峡江地区出现较
晚,应另有来源而不宜归入大溪文化,其另一专著则依据各地
陶支脚数量的多少,把这一带的大溪文化分为东、西两区,并
分别称为"关庙山类型"和"中堡岛类型"[51]。

对长江中游地区新石器时代晚期文化区系和谱系认识的深
化,为深入认识这个时期的社会形态创造了条件。一些研究者
从考察大溪文化的经济形态、手工业发展水平、建筑技术的发
展和葬俗入手,提出"大溪文化是一个以农业经济为主,渔猎
经济为辅的原始社会经济形态。其社会形态,早期应处于原始
社会母系氏族繁荣期,晚期则进入母系氏族末期并开始向父系
氏族社会过渡"[52]。在聚落形态方面,有学者就长江中游地区
这一时期聚落的发展规律作了充分讨论,指出大溪文化的社群
是以氏族为核心的多层次组织结构,代表了这一地区史前聚落
发展的成熟期[53]。还有的认为关庙山遗址的大、中、小型房
屋功能是不同的,可能反映了社会组织的不同层次,大溪文化
的葬俗也因时间和地域不同而有差异,贫富不均和氏族集体所
有制削弱的例证在大溪文化晚期已开始出现[54]。

从技术角度观察大溪文化陶器的研究工作近年也取得了一定进展，如有的学者分析了关庙山遗址出土的大溪文化、屈家岭文化和石家河文化陶片的原料构成、颜料成分、烧失量和吸水率，为研究当时的制陶工艺积累了一批数据[55]；或通过细致观察、理化成分分析和实验考古的模拟研究，全面总结了大溪文化的制陶工艺和技术[56]，纠正了过去不少关于史前制陶术的含混甚至错误的观点。从艺术的角度讨论大溪文化陶器纹饰（特别是彩陶图案）的设计方式和艺术技法，多少体现了研究视角的转变。大溪文化的陶器图案表现方式多样，构图灵活且大多由结构和主题两部分组成，两者巧妙搭配，使器物的造型更显生动。古代陶工在设计各种图形时还注意到运用线条的刚柔、色彩的搭配、色调的阴阳、笔触的缓急来再现不同题材纹样的艺术魅力[57]。

地质考古研究注意了点与面的结合。前者注重分析遗址及其左近的微观地貌，发现红花套遗址及其周围存在着距今5000年左右由洪水搬运堆积形成的滩面卵石夹层，这一现象对研究宜昌至松滋地段的全新世地层的发育和断代具有典型意义[58]。后者则试图通过分析较大地理单元的地质特征，来阐释古代环境变迁及其与古文化分布、史前居民生活方式变化的内在联系[59]。

2. 大溪文化的特点概说

从上面的叙述中不难看出，考古学界对将大溪一类遗存定位于长江中游地区皂市文化的后续文化，所持意见是大体一致的。若把本地区这一时期的遗存作为同一文化共同体看待，其西界已越过三峡到了渝东地区，北界大致在汉水中游的钟祥、京山一线，东抵大别山西侧，南及湘北的洞庭湖一带。其碳十四实测年代一般约在公元前 4200～3000 年之间。在如此广袤的区域内，它的面貌自然会有不少相同或相似的因素，同时又有一些差异，所以，不仅可以进行文化分区，还可以进行分期。我们这里只将其粗略划分成鄂西和川东、鄂中和鄂东及湘北三个小区，每个小区又都能粗分为早、晚两期。先就陶器而言，早期阶段，鄂西和川东区以夹炭红陶占大多数，器表多施红色陶衣；鄂中和鄂东区夹炭红陶虽然也占有一定比例，但比前一区要少得多，这里常见泥质红陶，还有少量泥质灰陶；湘北区夹炭红陶更少，多夹砂和泥质红陶，另有一定数量的白陶。晚期阶段，夹炭红陶普遍减少，泥质红陶及泥质和夹砂灰陶显著增多。三个地区的陶器均以素面为主，器表有装饰花纹者以各种形态的戳印纹最富特色。此外，鄂西和川东区彩陶数量较多，鄂中和鄂东区彩陶较少，湘北区更少。鄂西和湘北两区的彩陶花纹多见绞索状与横人字形纹样，而鄂中和鄂东区常见的则是由直线与斜线构成的块状图案。陶器群的基本器类有圈足盘和碗、豆、曲腹杯。其中，鄂西和湘北两区的器类，除曲腹杯等器类较多外，鄂西区束腰筒形瓶数量也较多，湘北区束腰筒形瓶较少，比较多的是小口平底瓶。这种平底瓶在鄂西区虽然也有一些，但比湘北区要少得多。鄂中和鄂东区束腰筒形瓶、小口平底瓶和曲腹杯三种器类均较前两区少，这里比较多的是圈足盘、短圈足或假圈足的薄胎彩陶碗和矮三足罐（有人也称之为罐形鼎），还有一些圈足壶是另两区极少见的。总的看来，大溪文化的圈足器从早到晚一直都比较发达，这同本地区的先行文化陶器上反映出来的传统是一致的。另外，早期阶段各区还有相当多的罐类圜底器，三足器在晚期数量普遍多了起来，江汉平原地区的三足器则始终都占有一定比例（图二二）。

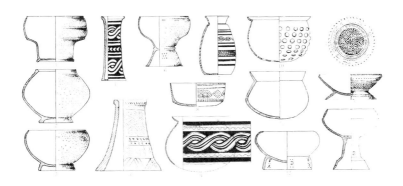

图二二　大溪文化典型陶器

1.曲腹杯　2.陶罐　3.陶碗　4、7.彩陶瓶　5.器座　6、14.陶豆　8、12.陶盆　9.彩陶罐　10.陶甑　11.陶釜　13.陶盘（1~6.出自重庆巫山大溪遗址，7~11.出自湖南安乡划城岗遗址，12~14.出自安乡汤家岗遗址）

　　其次，从其他文化因素来看，这三个地区早、晚期之间也都既有一些共性，同时又有一些差别。拿房屋建筑和墓葬来说，三个地区的房屋建筑一般都是平地起建的，平面形状既有方形或长方形的，也有圆形的。建筑材料较普遍地使用竹子，为了隔除潮湿，往往用红烧土块、渣和沙土铺垫房基。与其他同期文化一样，该文化村落居住区附近也都有自己的公共墓地。成人墓葬一般都是长方形的竖穴土坑，葬式比较多的是仰身直肢，还有一些俯身葬和屈肢葬。屈肢葬中，人体上半身或仰卧或侧卧，下半身有的像跪着，有的则像蹲着。随葬品大都不很多，差别不明显。儿童夭折后常见使用瓮棺葬。大溪文化的石器制造业总体说来不很发达，早期阶段多为打制，磨制石器不但数量少，而且制作也大都欠精。晚期阶段磨制石器数量

虽显著增加，但始终以斧、锛等少数器类为主。该文化的不少
遗址都发现了水稻的痕迹，例如，在有些建筑遗迹的红烧土碎
块和夹炭陶器中常见有稻的秸秆、稻壳等痕迹，这种现象表明
稻作农业可能已经成了当时居民的主要经济部门。在巫山大溪
遗址的发掘过程中，往往会发现有成堆成层的鱼骨，在有些墓
葬里也时有鱼骨伴出，这说明渔猎经济曾是峡江地区大溪文化
居民的一项经常性生产活动，这一带的稻作农业由于受地形地
貌的制约可能仍远不如另两个地区发达。

3. 屈家岭文化的发现与研究

考古学界最初认识屈家岭一类遗存始于湖北省京山县屈家
岭遗址的发掘。1956～1957 年，中国科学院考古研究所对该
遗址进行了首次发掘，主持这次工作的张云鹏将其获得的出土
资料区分成早期和晚一期、晚二期，并命名为"屈家岭文
化"[60]。1960 年，湖北省文物管理委员会在京山县的朱家嘴
遗址也发现了特征与屈家岭遗址相同的文化遗存[61]。

屈家岭文化命名虽早，但研究工作的深入发展在相当长的
时期内却与大溪文化研究的成果具有明显的同步性。关于屈家
岭文化地方类型的讨论如同大溪文化一样，是 20 世纪 70 年代
中期以后伴随洞庭湖区史前考古工作的进展而开始的。有学者
当时已认识到京山、天门一带的屈家岭文化与江汉平原西南部
及洞庭湖地区的并不完全相同，因而提出了屈家岭文化的屈家
岭和划城岗这样南、北两个不同类型的划分[62]，这反映了考
古学界在 80 年代中期前对屈家岭文化地区差别的基本认识。
后来，有人在比较长江中游各地区屈家岭文化的不同特点时，
又将分布于鄂西北一带的屈家岭文化单列为"青龙泉类
型"[63]；或把整个屈家岭文化按文化面貌和典型陶器群的异同

分成四个不同类型，分别是分布在漳水以东和大洪山以南的京山、应城、天门、钟祥等县的"屈家岭类型"，鄂西枝江、宜都、当阳、宜昌一带的"关庙山类型"，鄂西北和豫西南的"青龙泉类型"以及湘北安乡、澧县、华容等地的"划城岗类型"，并指出湖北东部的孝感、黄冈等地有可能属于屈家岭文化另一地区类型[64]。90年代末，有人又把湘北地区的屈家岭文化进一步分成三元宫和高坎垴两个类型，并把关庙山类型改名为"清水滩类型"[65]。还有人将整个屈家岭文化细分成九个类型，即除鄂中地区的"屈家岭类型"外，还有鄂北随枣走廊地区的"雕龙碑—曹家楼类型"、鄂西北郧县一带的"青龙泉类型"、豫西南地区的"下王岗类型"、鄂东南地区的"螺蛳山类型"、鄂西的"关庙山类型"、湘北偏西的"汤家岗类型"、湘北偏东至鄂东南一带的"车轱山类型"以及湘西怀化一带的"高坎垴类型"[66]。然而，该文作者对其类型划分的依据并未做系统的论证，也没有总结和归纳这些类型文化特点上的异同。

文化年代的界定也是屈家岭文化研究中一个长期存在争论的问题，具体表现即对该文化上下限的讨论。因它与大溪和石家河两文化之间关系的讨论交织在一起，故这一问题愈显错综纷乱。《京山屈家岭》发掘报告早晚两期中的陶系不仅在黑陶和灰陶比例上存在着差别，而且在典型陶器群方面亦差异显著。由于屈家岭文化是江汉地区最早确认的新石器时代文化，在当时缺乏其他对比材料的情况下，报告编写者把屈家岭遗址的早晚两期遗存视为同一文化的不同发展阶段自是可以理解的。此后，京山朱家嘴、武昌放鹰台、钟祥六合、划城岗中一期、王家岗上层墓、车轱山二期墓葬等也被陆续归入屈家岭文化的范畴。70年代以后，有些学者对屈家岭遗址早、晚两期遗存的文化性质提出了不同看法，认为屈家岭遗址早期遗存与该遗址的晚期遗存在文化面貌上有很大不同，前者与大溪文化的晚期遗存颇相似。较早提出这一意见者把屈家岭遗址上层以灰陶为主的遗存称为"典型的屈家岭文化"，基于屈家岭下层灰坑所出黑陶等遗存不论陶器的基本形制还是纹饰方面都与大溪文化晚期具有明显的承继关系，而与"典型屈家岭文化"之间却呈现出了面貌上的突变，所以主张将其视为由大溪文化向"典型屈家岭文化"的过渡[67]，并作为大溪文化最晚的遗存。另外一些学者则不赞同这个结论，他们认为屈家岭遗址下层遗存的某些特点虽然在大溪文化晚期就已出现，但那只是萌芽状态的文化因素，两者间仍有着质的区别；至于屈家岭文化早、晚期面貌上表现出的差异，则应是尚存有一定缺环的反映[68]。对于关庙山遗址大溪文化四期遗存文化性质的认识，有的学者将其中的第③层和 G3、F10 等单位分离出来，定性为屈家岭文化早期[69]，还有的学者却视其为鄂西地区与屈家岭文化早期年代基本相当的遗存，不同意改判其大溪文化的属性[70]。

至于屈家岭文化的下限年代问题，有人在分析了其他研究者划分方案得失的基础上，指出石家河文化的形成应以盘形宽扁足鼎、平底钵、瘦袋足鬹、钵形高圈足豆、瘦体高领罐及高圈足杯等代表性陶器群的出现为标志[71]。这一观点为确认具有连续发展特点的屈家岭文化晚期和石家河文化早期之间的分界提供了明确标准，在实际工作中具有较强的可操作性。

20 世纪 80 年代之后，许多学者还注意到屈家岭文化时期社会结构的变化及其在中国古代文明进程中的地位、作用等问题，归纳起来主要涉及下述四个方面：①屈家岭文化聚落的分化，这一过程主要表现为两湖地区在此时出现了中心聚落和早期城址。京山屈家岭遗址的面积不小于 50 万平方米，当属新石器时代晚期与甘肃秦安大地湾、山东泰安大汶口等并列的大型中心聚落。长江中游地区此时最突出的文化景观当属早期城址的出现，迄今已发现了屈家岭文化至石家河文化时期的天门石家河、石首走马岭、澧县城头山、江陵阴湘城、荆门马家院、公安鸡鸣城、澧县鸡叫城、应城门板湾等 8 座古城址。基于对前五座古城的规模、形制、城垣建筑技术和出现的历史背景等内容的分析，有的学者认为屈家岭文化的古城为军事民主制的产物，其社会结构"一方面是贵族阶层的出现，另一方面却是家族内部的相对稳定"，古城的主要功能"不是为了防御部落内部被镇压者的反抗，而是为了防御外部敌对部落的掠夺和侵袭"[72]。在另一些研究者看来，经济技术的发展、社会结构的分层和旧文化传统沉渣的泛起，是促进屈家岭文化古城兴起的重要原因。古城内部的功能分区和古城规模的三级结构，不仅反映了屈家岭文化社会的统一性，而且可以作为中国早期国家文明的典范[73]。②屈家岭文化墓葬发现的数量虽然已相当多，但相关的深入研究却较匮乏。造成这一局面的原因在于，现已发现的有关这个时期的墓葬多为规模不大的长方形竖穴土坑墓，墓葬间的随葬品在数量和质量方面差别并不悬殊。鉴于此，研究工作主要是依据墓葬材料进行文化编年、建立谱系和进行墓地的结构分析。以湖南安乡划城岗、湖北天门邓家湾的墓地为例，研究者认为可以看出屈家岭文化同一氏族的公共墓地多由若干家族墓地组成，不同家族的墓地间一般存在空间位置的区分。贵族和平民间的贫富分化在社会生活中已经形成，但其进程尚未波及家族这一社会基层组织[74]。③屈家岭文化的社会经济和精神文化。社会经济的变化，主要表现在快轮制陶术的发明及普遍使用、纺织技术的发展[75]、稻作农业生产的进步等方面。因社会经济的进步而导致的文化等方面的适应性变化，对屈家岭文化的社会结构复杂化无疑起到了催化剂的作用。专门讨论屈家岭文化时期精神文化内容的文章还不多，主要是有关其原始宗教信仰的，如有人将屈家岭和石家河两个文化中的陶管形器、陶缸考证为陶祖的象形，把它们同一些祭祖、建筑奠基等遗迹现象联系起来，使人们相信在当时的社会中已经出现了专职从事宗教活动的巫觋[76]。④关于屈家岭文化的族源问题。1980 年，俞伟超先生依据对《史记》中相关记载的考证，指出江汉地区以 "屈家岭文化为中心的原始文化" 属于三苗文化遗存[77]。这一论断得到了相当多学者的支持。此后，一些学者试图利用考古新资料结合对古代文献的重新诠释来验证、补充这一观点，如有的分析了文献所载三苗分布区域的四至，肯定了两湖地区是以伏羲、女娲为祖源的三苗族所居，并将长江流域和黄河流域各考古学文化势力的消长与文献中 "舜伐有苗"、"禹征三苗" 的记载联系在一起进行了考察[78]；或从文献所载三苗的大体活动地域、活动时间及兴衰过程同屈家岭—石家河文化相关内容的对比中得到了相似的结论[79]。

4. 屈家岭文化的特点概说

屈家岭文化的分布地域大都同大溪文化重合，唯其北部超出了后者的分布范围而到达了河南省西南部一带。其碳十四测年一般约在公元前 3000～2500 年之间。

这一文化的石器全系磨制，出土数量总的看来也不很多，基本器类有斧、锛、凿、铲、镰和箭头等。陶器既有手制也有轮制的，多为泥质陶，夹砂陶较少，以灰陶为主，黑陶其次，少数陶器呈红色或橘红色，器表多素面，有装饰花纹的则常见弦纹和镂孔，篮纹次之。此外，该文化的陶器群还有另一些特点，一是彩陶的数量仍较多。这些彩陶一般是先施红色或白色陶衣，然后用黑彩或赭色彩绘画圆点、网格状、弧三角形和宽带形花纹，线条往往较模糊，画彩似着笔有浓淡。二是盛行彩陶纺轮。屈家岭文化的纺轮大都是陶质的，石质的很少。陶质的纺轮有画彩的和素面的两种，两者在形态上基本相同，其横截面主要有椭圆形、长条形、长条两端中部起脊形和一面平另一面弧凸形四种。彩陶纺轮大都是先施米黄色陶衣，再在器体中孔周围画彩，花纹有旋涡纹、短平行线纹、同心圆纹、短弧线纹和卵点纹等多种。彩陶纺轮数量多及陶纺轮形态多样化，这在其他原始文化里也是难得一见的。三是从陶器的造型看，圈足器和三足器均较发达，平底器较少。有些器类的上半部基本形态往往相近，下半部根据不同的需要加上不同的部件便成了不同的器类，如在盘类下部加上三足即为鼎，若加上圈足则成了圈足盘或豆，体现出此时的陶器生产规范化的趋向比较明显。所以，其基本陶器群除了鼎、圈足盘、豆、碗外，其他器类还有比较多的壶形器、高领罐、薄胎平底或凹底的杯和高圈足杯等（图二三）。

屈家岭文化已发现的房屋建筑全都是地面起建的，平面形状方或长方，既有单间的，也有分间的。为了驱除潮湿，这些房屋在着手地面上的土木工程前一般都对基础部分做过加工处理，有的是先搬运客土进行铺垫；有的则是先挖一个面积较大的浅坑，然后再往坑里运土一层一层进行铺垫，垫土上面再普遍铺撒一层红烧土块、渣。在后一类房子基坑堆土的底部往往会发现一些完整的陶器，如有的将碗与碗、碗与豆对扣在一起，有的则将鼎与豆、杯等器类置于一隅。这些陶器显然都是

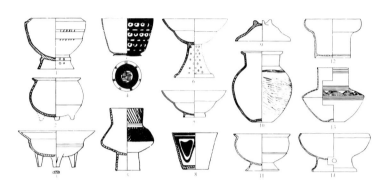

图二三　屈家岭文化典型陶器

1、6、11、14. 豆　2、3. 鼎　4、8. 彩陶杯　5、13. 壶　7. 双腹碗　9. 器盖
10. 高领罐　12. 曲腹杯（1～6. 出自湖北天门谭家岭，7～10. 出自天门邓家
湾，11～14. 出自湖南怀化高坎垅）

在房基坑挖成后有意放进去的，推测正式建房前可能曾举行过
某种形式的奠基仪式。房屋的建筑方法与其他同期文化一样，
也是先挖墙基槽，栽埋木柱，然后筑墙棚架屋顶。在石家河古
城址内发掘谭家岭遗址时，曾发现那里修筑房屋墙体的方法主
要有两种：一是有的房子屋墙保存较高，墙体坚硬，内外两面
较光平，上下的颜色截然可分为两种，依此知道这种屋墙应该
是用夹板分段堆筑成的；二是在有的房子附近的废弃堆积中，
有些红烧土残块边角方正，边缘尚有似因提拉模具而留下的突
脊，很像是土坯或砖类的碎块，因此，不能排除有的房屋修建
墙体至少已开始使用了土坯。城址中心区房屋建筑的这种情况
不仅在当时一些中心聚落的高档房屋中具有代表性，而且也是
该文化营建技术最高水平的反映。在屈家岭文化分间的房子

中，有两间的，四间的，还有六间的，这一方面表明其营建技术比大溪文化有了显著进步，另一方面也反映了此时的家庭形态已经发生了某些变化。

5. 大溪文化与屈家岭文化的关系

在 20 世纪 70 年代末，有学者依据地层叠压关系和大溪、屈家岭两个文化陶器群中的某些器类（如圈足器与曲腹杯等）间的承袭关系，判定两者"既有内在联系，又有明显的差别，是本地区两个先后相承接的文化"[80]。但这一观点却受到了另一些研究者的质疑，他们认为不能因为屈家岭文化叠压大溪文化的地层关系而简单地将两者解释为直接发展的关系，提出这两个文化是平行发展的两支土著文化，两者的关系"只能用文化上的互相交流互为影响的关系来解释"；有的学者以宜都、枝江等地未发现屈家岭文化早期遗存叠压大溪文化的地层关系为由，认定屈家岭文化早期与大溪文化晚期之间没有共同的分布地域，屈家岭文化并非大溪文化的继续与发展[81]。这些学者不承认湘北以汤家岗为代表的一类遗存和汉水流域以油子岭一期为代表的遗存在文化性质上属于大溪文化，而视这两类遗存为与鄂西地区大溪文化基本同时而性质却相异的其他文化。值得注意的是，正是在这些研究者中，有的原先曾认为把湘北汤家岗一类遗存看作大溪文化的另一类型是恰当的。最先提出大溪文化与屈家岭文化平行发展观点的学者从一开始就强调这两个文化的发源地不同，指出屈家岭文化的来源需要到江汉地区那个'千湖之国'去寻找。作者在论证自己的这一观点时，为了加强两个文化平行发展观的说服力，还力图将屈家岭文化早期的年代提到与大溪文化二期基本同时，并由此得出"大溪文化的蛋壳彩陶恐怕来自屈家岭文化的影响"[82]。不论从事实上还是从方法论上看，这显然都是很值得商榷的。持前一种观点者认为屈家岭文化对大溪文化的继承在陶系、彩陶特征、制陶工艺、器形等方面皆有明显证据。屈家岭文化早期遗存虽然在江汉平原东部和洞庭湖北岸才有发现，但它却是在大溪文化的"基地上诞生，范围稍有扩大，到了晚期才传播到原来仰韶文化分布区边缘的鄂北、豫西南去了"[83]。20世纪90年代，屈家岭遗址第三次发掘的报告将其以红陶为主的第一期遗存称为"前屈家岭文化"[84]，这一具有倾向性的文化命名所隐含的学术观点，由发掘者随后发表的一系列文章作了详细阐释。概括起来，他对这两个文化关系的认识主要如下所述：屈家岭文化可细分为初期及早一、早二、晚一和晚二共五期，以这次发现的13座墓葬为代表的屈家岭文化初期被置于人们原先认识的屈家岭文化早期之前；分布于江汉平原东部地区的屈家岭文化才是典型的屈家岭文化，它来源于本地更早的"前屈家岭文化"，后者以红陶为特征，包括边畈遗址的一、二、三期及油子岭遗址一期，可称为"边畈文化"。其下限当不晚于关庙山遗址大溪文化的第三期；分布在鄂西、川东一带的大溪文化不是典型屈家岭文化的直接渊源；快轮制陶技术的发明和推广致使以红陶为主的"边畈文化"发展为以灰、黑陶为主的屈家岭文化，并且也正是由于这一技术的传播最终促进了典型屈家岭文化周邻其他考古学文化或文化类型发展成为屈家岭文化的不同地方类型[85]。这些观点当然会引发不同的意见，如有人指出汉水以东的屈家岭下层、谭家岭下层及油子岭一期等遗存实际上代表了大溪文化的一个地方类型，在其形成过程中，边畈、雕龙碑、青龙泉下层等江汉平原北部甚至更北方的文化所给予的影响曾起过重要作用[86]。

上述有关大溪与屈家岭两个文化关系的争鸣其实基本没有脱离 20 世纪 80 年代"承继说"和"独立发展说"的范畴，所不同的只不过是以新资料去重新诠释旧观点。双方虽然都坚信自己观点的正确性，然而随着研究的不断深化，各方不论是否愿意承认，仍然可以看出原来意见相左的两派意见之间已逐步形成了若干共识：①分布在核心区域的屈家岭文化（"屈家岭类型"）应该是由当地更早的以油子岭一期为代表的遗存发展而来的；②屈家岭文化最早产生于江汉平原东部的京山、天门一带；③屈家岭遗址下层遗存为屈家岭文化早期，它与该遗址的晚一、晚二期之间存在着较为明显的继承发展关系；④鄂西地区屈家岭文化的本质特征来自鄂中屈家岭文化，它与鄂西大溪文化晚期相融合形成了屈家岭文化另一地方类型[87]。鄂西地区未见屈家岭文化早期遗存是因为那里此时仍属于大溪文化分布区，而并非工作上的局限性所致[88]。

6. 大溪文化、屈家岭文化与仰韶文化的关系

大溪文化和仰韶文化分布地域相比邻，并曾有过一段并行发展的时期，两者之间自然难免会发生交往。这一方面表现在豫西南淅川的下王岗和邓州的八里岗等仰韶文化遗存中存在着大溪文化的曲腹杯、圈足盘等陶器；另一方面在枝江关庙山、宜都红花套也发现了仰韶文化的小口尖底瓶和弧线三角纹的彩陶纹饰等。根据这两种文化因素在各遗址中所占比例的变化情况，有人认为鄂北地区是两文化交错和交往活动频繁的地带，这无疑是正确的[89]。我国考古学领域长期流行的"中原中心论"观念自 20 世纪 70 年代后期逐渐被打破，人们开始以新视角去考察黄河与长江中游地区古文化之间的关系。这种文化关系不再被简单地定位成中原地区对周边地区的单向影响，而是

认识到"各区文化的发展是不平衡的","黄河流域的原始文化并非一直处于领先地位，长江中游也有过比黄河中游更为昌盛的时期，并强烈地影响过黄河中游的原始文化"。大溪与仰韶两个文化早期的活动边界尚有一定距离，中期已是近邻，随着大溪文化晚期继续沿汉水向北推进，最终导致了仰韶文化从襄阳境内的退出[90]。仰韶文化庙底沟期对大溪文化的影响虽然显得更强烈、深远一些，但到了仰韶文化晚期，大溪文化对它的影响反而逐渐增强，及至屈家岭文化晚期，其分布的北部边界已推进到了河南省南阳盆地的南召、方城一线[91]，对仰韶文化晚期的影响力甚至越过了伏牛山地，它的一些典型陶器在中原地区的禹县谷水河[92]、洛阳王湾[93]和郑州大河村[94]等遗址的同期遗存中都时有发现。有人结合中国古史传说中有关黄帝与嫘祖的若干记述，从上古族团交流的角度来考察仰韶文化与大溪、屈家岭文化的关系，将两个文化系统的消长、文化因素的传播与古史体系中的若干史影相印证[95]。该文据以立论的"黄帝居轩辕之丘，而娶于西陵之女，是为嫘祖（《史记·五帝本纪》）"中的西陵与战国时期的西陵（今宜昌附近）地望相同以及仰韶文化庙底沟期因素在长江中游地区出现，反映了黄帝族的一支南下江汉地区这样两个论点尽管都是建立在假设的基础上而无法确证，但总体上说，仍不失为运用考古资料重新考量古史传说的一次有益尝试。

（五）长江下游的马家浜与良渚等文化

1.马家浜文化

马家浜文化因浙江省嘉兴县马家浜遗址的发掘而得名。20

世纪 50 年代末发掘该遗址时出土了一批墓葬以及腰檐釜、豆和牛鼻耳罐等陶器[96]。由于长江下游地区当时经考古发掘的新石器时代文化遗址尚少，可以比较的相关资料不多，有学者便将这些遗物与江苏省淮安县的青莲岗遗址所出遗物相比照，且曾一度把苏北至太湖地区的新石器时代文化遗存统名之为"青莲岗文化"[97]。到了 20 世纪 70 年代前期，人们意识到所谓"青莲岗文化"的内涵并不单纯，有人于是把它分为江南和江北两个类型，每个类型再划分成相互对应的三期。其中，以马家浜遗址为代表的一类遗存被看成是江南类型最早的一期[98]。基于这一划分方案仍然主张两大区各个不同时期的遗存均属同一文化，研究方法与基本思路与前者实际并无本质差别，所以，仍未能赢得学界的普遍认同。这期间，有学者曾指出，马家浜与江北的青莲岗两类遗存之间具有较大差异，可视前者为分布在长江南岸一带较早的新石器文化，而夏鼐先生则建议将其定名为"马家浜文化"[99]。这一文化命名在稍后举行的"长江下游新石器时代文化学术讨论会"上得到了许多学者的赞同[100]。马家浜文化由此便成为太湖流域继良渚文化之后确立的另一支新石器时代文化。

马家浜文化的遗址多分布在山坡和沿河、湖岸边稍高的岗地、土墩上，经正式发掘的主要遗址除了嘉兴的马家浜，还有浙北桐乡的罗家角、江苏吴兴的邱城、吴县的草鞋山及常州的圩墩等。依现有资料看来，该文化分布的中心区域当主要在太湖流域，北面大体以长江为界，西北至常州附近，南面可抵钱塘江流域。其碳十四年代一般约在公元前 4300～3900 年之间。

为了适应这一带多雨潮湿的气候条件和环境特点，马家浜文化的房屋多为地面起建的长方形或圆形木构建筑，屋内的居住面常见用砂石、陶片、蚌壳混筑而成或经过烧烤。居民死后不论年龄大小都葬入公共墓地，盛行单人俯身葬，也有仰身直肢葬、屈肢葬及少量的同性合葬墓。一些墓地如草鞋山和圩墩等存在用陶器覆盖头部的埋葬习俗。随葬品的数量通常都不多，无明显差别。陶器全系手制，以夹砂和泥质红陶为主。夹砂陶除羼有砂粒外，往往还羼拌有蚌壳碎屑。器表一般都施有红色陶衣，壁内侧多呈黑色或灰褐色。器表多素面，有纹饰的陶器常见弦纹、小镂孔和堆纹，极少见彩陶。陶器群的造型总体说来以圈足器和圜底器最多，三足器其次，平底器最少，主要器类有腰檐圜底釜、鼎、盆、钵、豆和牛鼻形耳的陶罐等（图二四）。出土石器数量均不多，皆磨制，但制作都不精，器类主要是斧和铲等。在马家浜文化的许多遗址诸如罗家角上层、草鞋山下层、圩墩下层及上海崧泽下层等也都发现了不少

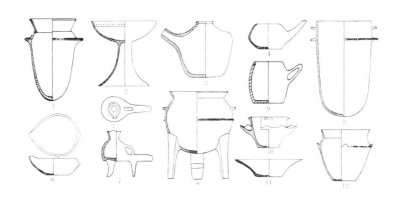

图二四　马家浜文化马家浜期陶器

1、5、10、12.陶釜　2.陶豆　3、4、9.陶盉　6.陶匜　7.陶鬶　8.陶鼎　11.陶盆（1~4.出自江苏常州圩墩遗址，5~8.出自江苏吴县草鞋山遗址，9~11.出自浙江余杭吴家埠遗址）

稻谷遗存，经鉴定，这些稻谷有粳稻也有籼稻，由此可断定马家浜文化的稻作农业已经有了相当大的发展。1992～1995年，中日联合考古队在草鞋山遗址的发掘中，还发现了以水井和水塘为水源的水田遗迹[101]，这一发现不仅为考察马家浜文化稻作农业生产的水平提供了新资料，同时也是研究长江下游地区稻作农业发展过程的重要素材。另一方面，在马家浜文化的遗址中一般都会有大量陆生和水生动物遗骨伴出，其中，陆生动物既有家养的也有野生的。属于人工饲养的家畜有猪、狗和牛。野生的动物有鹿、獐、麝、鱼、龟、蛤蜊和蚌等。这一现象说明家畜饲养和渔猎经济同样也是当时居民生计的重要内容。

在以往的研究工作中，马家浜文化的发展演变过程及其分区是考古学界多年论争的焦点问题之一。早在马家浜遗址发掘之初，发掘者就认为该遗址与江苏吴兴邱城遗址的下层及罗家角遗存"均属于同一文化系统，仅有早晚不同的关系"[102]。到了20世纪80年代，有学者又指出马家浜文化从早到晚经历了罗家角第四层→马家浜下层（与罗家角第三层年代相近）→马家浜上层（与罗家角第二层同时）→邱城下层的变化过程[103]；或视本地区后来的崧泽中层一类遗存与马家浜遗存为同一文化，并将其粗分成马家浜和崧泽两大期[104]。釜类陶器是马家浜文化陶器群中数量最多、形制最复杂同时也是变化线索最清楚的器类，因此，一些研究者往往把对这类陶器的类型学研究作为探讨马家浜文化分期和分区的基础。例如，有学者依据对不同遗址釜类陶器异同的对比研究，把马家浜文化划成分别以罗家角和草鞋山—圩墩为代表的两个类型[105]；或把太湖以北和太湖东南的马家浜文化分别视为"圩墩类型"与"草鞋山类型"，认为这两个类型对于后继的崧泽遗存面貌的塑造起着重要作用[106]。苏秉琦先生则根据釜类陶器成形方法的差异，把马家浜文化分成浙东北地区的河姆渡类型、浙北的马家浜—罗家角类型和苏南地区的圩墩—草鞋山类型[107]。进入20世纪90年代，有学者又把马家浜文化分为三期，认为其第一期遗存主要见于罗家角遗址第四层，第二期遗存依各地区陶釜形态的差异分成以罗家角第三层、邱城下层和吴家埠第四层为代表的三个区块，第三期遗存则有罗家角第一、二两层、吴家埠遗址第三层和草鞋山遗址第八、九层为代表的三个区块[108]。据作者在原文的描述看来，这里的所谓"区块"似乎可理解为一种文化类型和文化期的混合体。

关于马家浜文化渊源问题的讨论，在20世纪70年代，随着浙江余姚河姆渡和桐乡罗家角两个遗址的先后发掘，考古工作者在钱塘江南北两侧都找到了比已确认的马家浜文化年代还要更早些的新石器时代遗存。其中，河姆渡遗址第一次发掘的报告将遗址的下文化层（即报告原编的第三、四两层）遗存命名为"河姆渡文化"，其上文化层（即原编第一、二两层）的遗存中，陶器群除含有釜、罐、盆、钵等器类外，还出现了比较多的鼎、豆类三足器和圈足器，与下文化层的陶器群呈现出较大差别，故被认定分别属于马家浜和崧泽两个时期[109]。同河姆渡遗址相似，罗家角遗址下文化层（即发掘报告原编之第四层）的陶器群也以釜类为主，其他器类如罐、盆等数量均不多，而且同样也不见鼎、豆类三足器和圈足器。对此，虽有学者认为罗家角下层一类遗存才是马家浜文化的渊源[110]，但更多人却主张把罗家角遗址第三、四两层遗存视为马家浜文化的早期[111]。这样一来，马家浜文化的上限年代便被提前到了与河姆渡文化的早期大致相当。与此相似，河姆渡遗址第二次发掘的报告也一反首次报告的结论，将原来的基本观点改为这种认识，认为该遗址的一至四期遗存是一脉相承的，**统属河姆渡文化的不同发展阶段**。按照这些学者的见解，长江下游地区实际上当存在着河姆渡与马家浜这样两个基本同时的、并行发展的文化，这里新石器时代文化的编年序列显然不是由河姆渡文化发展成马家浜文化，崧泽遗存继马家浜遗存之后，而后又演进到良渚文化这样的单线进化模式。

笔者以为，在讨论马家浜文化的分期及其上限年代时，桐乡罗家角遗址的陶器群还需要予以特别关注。据该遗址发掘报告介绍，在其新石器时代四个文化层堆积伴出的陶器群中，釜类约占陶器总量的 2/3，其他器类如罐、盆、钵、盘、平底或三足盉及鼎与豆等数量均不多，其中，鼎类三足器仅见于最上面的一、二两层，豆类圈足器虽始见于第三层，但数量远不如上部一、二两层，第四层的器类虽见有少量平底盉，但却无三足盉。这表明第三层以上同第四层的陶器群差别是显著的，这种差别从一个侧面反映了前后两个阶段的文化面貌是不一样的。第三层以上的陶器群先后出现了豆、鼎类圈足器和三足器，这不但同本地区的马家浜及后来的崧泽遗存和良渚文化的陶器群都有比较多的鼎、豆类相一致，而且与河姆渡遗址上部两个文化层的陶器群也是基本相吻合的。这两个遗址上层的陶器群呈现出来的这种文化共性，对于我们界定本地区不同发展阶段考古学文化的分野来说，应该是具有普遍意义的。此外，在罗家角遗址的釜类陶器中，弧腹腰檐圜底釜从早到晚发展变化的线索可谓基本清楚，前后的连续性较明确，视之为同一文化系统当然没有疑问，但这并不等于它们都必属同一考古学文化。基于此，我们赞同将罗家角第四层和河姆渡下文化层（即第三、四两层）划归河姆渡文化，罗家角第三层以上和河姆渡第二层则划归马家浜文化。罗家角遗址弧腹腰檐圜底釜等器类的递嬗过程清楚地说明，以罗家角上层为代表的一类马家浜文化遗存应系直接继承罗家角下层一类遗存发展而来。

2. 崧泽遗存

崧泽一类遗存由上海市的文物考古工作者于 1957 年在青浦县进行调查时最先发现，后来，他们又于 20 世纪 60～70 年代对崧泽遗址先后做了三次发掘。发掘者将该遗址的新石器时代文化堆积分成上、中、下三大层，在中文化层共发现了 100 座新石器时代的墓葬。这些墓葬随葬的陶器多盆形和釜形鼎及竹节状圈足折腹盘豆[112]等。另外，1959 年在对江苏吴兴邱城遗址所做的发掘中，于该遗址的中层也发现了与崧泽中层相同的遗存[113]。但在 20 世纪 60 年代至 70 年代前期，这类遗存都曾一度被归入了"青莲岗文化"。

20 世纪 70 年代初，考古工作者在对江苏吴县草鞋山遗址进行发掘时，不但发现了良渚文化遗存、崧泽和邱城中层一类遗存和马家浜文化遗存自上而下依次叠压的地层关系[114]，而且类似的层位关系还在常州圩墩、吴县张陵山等遗址的发掘中被多次识别出来。70 年代后期，考古学界曾就长江下游地区新石器时代文化的特征、性质、类型和文化关系诸问题展开了广泛讨论，太湖流域的马家浜和良渚两类遗存被分别命名为独立的考古学文化[115]之后，作为这两个文化间过渡阶段的崧泽遗存被不同的研究者分别看成是"青莲岗文化"的崧泽类型[116]、马家浜文化晚期[117]、良渚文化早期[118]或直接称为"崧泽文化"[119]。时至今日，对这类遗存的定性与归属问题究竟应该如何处置，大家的认识仍未能取得一致。

迄今所见的崧泽中层一类遗存大都是墓葬资料，这些墓葬以单人仰身直肢葬为主，合葬墓很少。从发掘面积较大的崧泽、草鞋山两个墓地的资料来看，墓地中存在着分区埋葬的现象，不同的墓区之间有明显的空白地带。墓葬的随葬品以陶器为主，随葬生产工具的墓葬比马家浜时期显著增多。随葬品的数量多寡不一，表明社群内部可能已开始产生了贫富分化。陶器制作已普遍采用了慢轮修整技术，陶器群以夹砂红褐陶和泥质灰陶为主，并有少量泥质黑皮陶。器表多素面，有装饰花纹者常见弦纹、镂孔、刻划纹及附加堆纹等，在罐类的肩腹部和陶豆的圈足部往往饰有复杂的刻划编织纹，彩陶和彩绘陶很少。造型流行圈足器和三足器，平底器也较多，圜底器数量最少，主要器类有盆、釜及壶等形态的鼎类、竹节状或喇叭形圈足折腹盘豆、罐、折肩或折腹壶、花瓣形矮圈足或平底杯等（图二五）。这一时期的石器制作精良，种类明显增多，有扁薄方正的穿孔铲、弧刃斧、长条形锛、凿等。玉器制造技术也较为发达，器类主要是作为人身上佩戴的装饰品，如璜、玦、环、管、坠饰和啥等。从调查和发掘发现的情况判断，这类遗存主要分布在长江三角洲以太湖流域为中心的地区，西面可抵宁镇地区附近，北界已越过了长江，南界基本同于马家浜时期。碳十四检测的年代数据表明，这类遗存一般约在公元前3900～3300年之间。

到目前为止，少数学者就这类遗存的变化过程和分区问题进行了讨论。崧泽遗址的发掘者据中层墓地墓葬间的叠压关系将其所获100座墓葬划分为早、中、晚三期[120]。有的学者认为崧泽一类遗存作为一个独立的考古学文化，大体亦可分成前

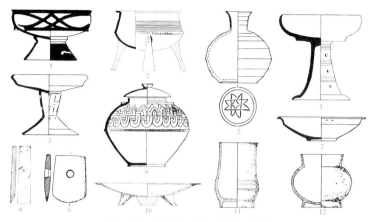

图二五　马家浜文化崧泽期器物

1. 彩陶豆　2. 鼎　3、12. 壶　4、5. 豆　6. 带盖罐　7. 盆　8. 石锛　9. 穿孔石斧　10. 杯（1~9. 出自上海青浦崧泽遗址，10~12. 出自江苏张家港徐家湾遗址）

后三期：第一期以崧泽一期、圩墩第二层的墓葬和草鞋山第七层为代表，第二期含崧泽遗址二期、草鞋山第六层，第三期包括崧泽三期、草鞋山第四层和张陵山下层等，并且指出苏北海安县青墩遗址的崧泽遗存与中心区的具有比较明显的地区变异，建议将其作为崧泽文化的一个地方类型来看待[121]。另有一种意见主张把此类遗存分成沿长江南岸分布的徐家湾、浙北地区的吴家埠和位于太湖周围水网平原地带的崧泽三个地方类型[122]。还有人认为太湖东南的嘉兴地区也可以单独划出一个以龙南、双桥遗址为代表的新类型[123]。

　　在讨论崧泽遗存与其他遗存的文化关系时，争论比较多的问题，一是崧泽同良渚文化的关系；二是崧泽遗存与宁绍平原地区史前文化之间的关系。对于前一个问题，多数学者认为两者之间存在着文化上的传承关系，崧泽遗存是良渚文化的渊源应该没有问题，有的甚至视之为良渚文化的早期或良渚文化前期的组成部分[124]。后一个问题的产生则植根于学界对河姆渡遗址文化内涵的不同理解。该遗址首次发掘的报告曾认为其第一文化层伴出的陶器等遗物与崧泽遗存性质相同，而第二次发掘的报告却将一至四层的遗存均视为河姆渡文化，该遗址第一、二两层中分别相似于马家浜和崧泽遗存的因素被理解成文化传播的结果[125]。这一认识上的转变正如有的学者所指出的那样，"很重要的原因是 1979 年罗家角遗址的发掘，在时间上为确立钱塘江两岸史前文化的各自体系，提供了可能条件"，而并非完全"基于文化因素的充分分析和对考古学现象的深入把握"[126]。

崧泽一类遗存作为衔接马家浜和良渚文化的中间环节，由于现有资料主要是些墓葬及其随葬品，总体面貌虽然还不很清楚，但仍可看出它的一些特点，如墓葬流行仰身直肢葬，陶器群三足器和圈足器尤其发达，平底器较多，而圜底器却很少，炊器以鼎类为主，这些都是它与马家浜遗存的主要差别。两者陶器群反映出来的差异主要是由于它们分别处于不同的发展阶段而造成的，我们若仅据此将它们分解成两个各自独立的考古学文化理由似嫌不充分。由崧泽遗址下层马家浜阶段晚期的少量喇叭形圈足折腹盘豆、折腹平底盆以及壶类等陶器观察，其基本形态与该遗址崧泽遗存早期的同类陶器均大体相似，昭示两者的关系比较密切，依此判定太湖东部地区的崧泽早期遗存直接承袭本地区马家浜阶段的晚期发展而来应该没有问题。鉴于崧泽中层一类其他遗存现象发现极少，作为一个独立考古学文化的总体面貌实际并不清楚，为了与邻近地区其他文化系统嬗变过程的划分大体取得一致，我们赞同将崧泽遗址中层遗存划归马家浜文化，并视之为该文化的后期。

3. 北阴阳营与薛家岗遗存

20 世纪 50 年代中后期，南京博物院对南京大学左近的北阴阳营遗址先后做了四次发掘，揭露面积累计 3000 多平方米，主要收获是发现了 270 余座新石器时代的墓葬[127]。通过发掘得知，遗址中的新石器时代居址和墓地不相混杂，位于遗址东部的居址由于后期人类活动的严重破坏，各种遗迹现象已经变得支离破碎，只能约略知道当时的房屋为地面起建的长方形建筑，有的居住面曾经过烧烤；墓地位于遗址西部，已发现的大多数墓葬都出自这片墓地，少量墓葬见于居住区的边缘。墓葬的随葬陶器多三足器和圈足器，以夹砂和泥质的红陶为主，有少量彩陶与红衣陶，基本器类有罐形鼎、双耳罐、三足盉、豆、壶和圈足碗等。石器多数通体磨光，器类常见穿孔斧及锛、凿等（图二六）。在相当长一个时期内，这类遗存被赋予

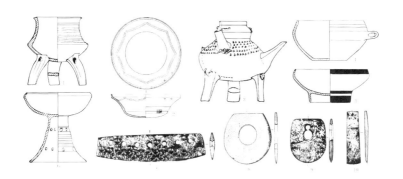

图二六　北阴阳营文化遗物

1. 陶鼎　2. 陶盆　3. 陶盉　4. 陶钵　5. 陶碗　6. 陶豆　7. 多孔石刀　8、9. 穿孔石斧　10. 石锛（皆出自江苏南京北阴阳营遗址）

了同苏北淮安青莲岗遗址相同的文化性质。比北阴阳营遗址的发掘略晚些时候，南京西善桥太岗寺和江宁昝庙两遗址出土的下层墓葬[128]也都与北阴阳营上述遗存基本相同，但发掘者当时并未把这两处的发现同北阴阳营新石器遗存作关联研究，而认定其属于"湖熟文化"。在随后的研究中，有学者把鲁南、苏北直至太湖流域的新石器时代遗存都纳入了"青莲岗文化"。伴随 60 年代前半期长江和黄河下游地区一系列新石器时代遗址的发掘，相关资料积累日渐丰富，人们经过了多年反思，这种大"青莲岗文化"内部结构的不合理性日见明晰起来，有学者便把它分成江南和江北两个类型，以北阴阳营下层墓葬为代表的遗存被视为"江南类型"的第二期，即置于马家浜文化的"马家浜期"和"崧泽期"之间[129]。就其实质而言，这种观点实际并没有突破五六十年代以来逐渐形成的大"青莲岗文化"的基本架构，宁镇地区与太湖流域以及江北地区的诸类新石器时代晚期遗存仍都被看成是同一文化系统，各个地区的不同文化只不过是这一文化系统的不同地方类型，其间并不存在文化性质上的根本差别。这一见解当然仍会招致许多不同意见，如有的学者即明确指出"青莲岗文化"的江北、江南两个类型应分别命名为"大汶口文化"和"马家浜文化"，并认为北阴阳营的新石器遗存"似乎代表了另一种文化"[130]，或直接指认北阴阳营下层为"北阴阳营文化"[131]。此后，"北阴阳营文化"一名被许多研究者所接受，研究重点亦向其分布地域以及它与周边同时期遗存的文化关系转移。

在这两个问题上，研究者的分歧意见概括起来大致有四种：①宁镇地区新石器时代晚期文化的一至四期与太湖流域的马家浜、崧泽以及良渚遗存文化特征大体一致，地方性特征居次要地位，应该归属同一文化系统[132]。②"北阴阳营文化"的分布范围包括宁镇和江淮之间两个地区，认为北阴阳营下层墓葬为代表的遗存"同淮安青莲岗遗址比较一致，可能属于同一文化系统"[133]。③认为宁镇—皖南应该归为同一文化区系，主张"以南京为中心，包括宁镇地区，连接皖南与皖北的江淮之间，以及赣东北部一角"，在文化上"有它自己的来源和发展序列"[134]。由于在安徽潜山县的薛家岗遗址中发现了相当于这一阶段的遗存，特征也多相近，因此推断"北阴阳营文化"区的西北部已达今安徽省境[135]。持类似观点者在具体范围的认定上虽然略有差异，但基本内容则大致相同[136]。④"北阴阳营文化"分布于秦淮河流域说。有学者在对东起镇江和扬州，西至江西湖口的苏皖沿江平原地区的新石器时代文化区系作综合考察时，将北阴阳营遗存隶属于茅山丘陵区下的秦淮河水系亚区，并且指出这一文化区系在自身发展的同时，又不同程度地受到了来自其他地区间接的文化影响[137]。

迄今，专就这一文化分期和类型划分的讨论文章一直不多。有学者曾一度把该文化分成北阴阳营和薛家岗两个类型，认为两者分别代表了这一文化早晚两个发展阶段[138]，后来，他根据江浦牛首岗、高淳朝墩头和薛城等遗存的发掘资料，又增加了一个薛城类型，并且还倾向于将安徽江淮东部地区的同时期遗存也作为北阴阳营文化的另一地方类型[139]。北阴阳营遗址发掘报告将宁镇地区的新石器时代遗存分为四期：第一期以北阴阳营 H68、H70 为代表，第二、三期分别为北阴阳营西区和居住区边缘的墓葬，第四期以北阴阳营遗址的 H2 为代表。报告认为第三期的面貌与崧泽遗存晚期接近，太岗寺和昝庙等遗址的新石器时代遗存大体相当于北阴阳营第三、四期。

其中，二、三两期被确认为北阴阳营文化，一、四期遗存因资料尚少，性质待定。

安徽境内的新石器时代考古起步虽并不很晚，但田野发掘与研究工作却是从 1979 年潜山县薛家岗遗址的发掘才开始逐渐走上正常发展的轨道。该遗址先后共做了五次发掘，前三次的发掘揭露面积计约 1200 平方米，发现了 100 多座新石器时代的墓葬及少数残破房基与灰坑。发掘者把这批资料分成了前后四期，并视其二、三两期遗存为"薛家岗文化"。此后，考古工作者又在皖西地区陆续发掘了望江汪洋庙和黄家堰、怀宁黄龙、宿松黄鳝嘴、潜山天宁寨、太湖王家墩及安庆夫子城等遗址。这一系列遗址地下遗存的相继出土，使人们认识到与薛家岗相同或相似的遗存分布范围"西到宿松、黄梅的鄂皖交界处，北达肥水边，东到巢湖地带"[140]。薛家岗一类遗存至今经系统发掘出土的资料亦主要是墓葬。各个墓地的墓葬排列有序，流行单人一次葬，有一些是仿仰身直肢的二次葬，为其他文化所罕见。部分墓葬底部还涂有较厚的青膏泥，少数墓葬可能已经使用了木质葬具。随葬品以陶器为主，多呈灰黑色，以素面为主，常见的纹饰有弦纹、刻划纹和镂孔等。陶器群造型三足器和圈足器均较发达，鼎类多为凿形足的釜形鼎，另有一种枫叶形足的盆形鼎也极具特色，其他典型器类还有带把壶形鬶、圈足或平底壶、分体甗和豆等。石器一般通体磨光，绘有红彩花纹的石铲和多孔石刀可能具有更多的礼制意义，多孔刀的圆孔数量一般在 3～11 个，皆系单数（图二七）。

如前所述，考古学界对薛家岗一类遗存文化性质的认识同样也存在着不同意见。有的认为这类遗存是长江下游地区"宁镇文化类型"的一个组成部分；有的则指出，这类遗存尽管具

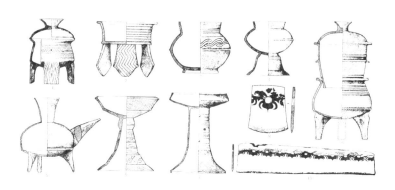

图二七　薛家岗文化遗物

1、2.鼎　3、4.壶　5.鬶　6、7.豆　8.石钺　9.瓶　10.多孔石刀（皆出自安徽潜山薛家岗遗址）

有江苏和湖北两地新石器时代同期文化的某些特征，但自身的浓厚地方性特点却更突出，应该是独立于其他地区的一种新文化[141]。20世纪80年代中期之后，随着田野考古工作的进展，除仍有研究者坚持将薛家岗遗存归入北阴阳营文化系统，另一些人则开始认同薛家岗遗存为一支独立的考古学文化。从薛家岗一类遗存研究发展的历程来看，对其内涵的认识每深入一步都有赖于新资料的不断发现。例如，1984年在潜山天宁寨遗址的发掘中，发现了这类遗存墓葬的墓坑，发掘者据此对薛家岗遗址发掘报告认定此类遗存的墓葬"不挖墓穴，堆土掩埋"的结论提出了异议[142]；1987年对湖北黄梅陆墩遗址的发掘再一次证实这类遗存并非实行平地堆土掩埋的葬俗[143]；1983年和1991年通过对鄱阳湖北岸的靖安县郑家坳遗址进行的两次发掘，使发掘者认识到郑家坳遗存主要分布在赣北和赣江中下

游一带，它"实际上是江南的薛家岗文化，或可称之为薛家岗
—郑家坳文化"，但并不排除各地还有地区性特征[144]，然而，
他们并没有藉此去理顺郑家坳一类遗存在该地区新石器时代文
化发展谱系中的地位，致使一些研究者一方面将郑家坳一类遗
存当作"薛家岗文化"的江南类型，另一方面又视之为"樊城
堆文化"的早期阶段[145]。20 世纪 90 年代前后，鄂东地区考
古工作的进一步开展为当地新石器时代遗存的深入研究提供了
新素材。这期间，在黄冈地区先后发掘了黄梅县塞墩[146]、陆
墩[147]和武穴市的鼓山[148]、尺山[149]、挂玉山[150]等新石器时
代的墓地，出土遗存的面貌与潜山薛家岗遗址近似，这些资料
虽因多未公布而缺乏系统研究，但却为界定薛家岗一类遗存分
布范围以及不同地区文化属性的最终确认提供了重要线索。在
论及上述遗址新石器时代遗存的定性问题时，有学者认为宿松
黄鳝嘴一类遗存在时间上早于"薛家岗文化"，两者当分属不
同的文化系统，并据黄鳝嘴和湖南汤家岗两遗址陶器上的刻划
纹相似，推断其应该来源于鄂东和江汉地区[151]。有学者则明
确指出"黄鳝嘴基本上属于薛家岗文化，可能有地区差别，但
主要是时代差别"[152]。

4. 龙虬庄遗存

为了探明江淮平原东部地区新石器时代文化的面貌、特
点、谱系及其同周边地区的文化关系，考古工作者于 20 世纪
90 年代前期对江苏高邮市的龙虬庄遗址连续做了四次发掘，
揭露面积 1300 余平方米，发现了 400 多座新石器时代的墓葬
和少数房基与灰坑等遗迹，并伴出了一大宗陶器、玉石器、骨
角器及植物籽实等实物遗存。发掘者通过分析这批资料将其划
分成连续发展的三期。概括起来说，这三期遗存的面貌具有以

下特点：居住生活区与墓地区不相混杂。居住区多见地面起建
的房屋，室内居住面往往用沙质土和碎蚌壳进行铺垫，墙体则
以草拌泥抹制而成。墓地区的墓葬有单人葬、几个人的合葬和
二次葬三种，以单人葬数量最多，合葬墓次之，二次葬墓最
少。合葬墓中的人骨既有一次葬也有二次葬，二次葬一般是将
先前埋葬的墓中人头骨迁来与实行一次葬者合葬。一次葬墓以
仰卧伸直葬为主，侧身直肢、侧身屈肢和俯身直肢葬占少量。
墓葬中人骨头部常见扣一红陶钵，面部往往扣一红陶碗或豆，
这三种器类底部一般都凿有一孔。随葬品的多寡已开始呈现出
差别，以陶器为主，石器和骨角器较少，部分墓还随葬猪下颌
骨和狗头，个别墓则以整狗殉葬。陶器多呈红色和红褐色，器
表以素面为主，常见的纹饰有弦纹、镂孔、刻划纹和锥刺纹。
另有少量彩陶，多见黑彩和红彩绘饰直线、曲线、折线和弧线
构成的各种几何形花纹。这些花纹大都装饰在钵碗类的内壁
上，见于钵、碗、壶等类器表的彩色花纹较少。基本器类有
釜、鼎、豆、钵、碗和壶，其中尤以栩栩如生的猪形壶最富特
色（图二八）。石器皆磨制，主要器类有斧、铲、锛和凿。骨

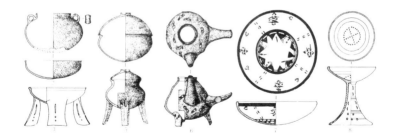

图二八　龙虬庄遗存陶器
1、4.釜　2、7.钵　3、5.鼎　6.三足盉　8.豆（均出自江苏高邮龙虬庄遗址）

角器多箭头、渔镖、锥和凿等。这批遗存的碳十四年代约在公元前 3300~2900 年之间[153]。

龙虬庄遗址发掘报告及编著者随后发表的相关论述性文章中，还结合海安青墩遗址及高邮唐王墩、青莲岗等遗址的发掘和调查资料，综合分析了江淮东部地区新石器时代文化演进的过程、经济结构与文化属性，并探讨了本地区文化变迁的原因。其主要观点可作如下概括：

①江淮东部地区是海岱文化区和太湖文化区之间的另一考古学文化区，这里的新石器时代文化具有鲜明的地方特色和自身的发展序列，可单独命名为"龙虬庄文化"。

②龙虬庄文化的经济结构含有稻作农业、家畜饲养、渔猎和采集等多种成分，其中，稻作农业的发展呈取代采集经济的趋势。从龙虬庄墓地的布局和墓葬的葬俗、葬式推测，该文化的二、三两期当分别处于母系氏族社会的繁荣和衰落阶段。

③约在公元前 5000 年左右，由于生态环境恶化导致淮河上游地区的"贾湖文化"向江淮东部地区迁徙，并成为龙虬庄文化的源头。到了公元前 3500 年前后，龙虬庄文化可能分成了两支：一支经江淮中部向淮河上游一带西归，另一支沿海北上最终辗转到达日本九州的北部。而造成江淮东部地区原始文化衰落的原因可能与此后海平面不断抬升，导致一些低洼陆地被淹没有关[154]。

④20 世纪 50 年代以青莲岗遗址命名的"青莲岗文化"在时间、空间及文化内涵等方面认识的混乱，是由于该遗址地理位置与海岱文化区毗邻，以及发掘工作规模小而且出土文化遗物少，遗存的基本面貌不清楚所致，以此来命名江淮东部的原始文化显然不合适。

　　龙虬庄遗存发掘结束后，南京博物院在高邮市召开了"龙虬庄遗址与江淮地区古文化座谈会"，与会学者就龙虬庄遗址的定性及其在江淮地区新石器时代文化中的地位等相关问题交换了意见。多数学者认为龙虬庄遗存具有自身的文化特色，可以考虑命名为一支独立的考古学文化，但同时又对发掘者的认识提出了一些不同意见。如在龙虬庄文化内涵的界定上，有学者指出，龙虬庄遗址一期和三期的资料还太少，文化面貌反映不充分，可考虑只将第二期遗存命名一个文化；有的学者虽然同意把龙虬庄一、二期遗存视为"龙虬庄文化"，但又指出在"龙虬庄三期和陆庄一类遗存时，这一地区为良渚文化所占据，成为太湖文化区的一部分"。在龙虬庄文化的分布地域方面，以目前的相关资料看来，有学者认为龙虬庄文化应是江淮之间东南部的代表性遗存，至于这一地区北部的同时期遗存究竟属于青莲岗文化、龙虬庄文化，还是另外的文化则有待新的考古发现来认定；而在龙虬庄遗存与"青莲岗文化"的关系问题上，有的学者认为江淮东部地区以龙虬庄文化取代原先命名的"青莲岗文化"比较合适，但也有学者审慎地指出，这一问题尚需通过进一步工作去论证[155]。

5. 良渚文化

　　早在1936年，施昕更和卫聚贤等人在浙江余杭县良渚镇一带就相继发现了一些以黑皮陶和磨光石器为特征的新石器时代文化遗存，20世纪50年代末，夏鼐先生正式命名这类遗存为"良渚文化"[156]。多年来，先后发掘的江苏吴县草鞋山、张陵山、澄湖，武进寺墩，昆山赵陵山，吴江龙南，浙江吴兴钱山漾，杭州水田畈，嘉兴雀幕桥，余杭反山、瑶山、莫角山、汇观山、庙前，桐乡普安桥及上海马桥，松江广富林，青浦福泉山等一系列遗址均含有良渚文化遗存。这些良渚文化的实物遗存也以陶器和磨制石器为主，同时伴出玉器也非常多，有的遗址还发现了纺织品和竹木器。玉器多见礼制化的璧、琮、钺、冠状饰以及璜、管、珠等小件装饰品。一些玉器上往往以阴线勾勒神徽、云雷纹及动物形纹饰，做工大都极精细。从玉器表面留下的加工痕迹判断，良渚时期的制玉工匠可能已经使用了砣具等加工工具。良渚文化制玉业的发展当与石器加工技术的进步密不可分。其石器皆通体精磨，器型规整，棱角清晰，较普遍地使用了管钻穿孔。主要器类有斧、锛、凿、钺等。其中，石锛既有有段锛又有无段锛，有段锛数量较多是良渚文化异于其他文化的一个重要特征。此外，另有两种异形石器亦颇富特色：一种呈穿孔三角形，有人推测为耘田器，是一种水田中耕的农具；另一种大体呈"V"字形，有人推测为犁，认为是一种破土工具。这两类石器的实际用途究竟如何尚待进一步考证。陶器以轮制为主，多见夹砂灰褐陶和泥质灰胎黑皮陶。器表多素面，有装饰花纹者则以弦纹、竹节纹、镂孔、针刻纹等较常见。针刻纹线条都很细，花纹多较复杂，在其他同期文化中是罕见的。陶器群圈足器和三足器均较发达，不少器类流行附贯耳、盲鼻、宽把等附件。典型器类有鱼鳍形足或横截面呈"T"形足的陶鼎、细长颈袋足鬶、双鼻壶、鼓腹圈足壶、竹节状圈足豆、圈足盘、带流杯等（图二九）。钱山漾遗址出土的绢、麻和丝制品表明良渚文化的纺织技术已有了很大进步。良渚文化的竹木编织技术也相当成熟，在钱山漾出土的竹编器类有篓、筐、席、簸箕等，编织纹样富有变化，显示了制作匠人的高超技艺。此外，在含有良渚文化遗存的遗址中时常还可发现一些木制品，如木桨、盆、杵等工具。

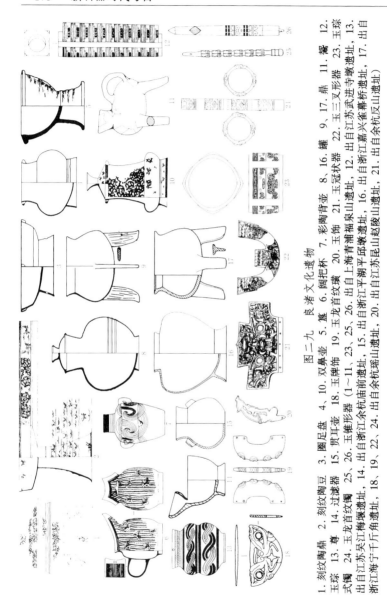

图二九　良渚文化遗物

1. 刻纹陶鼎　2. 刻纹陶豆　3. 圈足盘　4、10. 双鼻壶　5. 鬶　6. 陶首纹璜　7. 彩陶背壶　8、16. 鑺　9、17. 鼎　11. 鬶　12. 玉琮　13. 尊　14. 过滤器　15. 贯耳壶　18. 玉牌饰　19. 玉龙首器　20. 玉饰　21. 玉冠状器　22. 玉三叉形器　23. 玉琮　24. 玉龙首纹璜　25、26. 玉锥形器（1～11、23、25、26. 出自上海青浦福泉山遗址，12. 出自江苏武进寺墩遗址，13. 出自江苏吴江梅堰遗址，14. 出自浙江余杭庙前遗址，15. 出自浙江平湖平邱墩遗址，16. 出自浙江嘉兴雀幕桥遗址，17. 出自浙江海宁千斤角遗址，18、19、22、24. 出自余杭瑶山遗址，20. 出自江苏昆山赵陵山遗址，21. 出自余杭反山遗址）

　　良渚文化的居址多位于近河、湖汊的平地上，墓地则大都选择在离居址不远的土墩和矮山丘上。现已发现的居址较少，比较清楚一些的是江苏吴江的龙南遗址，其居住生活区被一条小河分割为南北两部分，沿河设有木构埠头。河南岸的三组十一座房屋呈凹字形排列。房屋建筑既有单间也有双间的，平面形状以长方形居多，少数呈圆形。河北岸的居住区还发现了一座由三排木桩支撑的干栏式建筑[157]，这种干栏式木构建筑实际早在 20 世纪 50 年代发掘的钱山漾遗址就曾发现过[158]。在余杭庙前遗址的发掘中，则发现了两座大跨度的屋顶和重檐加回廊的房屋，为了防止墙柱下沉，在柱洞底部往往都铺有垫板[159]。桐乡普安桥遗址的地面式房屋则是建在人工堆筑的台基上，有的方形房屋还以短墙分割成不相连通的两间[160]。总之，从现有资料看，良渚文化的房屋建筑大都因聚落所处具体环境不同而采用不同的建筑形式。长江下游地区的史前聚落历经长期发展变化，及至良渚文化时期，与其他同期文化一样，聚落群也都产生了聚落中心和一般性聚落的差别。现有资料表明，良渚文化的中心区当在浙江余杭西部的良渚、安溪、长命、北湖四个乡、镇境内，在约五六十平方公里的范围共有大小 50 余处遗址层层环绕着莫角山遗址，分布异常密集。莫角山遗址面积约 30 万平方米，考古工作者在那里经勘探已发现总面积不少于 3 万平方米的数片夯土建筑基址，其中心部位夯层厚约 50 厘米，在这一带还分布着三排柱洞，有的洞径竟达 50 厘米左右。由此看来，这类建筑的规格当非同一般。莫角山周围的遗址除了反山[161]和瑶山[162]一类大型墓葬的墓地和祭坛外，余者大都是小型聚落和小型墓葬的墓地。对于这种聚落群内部结构及其社会形态的判断，有的认为莫角山遗址是良渚文化的台城[163]，甚至已具备了"都城"的性质[164]，或推断王权在良渚文化中可能已初步确立[165]。有的认为良渚文化除了莫角山这样的大型聚落中心外，还有像赵陵山、寺墩一类具有"都邑聚"金字塔形等级社会结构的区域中心[166]。也有学者认为良渚文化并未形成一尊统治的局面，而是被不同地方权贵集团统管的方国政体[167]。

关于良渚文化的文化分期有三期六段[168]或三期七段说[169]、四期[170]或四期五段说[171]、五期说[172]及六期[173]或六期十段说[174]等多种不同意见。比较各家意见可发现，研究者在文化遗存相对年代的先后次序上并没有什么差别，出现分歧的原因主要在他们对各种文化因素发生阶段性变化速率的把握上不能完全一致，而且他们所依据的文化现象也各有侧重。我们以为视良渚文化经历了以赵陵山为代表的早期、以反山和瑶山墓地为代表的中期以及以草鞋山和寺墩为代表的晚期三个发展阶段的观点是适宜的[175]。目前，在良渚文化的绝对年代问题上，大家比较普遍地认为马家浜、崧泽与良渚遗存是一脉相承的，对将良渚文化的上限年代定在公元前3300年左右并无异议，但在该文化的下限年代上却存有不同认识：有些学者依据碳十四数据认为应定在公元前2000年左右[176]，但也有学者认为碳十四测年结果难免会受多种外界因素的干扰，其作用并不是唯一的和绝对的[177]。从一些良渚文化因素在苏北新沂花厅墓地和山东地区往往与大汶口文化中晚期遗存共存，而龙山文化阶段却绝不见有良渚文化因素的现象来看，界定良渚文化晚期虽有可能延续到龙山文化初期，但其下限至迟绝无可能越过公元前2500年或2400年，应该说这个年代临界点与实际情况是基本相符合的。

随着反山、瑶山等随葬精美玉器的大墓、祭坛以及莫角山高规格建筑的发现，良渚文化存在着各自独立的大墓墓地和小墓墓地已是不争的事实，小型墓葬的墓地往往散布在大型墓葬的墓地附近，两者的分界一般都十分清楚，这种布局情况与良渚聚落群分布的向心式结构相类似，隐喻了社会集团高层进行区域控制的模式。同大汶口文化和本地区马家浜文化崧泽期的大型氏族墓地相比较，良渚文化墓地的规模多较小，说明此时的社会结构已经发生了重大转变，有学者指出这样的墓地规模显然是同家族墓地相适应的[178]。在对大型墓葬的研究上，有学者指出不同墓主之间已经出现了军事首领和神职人员的分别[179]；或将大墓墓地的变化同良渚文化中期出现的某种"统一王权"联系起来，提出这种权力形态很可能是以族联合的方式来实现的[180]。有的甚至认为良渚文化时期氏族制度已快要走到了尽头，正处在人类文明社会的门槛上[181]或已进入了文明社会。但也有学者坚持认为文明时代的标志应该是城市、文字、金属器和礼仪性建筑，以此来衡量良渚文化尚不能确证它已经进入了文明时代[182]。

（六）辽河流域诸文化

1. 赵宝沟遗存

20世纪80年代初期，中国社会科学院考古研究所在内蒙古敖汉旗的赵宝沟遗址采集到了一些加饰压印几何形纹的夹砂陶片。苏秉琦先生在研究了这些陶片后，把分布在以教来河流域为中心的这一类遗存称为"赵宝沟类型"，并推断它是同富河文化、红山文化平行发展的另一种考古学文化[183]。中国社会科学院考古研究所随后对敖汉旗小山遗址和赵宝沟一号遗址进行了发掘，发掘者在其发掘简报中首次提出了"赵宝沟文化"的命名[184]。此后，考古工作者为探索这类遗存的分布情况和文化性质等问题，在辽西和内蒙古东部地区又陆续发掘了翁牛特旗的小善德沟、林西县水泉、克什克腾旗上店、奈曼旗大沁他拉等遗址，初步认识到这类遗存大体分布在西拉木伦河和教来河之间的奈曼旗与林西等地区。赵宝沟一类遗存的聚落多选定在溪流附近的低矮山坡上面，房屋布局延续了兴隆洼文化时期的传统。以揭露面积较大、伴出遗物最丰富的赵宝沟聚落为例，地表面即可见80多个"灰土圈"依山坡的自然坡度上下排列成七排，大体都呈东北—西南走向。发掘后知道，这些灰土圈实即半地穴的长方形房屋，室内居住面有平地状和两级阶梯状两类。伴出陶器多呈黄褐和灰褐色，以夹砂陶为主，器表盛行压印几何形纹和"之"字形纹，弦纹次之，蓖点纹、指甲窝纹和动物形纹等占少量。"之"字纹多横压竖排，竖压横排的极少。主要器类有斜直壁或腹壁略斜弧的筒形罐、平底和凹底或矮圈足钵，其他还有鼓腹罐、椭圆底扁腹罐、尊形器、盂等，陶器群造型多平底器。石质工具有大型石器和细石器两类，前者多为磨制，少数系打制或琢制，其中以亚腰形耜和梯形斧最具特色（图三〇）。有学者在对这些石器作分类研究的基础上，认定此类遗存的经济形态主要是耜耕农业，狩猎和采集则为其经济生活的重要补充成分[185]。

目前，考古学界在讨论赵宝沟一类遗存的分布范围、变化过程与地方类型的区分等问题上，归结起来说大致有以下两种不同意见：①认为这类遗存分布的南界已越过了燕山南麓，代表性意见是《敖汉赵宝沟》发掘报告依照几何形纹饰的结构、

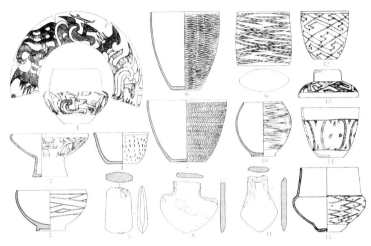

图三〇　赵宝沟遗存器物

1、15.尊形器　2.高足盘　3、4.钵　5.石斧　6、7、12.筒形罐　8.石锄
9.椭圆底罐　10.敛口鼓腹罐　11.石耜　13.器盖　14.盂（1、2.出自内蒙
古敖汉旗南台地遗址，3～11.出自敖汉旗赵宝沟遗址，12～15.出自敖汉旗小
山遗址）

典型陶器的共存关系及尊形器变化的轨迹等特点，把它划分成
分别以河北迁西西寨遗址的第三层和第四层、赵宝沟F105、
赵宝沟F6和小山F1为代表的四期；同这一见解相似者则认
为可将其分为三期四段，其中，早期仅见于燕山区，并认定其
当源于"上宅文化"，中期的分布范围扩展到了西辽河南部，
晚期才逐渐延伸到西拉木伦河北岸[186]；有的学者认为几何形
纹饰成为单独的主体花纹以及圈足钵的大量出现可作为赵宝沟
一类遗存有别于兴隆洼文化的标志，并把"赵宝沟文化"划分
成赵宝沟、小山、小善德沟和西寨四个类型[187]。②另外一些

学者则反对将滦河流域及燕山南麓的安新庄一类遗存归入赵宝沟文化[188]，他们认为安新庄遗存可区分成甲、乙两类，两者分别是"北来的赵宝沟、小山、红山等文化与当地土著文化及冀南下潘汪、后岗下层等遗存相互结合的产物"，代表了冀东地区"同一文化的不同发展阶段"，有的还认为赵宝沟文化只存在着赵宝沟和水泉这样南北两个类型[189]；与之相似的观点更把安新庄、后台子、西寨等滦河流域上游地区的同类遗存称为"西寨文化"，认为这是和燕北地区赵宝沟文化、燕南地区的上宅文化鼎足而立的另一支考古学文化[190]。

至于赵宝沟遗存与红山文化的关系问题，目前也存在着两种对立的意见：或以为它们是在同一地域、同一时间段内并存和平行发展的两种遗存[191]；或认为前者的年代早于后者，只是由于尚有缺环，因而暂时还不能认定红山文化是赵宝沟一类遗存的后继者[192]。此外，有学者还认为赵宝沟文化的消亡与红山文化的繁荣扩张以及小河沿文化的崛起密切相关[193]。

2. 红山文化

红山文化得名于内蒙古赤峰市英金河畔的红山后遗址。由现已公布的调查和发掘资料来看，这一文化的分布地域，北面当大体在乌尔吉木伦河一线，南到渤海沿岸和华北平原北部，东界则没有越过下辽河，遗址尤以老哈河中上游到大凌河中上游之间最为密集。其碳十四年代一般约在公元前 4000～3000 年之间。它的陶器群有夹砂灰褐陶和泥质红陶两类。夹砂陶器类单一，大都是筒形罐，口大底小，腹壁多明显弧曲为其基本形态，另外还有少量斜口罐。器表纹饰也以横压竖排的之字形纹最多，少见竖压横排的之字纹，其他还有附加堆纹、弦纹和刻划纹，往往多同之字纹配套使用。泥质红陶主要器类有盆、钵、瓮等，器表装饰有刻划直线和斜线纹、锥刺列点纹，另有一些则是彩陶，多以黑彩或红彩绘的直线、斜线、弧线和弧三角等构成几何形纹样。陶器群总的特点是器类较单调，多平底器，少圈足器，不见三足器。石质工具中，打制石器、磨制石器和细石器共存。这个时期，细石器仍然占有较大比重，主要器类有箭头、刮削器以及作为复合工具的长条形石片等。箭头的基本形态或为等边三角形或作等腰三角形，底边或平或凹，颇有特点。打制石器也占有一定比例，器类有斧、砍砸器和刮削器等。磨制石器的类别有斧、锛、凿、穿孔石刀和有肩石耜等，后者的基本形态与赵宝沟一类遗存的同类器接近（图三一）。此外，在含有红山文化的遗址中，往往还伴出一些玉器，如玉龙、玉兔和鸟蝉一类雕刻品的造型与做工多很精美，充分反映了这一文化的玉器制作已经达到了相当高的水平。

红山文化的村落多在河流二级阶地或黄土塬等地势较高的地方，但海拔高度比兴隆洼文化时期略有降低[194]。村内所见房屋都是长方形或方形的半地穴式。近年来的调查资料为整体考察红山文化聚落群的结构提供了新线索，在敖汉旗境内，以河流为纽带成群分组分布的红山聚落有百余个，每群聚落数量不等，大小有别。20世纪80年代时，考古工作者在辽宁喀左、建平、凌源三县交界处调查发掘面世的"坛、庙、冢"是红山文化遗存中最重要的发现。喀左东山嘴遗址出土的石砌建筑基址有圆形和方形的两类，前者直径约2.5米，附近的地面上还散落着一些陶塑裸体人像残件，后者边长约10米，附近则散布着不少与祭祀有关的彩陶筒形器残块[195]。牛河梁遗址群除第二地点发现了以石块护坡的长方形建筑基址和不少有关女人的裸体塑像残件外，其他地点多是由数个积石冢组成的积

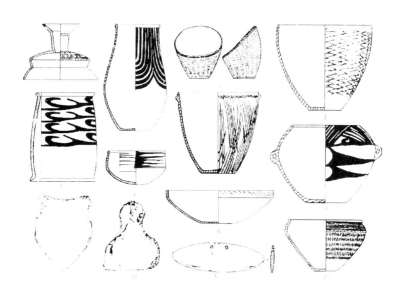

图三一　红山文化遗物

1.器盖　2.彩陶深腹罐　3.斜口罐　4、7.彩陶筒形罐　5.筒形器　6、8.
折腹钵　9.彩陶敛口罐　10.石耜　11.有肩石锄　12.桂叶形石刀　13.折肩
罐（1、13.出自辽宁牛河梁遗址，2.出自内蒙古赤峰蜘蛛山遗址，3、4、7.
出自赤峰西水泉遗址，5.出自辽宁凌源城子山遗址，6.出自内蒙古敖汉旗西
台遗址，8.出自敖汉旗三道湾遗址，9.出自敖汉旗五道湾遗址，10.出自辽宁
建平五十家子遗址，11、12.出自赤峰海金山遗址）

石冢群，石冢大都呈方形，少数为圆形，大、中、小型积石冢
在规模、随葬玉器的数量上差异显著，昭示死者的身份地位具
有明显的等级差别。学者多将东山嘴一类建筑遗迹定性为具有
宗教意义的祭坛[196]，或据裸体妇女塑像残块推断东山嘴遗址
是该文化的居民祭祀生育神和地母神的场所[197]。对于红山文

化明显呈等级分布的积石冢群,有学者认为这一文化的社会应有别于原始社会的氏族部落,有可能存在某种宗教性的政治组织[198],或认为史前礼制的形成是文明起源的重要标志,"唯玉为葬"是"礼"的初意,而"坛、庙、冢"等大型宗教礼仪性建筑的出现,无疑表明了文明社会的形成[199]。苏秉琦先生将上述祭祀遗迹与燕山南北地区在中国文明起源过程中的特殊地位联系起来,提出了"古文化古城古国"的研究思路[200]。另一种意见则以金属和文字的发明及城市的产生作为文明出现与否的"三要素",断定红山文化尚未进入文明时代[201]。

3. 富河文化

20 世纪 60 年代初,中国科学院考古研究所对内蒙古昭乌达盟(今赤峰市)北部的富河沟门、金龟山和南杨家营三处遗址进行了发掘[202]。在富河沟门遗址发现了一处由若干排房址组成的史前村落,当年已清理出来的 30 多座半地穴式房址均依山而建,背山一侧的坑壁保存多较高,面向山下一侧的坑壁则低矮。这些房子平面形状多数呈方形,少数为圆形,面积多在 20~36 平方米之间,方形烧灶位于房屋中央,有的灶址周围还用石板围堵起来以防燃火外溢。伴出陶器以疏松的黄褐色夹砂陶为主,夹砂灰褐陶较少,器类大多数是筒形罐,其他还有少量斜口罐和厚胎浅腹钵,器表装饰以"之"字形的篦点纹为主,其他还有少量附加堆纹和刻划纹。在出土的 2000 多件石器中,以打制石器和细石器两大类为主,磨制石器很少。细石器所占比重较大,器类主要有箭头和长石片石器。箭头多呈平底长条形,与红山文化的平底或凹底等边三角形、等腰三角形箭头有显著差异。石片石器形体也多是细长形,不少个体的长度都超过了 10 厘米。大型打制石器的器类主要是斧或砍砸

器及有肩锄[203]（图三二）。由于该遗址出土遗存的文化面貌
与红山文化具有明显差别，研究者遂名之为"富河文化"。这
样一来，自红山文化确立之后，在长期被笼统地称为北方细石
器文化中，又清楚地区分出了两个年代接近、地域毗邻的考古
学文化，为建立我国东北地区新石器时代文化的区系框架奠定
了良好基础。富河文化主要分布在乌尔吉木伦河流域和西拉木
伦河上游地区，正如苏秉琦先生指出的那样："红山文化与富
河文化的交错地带在老哈河和西拉木伦河一带。这两种文化在
这一带有早晚之分，但从分布上来说，红山文化向西南延伸，
富河文化则向东北方向延伸。"[204]

　　迄今，学界针对富河文化讨论比较多的问题是关于它的年
代，有学者根据南杨家营遗址这类遗存的堆积覆盖红山文化房
址的层位关系，认为在乌尔吉木伦河流域红山文化是早于富河
文化的[205]。但另一些学者却对富河文化遗存中含有一些年代
明显较早因素的现象持不同见解，他们更倾向于将富河文化看

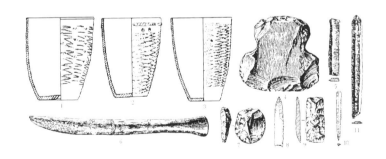

图三二　富河文化遗物

1~3.筒形罐　4.石锄　5、10、11.细石叶　6.骨刀柄　7.砍砸器　8.石镞
9.石锛形器（均出自内蒙古巴林左旗富河遗址）

作是西辽河流域与红山文化有较多的共同特点、发展水平相近且分布相邻的新石器文化的两个分支[206]。20 世纪 80 年代末期，由于白音长汗遗址的发掘，人们发现该遗址的文化遗物代表了兴隆洼文化一种新的地方类型，其部分特点为富河文化所继承。有的研究者遂据此提出有必要对富河文化的年代作重新认识，认为不论富河文化是否属于兴隆洼文化系统抑或它与赵宝沟一类遗存之间如何相互影响，其年代都不会太晚，至少不应该晚于红山文化早期[207]。有学者甚至主张把本地区年代较早的金龟山一期遗存[208]或林西沙窝子细石器遗存[209]作为探索富河文化来源的重要资料。笔者以为，这一问题的最终解决还有赖于本地区早期新石器时代考古资料的进一步丰富。此外，对富河文化的探讨还涉及其经济形态问题。关于该文化经济结构方面的歧见，主要是源于对其部分石器（如有肩石锄、磨盘、磨棒等）的功用和出土兽骨反映的狩猎活动在整个经济生活中所占比重的不同认识。有人认为富河文化除了有定居的农业之外，渔猎在经济生活中占有重要地位[210]，但也有人坚持认为其经济类型以农业为主[211]，或断定采集和渔猎才是该文化的居民经济生活主要内容[212]。

4. 小河沿文化

小河沿一类遗存的发现最早可追溯到瑞典人安特生 1921 年在辽西地区对锦西沙锅屯遗址的发掘，当时出土的文化遗物中就有绳纹灰陶钵、菱形回字纹的筒形罐等陶器。20 世纪 30 年代时，日本东亚考古学会滨田耕作等人在赤峰四道井子等地点采集的遗物中也含有同类陶器。但人们当时把这些遗存不加区分地都归入仰韶文化或红山文化的范畴。到 60 年代初，在内蒙古敖汉旗的石羊石虎山遗址发现了一座新石器时代墓葬，随葬器物包括筒形罐、人字纹罐、双口连体壶、彩陶盂及一组石环,人们认识到这些遗物的器形、彩陶纹饰不同于红山文化,在时间上可能稍晚[213]。及至 70 年代初,辽宁省博物馆对敖汉旗小河沿的南台地遗址进行发掘时,发现了含有回字纹筒形罐、彩陶豆、器座和黑陶彩绘陶片等遗物的地层被夏家店下层房址打破的层位关系。发掘者指出这是一种介于红山文化和夏家店下层文化之间的新文化类型,建议定名为小河沿文化[214]。小河沿文化的分布范围一般认为与红山文化大致相当,分布的中心区在西拉木伦河和老哈河流域,但遗址数量已显著减少。到了 90 年代,在河北省阳原的姜家梁遗址发现了小河沿文化的一处墓地[215],使人们对该文化的分布范围又有了新的认识。小河沿文化的生产工具和加工工具以磨制石器和细石器为主,但细石器的数量比红山文化和富河文化均已明显减少。磨制石器器类主要是斧、铲、锛、凿,细石器中以细石叶镶嵌成的骨柄刀较具特色。陶器以夹砂褐陶为主,泥质红陶其次,器表装饰有细绳纹、刻划纹和附加堆纹,还有少量黑彩的几何形和动物形纹彩陶。陶器群造型多平底器,少圈足器,主要器类有筒形罐、盆、钵、豆、盂与尊形器(图三三)。该文化的墓地一般多见于向阳的山坡上,墓葬亦实行分区埋葬,形制有竖穴土坑和土洞墓两种,盛行单人仰身屈肢葬,同时也有少量男女合葬墓。土洞墓并非本地区较早阶段遗留下来的文化传统,它在小河沿文化时期突然流行起来,或有可能受到黄土高原西部史前文化的影响。辽宁省文物考古研究所于 1977 年在翁牛特旗石棚山墓地的发掘工作中,发现这一墓地分为三个不同的墓区,有研究者推论这样的空间布局可能反映了该墓地代表的社会群体是三个母系家族,而墓地中的成年男女异向

图三三　小河沿文化陶器

1、4.彩陶钵　2.双口联体壶　3.陶钵　5.筒形罐　6.壶　7.彩陶罐　8.彩陶豆　9.彩陶盂　10.陶鸮壶（2、3.出自内蒙古敖汉旗石羊石虎山遗址，5.出自辽宁锦西沙锅屯遗址，余皆出自内蒙古赤峰大南沟遗址）

合葬墓则表明原始的对偶婚制度已开始发生变革[216]。近年出版的大南沟遗址发掘报告详细刊发了石棚山墓地每座墓葬的具体材料，并从随葬陶器的类型学分析入手，首先确认各墓的时间和下葬顺序，然后对整个墓地反映的社会组织结构进行了研究[217]，这样的研究方法对今后同类资料的处理具有极好的借鉴意义。

　　在文化关系问题上，研究者重点讨论的是小河沿文化与大汶口文化、红山文化的关系。对于前者，一般认为两者间在部分石器、陶器、彩陶纹饰和埋葬习俗等方面有一些相似之处。至于小河沿文化与红山文化的关系，比较普遍的看法是小河沿文化承继红山文化而来，但二者是文化面貌不同的两支考古学文化。同时，也有学者强调整个辽河流域新石器时代文化的整体性，认为小河沿遗存缺少主要文化因素的完整发展序列，可以作为红山文化的延续阶段而纳入红山文化体系中，并称之为"后红山文化"[218]。这种意见在某种程度上可以视为对苏秉琦先生早年提出的"红山诸文化"[219]观点的强烈支持。

5. 小珠山中层遗存

早在20世纪二三十年代时，日本人在辽东半岛及近海岛屿就曾做过一些调查和发掘工作，但是他们当时对辽东地区史前文化的体系并没有形成比较正确的认识。新中国成立之后，有人将这里的新石器时代文化因素区分为当地固有的文化和来自山东的龙山文化两大类[220]，但人们在认识上真正取得突破却是始于70年代以后在这一带进行的几次考古发掘工作。1978年，辽宁省博物馆等单位对长海县的几处新石器时代遗址进行了发掘，其中在广鹿岛的小珠山遗址还发现了三个时期的新石器时代遗存自上而下依次叠压的层位关系。发掘者在比较了不同遗址各文化层文化面貌间的共性与差异之后，将它们分别命名为小珠山上层文化、中层文化和下层文化[221]，由此初步建立起了辽东地区新石器文化发展演进的序列。由于大连郭家村遗址的下层也伴出有与小珠山中层文化面貌相同的遗存，所以有学者也把小珠山中层文化叫郭家村下层遗存[222]。

小珠山中层一类遗存主要分布在辽东半岛南端的大连和丹东地区，再往北面可延伸到哪里现在还不清楚。这类遗存的陶器以夹蚌壳粉和夹滑石粉的红褐陶为主，灰褐陶其次，另有少数泥质红陶，全都是手制。多数陶器都有纹饰，常见的花纹是刻划纹和压印纹。压印纹中有一些也是之字形纹。这里的之字

纹多数是竖压横排，纹痕两端较宽且略深，中间则窄而浅。还
有少量彩陶，以黑彩绘的直线、斜线和弧三角构成的波浪形纹
为主。泥质陶多施有红色或橘红色陶衣。陶器群器类仍然比较
单调，以筒形罐为大宗，其他还有鼎、实足鬶、觚形杯及盂等
（图三四）。各遗址出土石质工具的总量均不太多，石器制作不
很发达，以磨制石器为主，打制石器占少量，罕见细石器。打
制石器主要有箭头、网坠和铲，磨制石器器类较多，除斧、
锛、凿、网坠、砺石、磨盘和磨棒之外，还有形态各异的箭
头。从石质工具的类别看来，这类遗存的居民经济生活当以旱
作农业为主，而在遗址的堆积中往往又含有大量海产品如蛤
蜊、牡蛎和螺等的介壳，石质和骨质工具中有比较多的箭头、
鱼镖、鱼钩、网坠等，可见渔猎和采集经济在他们的日常生活

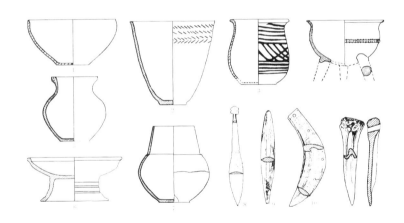

图三四　小珠山中层文化遗物

1.钵　2.筒形罐　3.盂　4.鼎　5、7.壶　6.豆　8.骨器　9.骨镞　10.牙刀
11.骨锥（1、3、6、8、11.出自辽宁大连郭家村遗址，余皆出自辽宁长海小珠山
遗址）

中也应占有相当重要的地位。

依据郭家村遗址的地层关系以及小珠山中层与吴家村同期遗存面貌上的差异看来，小珠山中层一类遗存应该还能够进一步分期。有学者曾将其分成早、中、晚三期，并认为中期的陶器群中鼎、瓠形杯等器类的出现和晚期时素面陶的增加、錾手作风的流行均标志着来自渤海南岸大汶口文化中、晚期的影响力在不断增强[223]。尽管有这些外来的文化因素，研究者还是从一开始就注意到了小珠山中层一类遗存所反映的更多的却是本地区自身的文化特征，因此，不能将它们归为大汶口文化[224]。从更大地理范围去观察辽东半岛南部沿海一带的新石器文化，有学者主张把辽河流域与辽东地区的新石器文化连成一体，并提出了"以辽河流域为中心"的概念[225]。但也有相反的意见，如有的学者从半岛南部一带筒形罐的型式分析入手，得出了辽东—丹东地区与辽西诸遗存的关系比较疏远的结论[226]。

由上面的叙述中可以清楚地看出，"以辽河流域为中心"的新石器时代考古随着敖汉旗兴隆洼、赵宝沟等聚落的大面积揭露以及东山嘴、牛河梁等具有浓厚原始礼制色彩的坛、庙、冢的相继发现，这一带的新石器时代文化已经基本上建立起了一个完整的文化体系。20 世纪 80 年代中期之后，本地区史前文化探索中带有全局性的研究明显增多[227]，而且开始以环渤海考古为课题，强调从更大的范围去认识东北亚地区的文化区系[228]。而进行区系研究的手段也由原来的单纯分析文化遗物共存关系和典型器类形态变化拓展到梳理典型纹饰（如"之"字纹）的演化过程[229]，这为研究东北地区新石器时代诸考古学文化无疑又给出了一个新视角和新思路。从另一方面来说，辽河流域新石器时代考古的一些重大发现还带动了诸如我国古代文明的产生与发展、国家的起源以及北方农牧交错带的环境考古研究等重要学术课题的展开。本地区新石器时代考古研究工作虽然还有这样或那样一些不足之处，但随着 20 世纪七八十年代开启的良好研究势头继续向纵深发展，相信它并不能妨碍重建该地区史前史目标的实现。

注　释

［1］严文明《略论仰韶文化的起源和发展阶段》，《仰韶文化研究》，文物出版社 1989 年版。

［2］中国社会科学院考古研究所《新中国的考古发现和研究》，文物出版社 1984 年版。

［3］戴向明《黄河流域新石器时代文化格局之演变》，《考古学报》1998 年第 4 期。

［4］中国科学院考古研究所山西工作队《山西芮城东庄村和西王村遗址的发掘》，《考古学报》1973 年第 1 期。

［5］梁思永《后岗发掘小记》，《梁思永考古论文集》，科学出版社 1959 年版。

［6］中国科学院考古研究所安阳发掘队《1958～1959 年殷墟发掘简报》，《考古》1961 年版第 2 期。

［7］张光直《仰韶文化的巫觋资料》，《中国考古学论文集》，三联书店 1999 年版。

［8］戴向明《黄河流域新石器时代文化格局之演变》，《考古学报》1998 年第 4 期。

［9］张忠培等《后岗一期文化研究》，《考古学报》1992 年第 3 期。

［10］河南省文物考古研究所等《河南灵宝铸鼎塬及其周围考古调查报告》，《华夏考古》1999 年第 3 期；中国社会科学院考古研究所河南一队等《河南灵宝市北阳平遗址调查》，《考古》1999 年第 12 期。

［11］苏秉琦主编《中国通史》第二卷，上海人民出版社 1994 年版。

［12］严文明《仰韶房屋和聚落形态研究》，《仰韶文化研究》，文物出版社 1989 年版；苏秉琦主编《中国通史》第二卷，上海人民出版社 1994 年版。

［13］张玉石《西山仰韶城址及相关问题研究》，《中国考古学的跨世纪反思》，商

务印书馆（香港）1999 版；国家文物局考古领队培训班《郑州西山仰韶时代城址的发掘》，《文物》1999 年第 7 期。

［14］安特生《甘肃考古记》，《地质专报》甲种第五号，1925 年。

［15］裴文中《甘肃史前考古报告》、《中国西北甘肃走廊和青海地区的考古调查》，两文均见《裴文中史前考古学论文集》，文物出版社 1987 年版。

［16］夏鼐《临洮寺洼山发掘记》，《中国考古学报》第四册，1949 年；夏鼐《齐家期墓葬的发现及其年代之改定》，《中国考古学报》第三册，1948 年。

［17］谢端琚《马家窑文化诸类型及其相关的问题》，《考古与文物》1985 年第 1 期。

［18］李水城《半山与马厂彩陶研究》，北京大学出版社 1998 年版。

［19］甘肃省文物管理委员会《兰州新石器时代的文化遗存》，《考古学报》1957 年第 1 期；甘肃省博物馆《甘肃古文化遗存》，《考古学报》1960 年第 2 期。

［20］中国社会科学院考古研究所《中国考古学中碳十四年代数据集（1965—1991)》，文物出版社 1991 年版。

［21］钟华南《大汶口—龙山文化黑陶高柄杯的模拟试验》，苏秉琦主编《考古学文化论集（2)》文物出版社 1989 年版。

［22］严文明《大汶口文化居民的拔牙风俗和族属问题》，《大汶口文化讨论文集》，齐鲁书社 1979 年版。

［23］如邹县野店墓地，在同属大汶口文化晚期的 30 余座墓葬中，M51 和 M62 为代表的大型墓位居遗址中部，西北距其余小型墓葬之墓区直线距离约 300 米。而相当于中期阶段的 9 座大、中型墓葬又皆集中在另一墓区，附近却未见与之同时的小型墓葬。参见山东省博物馆等《邹县野店》，文物出版社 1985 年版。

［24］N. C. Nelson, *archaeological reconnaissance in Yantze Gorges*, NCCCA, New York, 1932.

［25］四川省博物馆《四川省长江三峡水库考古调查简报》，《考古》1959 年第 8 期。

［26］长江流域文物保护委员会文物考古队《四川巫山大溪新石器时代遗址发掘纪略》，《文物》1961 年第 11 期。

［27］林向《大溪文化与巫山大溪遗址》，《中国考古学会第二次年会论文集》，文物出版社 1980 年版。

［28］湖南省博物馆《湖南华容县时家岗发现新石器时代遗址》，《考古》1961 年第 11 期。

[29] 何介钧《洞庭湖区新石器时代文化》,《考古学报》1986 年第 4 期。

[30] 湖南省博物馆《澧县梦溪新石器时代遗址试掘简报》,《文物》1972 年第 2 期;《澧县梦溪三元宫新石器时代遗址》,《考古学报》1979 年第 4 期。

[31] 湖南省博物馆《湖南安乡汤家岗新石器时代遗址》,《考古》1982 年第 4 期。

[32] 湖南省岳阳地区文物工作队《华容车轱山新石器时代遗址第一次发掘简报》,《湖南考古辑刊》第 3 辑,1986 年。

[33] 湖南省博物馆《安乡划城岗新石器时代遗址》,《考古学报》1983 年第 4 期。

[34] 何介钧《洞庭湖区新石器时代文化》,《考古学报》1986 年第 4 期。

[35] 张之恒《试论大溪文化》,《江汉考古》1982 年第 1 期。

[36] 何介钧《长江中游原始文化初论》,《湖南考古辑刊》第 1 辑,岳麓书社 1982 年版。

[37] 李文杰《大溪文化的类型与分期》,《考古学报》1986 年第 2 期。

[38] 向绪成《对长江三峡地区大溪文化早期遗存的一点认识》,《江汉考古》1990 年第 3 期。

[39] 张绪球《汉江东部地区新石器时代文化初探》,《考古与文物》1987 年第 4 期。

[40] 王杰《试论湖南大溪文化》,《考古》1990 年第 3 期。

[41] 孟华平《论大溪文化》,《考古学报》1992 年第 4 期。

[42] 何介钧《洞庭湖区新石器时代早期文化探索》,《湖南考古辑刊》第 5 辑,《求索》杂志社,1989 年。

[43] 林向《大溪文化与巫山大溪遗址》,《中国考古学会第二次年会论文集》,文物出版社 1980 年版。

[44] 裴安平《湘北洞庭湖地区新石器文化序列的再研究》,《中国考古学的跨世纪反思》,商务印书馆 1999 年版。

[45] 孟华平《论大溪文化》,《考古学报》1992 年 4 期;孟华平《长江中游史前文化结构》,长江文艺出版社 1997 年版。

[46] 张绪球《汉江东部地区新石器时代文化初探》,《考古与文物》1987 年第 4 期。

[47] 同[46]。

[48] 沈强华《油子岭一期遗存试析》,《考古》1998 年第 9 期。

[49] 孟华平《长江中游史前文化结构》,长江文艺出版社 1997 年版。

[50] 林邦存《屈家岭文化与大溪文化关系的新证据——屈家岭遗址第三次发掘的认识》,《中国文物报》1993 年 10 月 17 日;《屈家岭遗址与屈家岭文化的分

期》,《中国文物报》1994 年 1 月 9 日;《快轮制陶术的发现与江汉地区文明的曙光》,《中国文物报》1994 年 5 月 22 日。

[51] 同［45］。

[52] 王杰《试论大溪文化的发展和社会形态》,《华夏考古》1990 年第 4 期。

[53] 张弛《长江中、下游地区新石器时代聚落的变迁》,北京大学考古学博士论文,1996 年。

[54] 张绪球《长江中游新石器时代文化概论》,湖北科学技术出版社 1992 年版。

[55] 李敏生等《湖北枝江关庙山新石器时代遗址陶片的初步研究》,《中国原始文化论集——纪念尹达八十诞辰》,文物出版社 1989 年版。

[56] 李文杰《大溪文化的制陶工艺》,《中国古代制陶工艺研究》,科学出版社 1996 年版。

[57] 郭凡《略论大溪文化陶纹的图案设计与艺术技法》,《江汉考古》1990 年第 3 期。

[58] 周凤琴《从红花套遗址的发掘探讨该区新构造运动特征及古地理环境》,《葛洲坝工程文物考古成果汇编》,武汉大学出版社 1990 年版。

[59] 顾海滨《洞庭湖地区第四纪古环境演变及其对人类活动影响的初探》,《环境考古研究》第一辑,科学出版社 1991 年版;王红星《长江中游地区新石器时代遗址分布规律、文化中心的转移与环境变迁的关系》,《江汉考古》1998 年第 1 期;袁纯富等《试论江汉地区原始文化的地理诸问题》,《考古》1987 年第 9 期;吴小平等《洞庭湖区新石器时代遗址的分布与古环境变迁的关系》,《东南文化》1998 年第 1 期。

[60] 中国科学院考古研究所《京山屈家岭》,文物出版社 1956 年版。

[61] 湖北省文物管理委员会《湖北京山朱家嘴新石器时代遗址第一次发掘》,《考古》1964 年第 5 期。

[62] 何介钧《试论大溪文化》,《中国考古学会第二次年会论文集》,文物出版社 1982 年版。

[63] 祁国钧《试论屈家岭文化的类型及相关问题》,《江汉考古》1986 年第 4 期。

[64] 沈强华《试论屈家岭文化的地域类型》,《考古与文物》1986 年第 2 期。

[65] 同［49］。

[66] 林邦存《关于屈家岭文化区、系、类型问题的分析》,《江汉考古》1997 年第 2 期。

[67] 问绪成《屈家岭遗址下层及同类遗存文化性质讨论》,《考古》1985 年第 7 期。

［68］何介钧《洞庭湖区新石器时代文化》，《考古学报》1986年第4期。

［69］何介钧《关于大溪文化关庙山类型的分期问题》，《江汉考古》1987年第2期。

［70］沈强华《鄂西地区大溪文化的去向和屈家岭文化的来源》，《江汉考古》1994年第4期。

［71］张绪球《屈家岭文化晚期遗存的分期问题》，《湖北省考古学会论文选集》（二），1991年。

［72］张绪球《屈家岭古城的初步发现和研究》，《考古》1994年第7期。

［73］孟华平《试论长江中游古城的兴起》，《青果集》，知识出版社1998年版。

［74］张绪球《长江中游新石器时代文化概论》，湖北科学技术出版社1992年版；吴汝祚《划城岗遗址中一期墓地剖析》，《江汉考古》1987年第1期；周光林《屈家岭文化墓葬浅析》，《江汉考古》1992年第3期。

［75］刘德银《论江汉地区新石器时代出土的陶纺轮》，《湖北省考古学会论文选集》（二），江汉考古编辑部，1991年；张绪球《长江中游新石器时代文化概论》，湖北科学技术出版社1992年版。

［76］张绪球《长江中游新石器时代文化概论》，湖北科学技术出版社1992年版。

［77］俞伟超《先楚与三苗文化的考古学推测》，《文物》1980年第10期。

［78］李龙章《江汉新石器时代文化系统族属考》，《江汉考古》1988年第2期。

［79］张绪球《长江中游新石器时代文化概论》，湖北科学技术出版社1992年版。

［80］李文杰《试论大溪文化与屈家岭文化、仰韶文化的关系》，《考古》1979年第2期。

［81］王劲《江汉地区新石器时代综述》，《江汉考古》1980年第1期；王劲《屈家岭文化与大溪文化关系中问题讨论》，《江汉考古》1985年第3期；张之恒《试论大溪文化》，《江汉考古》1982年第1期。

［82］王劲《屈家岭文化与大溪文化关系中问题讨论》，《江汉考古》1985年第3期。

［83］何介钧《试论大溪文化》，《中国考古学会第二次年会论文集》，文物出版社1982年版。

［84］屈家岭考古队《屈家岭遗址第三次发掘》，《考古学报》1992年第1期。

［85］林邦存《屈家岭文化与大溪文化关系的新证据——屈家岭遗址第三次发掘的认识》，《中国文物报》1993年10月17日；《屈家岭遗址与屈家岭文化的分期》，《中国文物报》1994年1月9日；《快轮制陶术的发现与江汉地区文明的曙光》，《中国文物报》1994年5月22日；《略论屈家岭文化与大溪文

的关系——兼论传说时代三苗集团的形成原因》,《南中国及邻近地区古文化研究——庆祝郑德坤教授从事学术活动六十周年论文集》,香港中文大学出版社 1994 年版;《论屈家岭文化形成的年代和主要成因》,《江汉考古》1996年第 2 期。

[86] 朱乃诚《屈家岭下层遗存的文化性质和屈家岭文化的来源》,《考古》1993年第 8 期。

[87] 沈强华《鄂西地区大溪文化的去向和屈家岭文化的来源》,《江汉考古》1994年第 4 期。

[88] 李龙章《对大溪文化的两个问题的看法》,《武汉大学学报》(社会科学版)1986 年第 6 期。

[89] 同 [80]。

[90] 向绪成《试论长江中游与黄河中游原始文化的关系》,《考古与文物》1988年第 1 期。

[91] 樊力《论屈家岭文化青龙泉二期类型》,《考古》1998 年第 11 期。

[92] 河南省博物馆《河南禹县谷水河遗址发掘简报》,《考古》1979 年第 4 期。

[93] 北京大学考古实习队《洛阳王湾遗址发掘简报》,《考古》1961 年第 4 期。

[94] 郑州市博物馆《郑州大河村遗址发掘报告》,《考古学报》1979 年第 3 期。

[95] 王震中《从仰韶文化与大溪文化的交流看黄帝与嫘祖的传说》,《江汉考古》1995 年第 1 期。

[96] 浙江省文物管理委员会《浙江嘉兴马家浜新石器时代遗址的发掘》,《考古》1961 年第 7 期。

[97] 尹焕章、张正祥《对江苏太湖地区新石器时代文化的一些认识》,《考古》1962 年第 3 期。

[98] 吴山菁《略论青莲岗文化》,《文物》1973 年第 6 期。

[99] 夏鼐《碳 – 14 测定年代和中国史前考古学》,《考古》1977 年第 4 期。

[100] 张之恒《关于我国东部沿海地区新石器时代文化系统的区分》;牟永抗等《马家浜文化与良渚文化——太湖流域原始文化分期问题》;吴汝祚《太湖地区的原始文化》,三文均见《长江下游新石器时代文化学术讨论会论文集》,《文物集刊》(1),文物出版社 1980 年版。

[101] 邹厚本等《江苏草鞋山马家浜文化水田的发现》,《稻作陶器和都市的起源》,文物出版社 2000 年版。

[102] 同 [96]。

[103] 姚仲源《二论马家浜文化》,《中国考古学会第二次年会论文集》,文物出

社 1982 年版。

[104] 牟永抗等《马家浜文化与良渚文化——太湖流域原始文化分期问题》,《文物集刊》(1),文物出版社 1980 年版。

[105] 陈晶《马家浜文化两个类型的分析》,《中国考古学会第三次年会论文集》,文物出版社 1984 年版。

[106] 王仁湘《崧泽文化初论——兼论长江三角洲地区新石器文化相关问题》,《考古学集刊》(4),中国社会科学出版社 1984 年版。

[107] 苏秉琦《在中国考古学会第三次年会闭幕式上的讲话》,《苏秉琦考古学论述选集》,文物出版社 1984 年版。

[108] 方向明《马家浜—良渚文化若干问题的探讨》,《纪念浙江省文物考古研究所建所二十周年论文集》,西泠印社 1999 年版。

[109] 浙江省文物管理委员会等《河姆渡遗址第一次发掘报告》,《考古学报》1978 年第 1 期。

[110] 牟永抗等《马家浜文化与良渚文化——太湖流域原始文化分期问题》;吴汝祚《太湖地区的原始文化》,两文见《文物集刊》(1),文物出版社 1980 年版。

[111] 罗家角考古队《桐乡县罗家角遗址发掘报告》,《浙江省文物考古所学刊》,文物出版社 1981 年版。

[112] 上海市文物管理委员会《上海市青浦县崧泽遗址的试掘》,《考古学报》1962 年第 2 期;《崧泽——新石器时代遗址发掘报告》,文物出版社 1987 年版。

[113] 梅福根《江苏吴兴邱城遗址发掘简介》,《考古》1959 年第 9 期。

[114] 南京博物院《江苏吴县草鞋山遗址》,《文物资料丛刊》(3),文物出版社 1980 年版。

[115] 夏鼐《碳－14 测定年代和中国史前考古学》,《考古》1977 年第 4 期;牟永抗等《马家浜文化与良渚文化——太湖流域原始文化分期问题》,《文物集刊》(1),文物出版社 1980 年版。

[116] 南京博物院《长江下游新石器时代文化若干问题的探析》《文物集刊》(1),文物出版社 1980 年版。

[117] 牟永抗等《马家浜文化与良渚文化——太湖流域原始文化分期问题》,《文物集刊》(1),文物出版社 1980 年版。

[118] 吴汝祚《太湖地区的原始文化》,《文物集刊》(1),文物出版社 1980 年版。

[119] 汪遵国《太湖地区原始文化的分析》,《中国考古学会第一次年会论文集》,

文物出版社 1979 年版；黄宣佩等《关于崧泽墓地文化的几点认识》，《文物集刊》(1)，文物出版社 1980 年版；黄宣佩《略论崧泽文化的分期》，《中国考古学会第三次年会论文集》，文物出版社 1984 年版；王仁湘《崧泽文化初论——兼论长江三角洲地区新石器文化相关问题》，《考古学集刊》(4)，中国社会科学出版社 1984 年版。

[120] 黄宣佩等《青浦县崧泽遗址第二次发掘》，《考古学报》1980 年第 1 期；上海市文物管理委员会《崧泽——新石器时代遗址发掘报告》，文物出版社 1987 年版。

[121] 王仁湘《崧泽文化初论——兼论长江三角洲地区新石器文化相关问题》，《考古学集刊》(4)，中国社会科学出版社 1984 年版。

[122] 邹厚本主编《江苏考古五十年》，南京出版社，2000 年。

[123] 方向明《马家浜—良渚文化若干问题的探讨》，《纪念浙江省文物考古研究所建所二十周年论文集》，西泠印社，1999 年。

[124] 同 [118]、[123]。

[125] 同 [121]。

[126] 蒋乐平《良渚文化与宁绍地区的史前考古学》，《良渚文化研究——纪念良渚文化发现六十周年国际学术讨论会文集》，科学出版社 1999 年版。

[127] 南京博物院《南京市北阴阳营的第一、二次发掘》，《考古学报》1958 年第 1 期；《北阴阳营——新石器时代及商周时期遗址发掘报告》，文物出版社 1993 年版。

[128] 江苏省文物工作队太岗寺工作组《南京西善桥太岗寺遗址的发掘》，《考古》1962 年第 3 期；纪仲庆《宁镇地区新石器时代文化与相邻地区诸文化的关系》，《中国考古学会第三次年会论文集》，文物出版社 1984 年版。

[129] 吴山菁《略论青莲岗文化》，《文物》1973 年第 6 期。

[130] 夏鼐《碳－14 测定年代和中国史前考古学》，《考古》1977 年第 4 期。

[131] 安志敏《略论三十年来我国的新石器时代考古》，《文物》1979 年第 5 期；蒋赞初《关于秦淮河流域古文化的一些问题》，《中国考古学会第一次年会论文集》，文物出版社 1979 年版。

[132] 纪仲庆《宁镇地区新石器时代文化与相邻地区诸文化的关系》，《中国考古学会第三次年会论文集》，文物出版社 1984 年版。

[133] 安志敏《略论三十年来我国的新石器时代考古》，《文物》1979 年第 5 期；纪仲庆《宁镇地区新石器时代文化与相邻地区诸文化的关系》，《中国考古学会第三次年会论文集》，文物出版社 1984 年版。

[134] 苏秉琦《略论我国东南沿海地区的新石器时代考古》,《文物》1978 年第 3 期。

[135] 苏秉琦、殷玮璋《关于考古学文化区系类型问题》,《文物》1981 年第 5 期。

[136] 不同的提法如"宁皖地区新石器文化系统"包括了由宁镇沿江向西到鄂皖交界一带的新石器时代文化(谷建祥《对宁镇皖南地区古代文化的初步认识》,《江苏省考古学会第四、五次年会论文选》);而"宁铜区原始文化系统"的范围则大体指东抵今苏南茅山至皖南天目山,西至长江,南到黄山、九华山之间的地区(杨立新《皖南原始文化刍议》,《文物研究》总第七辑,黄山书社 1991 年版)。

[137] 高蒙河《苏皖平原地区新石器时代遗存的研究》,《文物研究》总第七期,黄山书社 1991 年版。

[138] 谷建祥《对宁镇皖南地区古代文化的初步认识》,《江苏省考古学会第四、五次年会论文选》。

[139] 邹厚本主编《江苏考古五十年》,南京出版社 2000 年版。

[140] 安徽省文物工作队《潜山薛家岗新石器时代遗址》,《考古学报》1982 年第 3 期。

[141] 纪仲庆《宁镇地区新石器时代文化与相邻地区诸文化的关系》,《中国考古学会第三次年会论文集》,文物出版社 1984 年版;杨德标《谈薛家岗文化》,《中国考古学会第三次年会论文集》,文物出版社 1984 年版;杨立新《薛家岗文化浅析》,《文物研究》总第六期,黄山书社 1990 年版。

[142] 安徽省文物考古研究所《安徽潜山县天宁寨新石器时代遗址》,《考古》1987 年第 11 期。

[143] 中国社会科学院考古研究所湖北工作队《湖北黄梅陆墩新石器时代墓葬》,《考古》1991 年第 6 期。

[144] 江西省文物工作队等《江西靖安郑家坳新石器时代墓葬清理简报》,《东南文化》1989 年第 4~5 期;《靖安郑家坳墓地第二次发掘》,《考古与文物》1994 年 2 期。

[145] 李家和等《樊城堆文化初论》,《考古与文物》1989 年第 2 期;《再论樊城堆--石峡文化》,《东南文化》1989 年第 3 期;《江西薛家岗类型文化遗存的发现与研究》,《东南文化》1989 年第 3 期。

[146] 任武楠等《黄梅县塞墩新石器时代遗址》,《中国考古学年鉴》(1989 年),文物出版社 1990 年版。

［147］同［144］。

［148］湖北省京九铁路考古队等《武穴鼓山——新石器时代墓地发掘报告》，科学出版社 2001 年版。

［149］湖北省文物考古研究所 1996 年发掘资料。

［150］彭汉东《武穴市挂玉山新石器时代遗址》《中国考古学年鉴》（1990 年），文物出版社 1991 年版。

［151］安徽省文物考古研究所《宿松黄鳝嘴新石器时代遗址》，《考古学报》1987 年第 4 期；杨立新《安徽江淮地区原始文化初探》，《文物研究》总第四期，黄山书社 1988 年版；高蒙河《苏皖平原地区新石器时代遗存的研究》，《文物研究》总第七期，黄山书社 1991 年版。

［152］严文明《安徽新石器文化发展谱系的初步观察》，《文物研究》总第五辑，黄山书社 1989 年版。

［153］龙虬庄考古队《龙虬庄——江淮东部新石器时代遗址发掘报告》，科学出版社 1999 年版。

［154］张敏等《江淮东部地区古文化的初步认识》，《中国考古学会第九次年会论文集》，文物出版社 1997 年版。

［155］黄景略、张忠培等《淮河下游新石器时代的绚丽画卷》，《东南文化》1999 年第 3 期。

［156］夏鼐《长江流域考古问题——1959 年 12 月 26 日在长江文物考古队队长会议上的发言》，《考古》1960 年第 2 期。

［157］苏州博物馆等《江苏吴江龙南新石器时代村落遗址第一、二次发掘简报》，《文物》1990 年第 7 期。

［158］浙江省文物管理委员会《吴兴钱山漾遗址第一、二次发掘报告》，《考古学报》1960 年第 2 期。

［159］浙江省文物考古研究所《余杭良渚庙前遗址发掘的主要收获》，《浙江省文物考古研究所学刊》，科学出版社 1993 年版。

［160］北京大学考古学系等《浙江桐乡普安桥遗址发掘简报》，《文物》1998 年第 4 期。

［161］浙江省文物考古研究所反山考古队《浙江余杭反山良渚墓地发掘简报》，《文物》1988 年第 1 期。

［162］浙江省文物考古研究所《余杭瑶山良渚文化祭坛遗址发掘简报》，《考古》1988 年第 1 期。

［163］严文明《良渚随笔》，《文物》1996 年第 5 期。

[164] 同 [163]；刘斌《良渚文化聚落研究的线索与问题》，《良渚文化研究——纪念良渚文化发现六十周年国际学术讨论会文集》，科学出版社 1999 年版。

[165] 朔知《良渚文化的初步分析》，《考古学报》2000 年第 4 期；张之恒《良渚文化聚落群研究》，《东方文明之光——良渚文化发现 60 周年纪念文集》，海南国际新闻出版中心 1996 年版。

[166] 张学海《论莫角山古国》，《良渚文化研究——纪念良渚文化发现六十周年国际学术讨论会文集》，科学出版社 1999 年版。

[167] 张忠培《良渚文化的年代和其所处社会阶段》，《文物》1995 年第 5 期。

[168] 林华东《良渚文化研究》，浙江教育出版社 1998 年版。

[169] 朔知《良渚文化的初步分析》，《考古学报》2000 年第 4 期。

[170] 杨晶《论良渚文化分期》，《东南文化》1991 年第 6 期。

[171] 栾丰实《良渚文化分期与年代》，《中原文物》1992 年第 3 期；《良渚文化的分期与分区》，《东方文明之光——良渚文化发现 60 周年纪念文集》，海南国际新闻出版中心 1996 年版。

[172] 黄宣佩《论良渚文化的分期》，《上海博物馆建馆四十周年特辑》，上海古籍出版社 1992 年版。

[173] 中村慎一《中国新石器时代の玉琮》，《东京大学考古学研究室研究纪要》(8)，1989 年。

[174] 芮国耀《良渚文化时空论》，《文明的曙光》，浙江人民出版社 1996 年版。

[175] 秦岭《良渚文化的研究现状及相关问题》，《考古学研究》(4)，科学出版社 2000 年版；张弛《良渚文化大墓试析》，《考古学研究》(3)，科学出版社 1997 年版。

[176] 林华东《良渚文化研究》，浙江教育出版社 1998 年版；朔知《良渚文化的初步分析》，《考古学报》2000 年第 4 期。

[177] 秦岭《良渚文化的研究现状及相关问题》，《考古学研究》(4)，科学出版社 2000 年版。

[178] 安志敏《关于良渚文化的若干问题》，《考古》1988 年第 3 期。

[179] 同 [167]。

[180] 张弛《良渚文化大墓试析》，《考古学研究》(3)，科学出版社 1997 年版。

[181] 南京博物院《太湖地区的原始文化》，《文物集刊》(1)，文物出版社，1980 年版；孙维昌《福泉山良渚文化墓地试论》，《东方文明之光——良渚文化发现 60 周年纪念文集》，海南国际新闻出版中心 1996 年版。

[182] 安志敏《良渚文化及其文明诸因素的剖析》，《良渚文化研究——纪念良渚

文化发现六十周年国际学术讨论会文集》，科学出版社 1999 年版。

[183] 苏秉琦《燕山南北、长城地带考古工作的新进展》，《内蒙古文物考古》第 4 期。

[184] 中国社会科学院考古研究所内蒙古工作队《内蒙古敖汉旗小山遗址》，《考古》1987 年第 6 期；中国社会科学院考古研究所《敖汉赵宝沟——新石器时代聚落》，中国大百科全书出版社 1997 年版。

[185] 刘晋祥、董新林《浅论赵宝沟文化的农业经济》，《考古》1996 年第 2 期。

[186] 孙祖初《东北新石器时代考古学文化的谱系研究》，1995 年北京大学考古学系博士论文。

[187] 董新林《赵宝沟文化研究》，《考古求知集》，中国社会科学出版社 1997 年版。

[188] 索秀芬等《试论赵宝沟文化》，《内蒙古文物考古》1996 年第 1、2 期；中国社会科学院考古研究所内蒙古工作队《内蒙古敖汉旗赵宝沟一号遗址发掘简报》，《考古》1988 年第 1 期；《内蒙古敖汉旗小山遗址》，《考古》1987 年第 6 期。

[189] 文启明《安新庄遗址再认识》，《考古》1998 年第 8 期。

[190] 刘国祥《论滦平后台子下层文化遗存及相关问题》，《考古求知录》，中国社会科学出版社 1997 年版。

[191] 刘晋祥《赵宝沟文化初论》，《庆祝苏秉琦考古五十五年论文集》，文物出版社 1989 年版。

[192] 同 [186]。

[193] 同 [187]。

[194] 夏正楷等《内蒙西拉木伦河流域考古学文化演变的地貌背景分析》，《地理学报》第 55 卷 3 期，2000 年。

[195] 郭大顺等《辽宁喀左东山嘴红山文化建筑遗址发掘简报》，《文物》1984 年第 11 期。

[196] 严文明、张忠培等《座谈东山嘴遗址》，《文物》1984 年第 11 期。

[197] 俞伟超《座谈东山嘴遗址》，《文物》1984 年第 11 期。

[198] 严文明《近年聚落考古的进展》，《考古与文物》1997 年第 2 期。

[199] 郭大顺《红山文化的"唯玉为葬"与辽河文明起源特征再认识》，《文物》1997 年第 8 期。

[200] 苏秉琦《燕山南北地区考古——1983 年 7 月在辽宁朝阳召开的燕山南北长城地带考古座谈会上的讲话（摘要)》，《文物》1983 年第 12 期；《辽西古

文化古城古国——兼谈当前田野考古工作的重点和大课题》,《文物》1986 年第 8 期。

[201] 安志敏《试论文明的起源》,《考古》1987 年第 5 期;陈星灿《文明诸因素的起源与文明时代——兼论红山文化还没有进入文明时代》,《考古》1987 年第 5 期。

[202] 徐光冀《乌尔吉木伦河流域的三种史前文化》,《内蒙古文物考古文集》,中国大百科全书出版社 1994 年版;中国科学院考古研究所内蒙古队《内蒙古巴林左旗富河沟门遗址发掘简报》,《考古》1964 年第 1 期。

[203] 中国科学院考古研究所内蒙古队《内蒙古巴林左旗富河沟门遗址发掘简报》,《考古》1964 年第 1 期。

[204] 苏秉琦《关于考古学文化的区系类型问题》,《苏秉琦考古学论述选集》,文物出版社 1984 年版。

[205] 刘观民等《辽河流域新石器时代的考古发现与认识》,《中国考古学会第一次年会论文集》,文物出版社 1980 年版;徐光冀《乌尔吉木伦河流域的三种史前文化》,《内蒙古文物考古文集》,中国大百科全书出版社 1994 年版。

[206] 郭大顺等《以辽河流域为中心的新石器文化》,《考古学报》1985 年第 4 期。

[207] 朱延平《辽西区新石器时代考古学文化纵横》,《内蒙古东部区考古学文化研究文集》,海洋出版社 1991 年版;王素清《内蒙古东部地区含之字纹诸考古学文化综述》,《内蒙古文物考古文集》(二),中国大百科全书出版社 1997 年版。

[208] 中国社会科学院考古研究所《新中国的考古发现和研究》,文物出版社 1984 年版。

[209] 郭大顺等《以辽河流域为中心的新石器文化》,《考古学报》1985 年第 4 期。

[210] 刘观民等《辽河流域新石器时代的考古发现与研究》,《中国考古学会第一次年会论文集》,文物出版社 1979 年版;徐光冀:《富河文化的发掘与研究》,《新中国的考古发现和研究》,文物出版社 1984 年版。

[211] 曾骐《中国新石器时代文化的特点和发展序列》,《考古与文物》1983 年第 1 期。

[212] 栾丰实《试论富河文化的社会经济形态》,《史前研究》1987 年第 4 期。

[213] 内蒙古自治区昭乌达盟文物工作站《内蒙古昭乌达盟石羊石虎山新石器时代墓葬》,《考古》1963 年第 10 期。

[214] 辽宁省博物馆等《辽宁敖汉旗小河沿三种原始文化的发现》,《文物》1977
　　　年第 12 期。

[215] 河北省文物研究所《河北阳原县姜家梁新石器时代遗址的发掘》,《考古》
　　　2001 年第 2 期。

[216] 李恭笃等《试论小河沿文化》,《中国考古学会第二次年会论文集》,文物出
　　　版社 1982 年版;郭大顺《大南沟的一种后红山文化类型》,《考古学文化论
　　　集》(二),文物出版社 1989 年版。

[217] 辽宁省文物考古研究所等《大南沟——后红山文化墓地发掘报告》,科学出
　　　版社 1998 年版。

[218] 郭大顺《大南沟的一种后红山文化类型》,《考古学文化论集》(二),文物
　　　出版社 1989 年版。

[219] 苏秉琦《燕山南北·长城地带考古工作的新进展》,《内蒙古文物考古》(4),
　　　1986 年 7 月。

[220] 旅顺博物馆《旅大市长海县新石器时代贝丘遗址调查》,《考古》1962 年第
　　　7 期。

[221] 辽宁省博物馆等《长海县广鹿岛大长山岛贝丘遗址》,《考古学报》1981 年
　　　第 1 期。

[222] 郭大顺等《以辽河流域为中心的新石器文化》,《考古学报》1985 年第 4
　　　期。

[223] 孙祖初《东北新石器时代考古学文化的谱系研究》,1995 年北京大学考古
　　　学系博士论文。

[224] 辽宁省博物馆等《长海县广鹿岛大长山岛贝丘遗址》,《考古学报》1981 年
　　　第 1 期。

[225] 郭大顺等《以辽河流域为中心的新石器文化》,《考古学报》1985 年第 4
　　　期。

[226] 赵辉《辽东地区小珠山下层、中层文化的再检讨》,《考古与文物》1995 年
　　　第 5 期。

[227] 郭大顺等《以辽河流域为中心的新石器文化》,《考古学报》1985 年第 4
　　　期;大贯静夫《东北亚洲中的中国东北地区原始文化》,《庆祝苏秉琦考古
　　　五十五年论文集》,文物出版社 1989 年版;孙祖初《东北新石器时代考古
　　　学文化的谱系研究》,1995 年北京大学考古学系博士论文;孙守道等《辽
　　　宁环渤海地区的考古发现与研究》,《考古学文化论集》(4),文物出版社
　　　1997 年版;郭大顺《论东北文化区及其前沿》,《文物》1999 年第 8 期。

［228］苏秉琦《环渤海考古与青州考古》，《考古》1989 年第 1 期。

［229］孙祖初《东北新石器时代考古学文化的谱系研究》，1995 年北京大学考古
　　　　学系博士论文；宫本一夫《辽东新石器时代陶器编年的再检讨》，《东北亚
　　　　考古学研究——中日合作研究报告书》，文物出版社 1997 年版；大贯静夫
　　　　《远东史前陶器》，《考古学文化论集》（4），文物出版社 1997 年版。

四 铜石并用时代诸文化

（一）龙山文化

20世纪20年代末至30年代初，中央研究院历史语言研究所考古组在对山东章丘龙山镇城子崖遗址进行考古调查和首度发掘时，获得了一批以磨光石器和磨光黑陶为主要特征的实物遗存[1]。此后，梁思永先生将这类遗存称为"龙山文化"[2]。考古工作者经过多年的努力，现在不仅弄清楚了这一文化分布的中心区域主要是在今山东省境内，它的南界大致在淮河以北的苏北和皖北一带，与前述之大汶口文化存在着大面积的重合，其外延或曰影响区的北界大抵在辽东半岛南部的大连地区一线。碳十四实测的几十个年代数据表明，它的年代范围约在公元前2500～2000年之间，同时还明确了它是直接因袭大汶口文化发展而来的。这两个文化的承续关系不但已为多处遗址的地层关系所反复证实，其中日照东海峪遗址龙山文化早期与大汶口文化晚期遗存依次叠压打破的"三叠层"更为我们探讨后者究竟如何过渡到前者提供了极为重要的地层学依据和切入点[3]，而且作为这一演进过程的某些标志性陶器，如大汶口文化晚期末段的薄胎黑陶镂孔高柄杯、凿形足鼎、细颈鬶等分别变为龙山文化初期的蛋壳陶杯、中间起鼻脊的凿形足鼎和颈略粗且颈位由原在腹部前上方开始略向腹中部后移的鬶。这些也都可说明龙山文化初期与大汶口文化晚期遗存之间的承袭与衔接关系是紧密的。

龙山文化的基本特点概括说来主要有以下几个方面：①此时的居民已开始使用了铜器。这一时期的不少遗址都发现了铜器、铜块或与冶铜有关的炼渣，如胶县三里河遗址先后出土了两枚铜锥；长岛县店子遗址龙山文化一灰坑里出土了一块铜片；诸城呈子遗址的龙山遗存中也发现了铜的残片；栖霞杨家圈和日照尧王城两遗址都曾有不少铜渣与龙山遗存伴出。这些铜经金相分析鉴定均属铜锌合金的黄铜，含锌量皆高达 20％以上。由于铜、锌两种元素的熔点不一致，冶炼时温度极难控制，人们确信当时的居民不可能已经掌握了冶炼黄铜的技术，所以普遍认为这些黄铜极有可能是利用天然的铜、锌共生矿在不太高的技术条件下反复锻打出来的。基于黄铜的质地比较软，硬度不够高，得到它的机率又很小，因此，这个时期的铜器仍然替代不了石器，各种石质工具依然是当时的居民大量使用的主要工具。龙山文化的石器大都经精心磨制而成，制作方法比大汶口文化时期又有了显著进步，切割法和管钻穿孔法被广泛采用，器形扁薄方正，棱角清晰，刃口锋利。主要器类有铲、斧、锛、凿、长方形双孔石刀、镰和箭头。在大汶口文化时期，石箭头极罕见，常见的是骨箭头。到了龙山文化时期，石箭头不仅数量大增，而且种类也空前多了起来。随着这种现象的出现，若再把箭头单纯解释为狩猎工具显然是不够的。作为一种远射武器，各种形态的石箭头数量猛增很可能同部落战争的频发有密切关系。②陶器以轮制为主。大汶口文化晚期出现的快轮拉坯成型的制陶术在此时又有了发展。这时的陶器器壁厚薄均匀，器形圆整，黑陶和灰陶数量最多，白陶和橙黄陶

占有一定比例，陶色大都较纯净。器表以素面为主，且多打磨
光亮，有纹饰的陶器中，常见弦纹、镂孔、压划纹和篮纹，但
数量都不太多，所以陶器群给人的观感是多比较规整素雅，三
足器、圈足器和平底器都很发达，器类复杂多样，常见带有
嘴、流、耳、鼻、把等附件，器口部多作子母口状，表明很多
器类都是带盖的。主要器类有鸟首形和 V 字形足的盆形鼎和
罐形鼎、袋足鬶、甗、豆、蛋壳陶杯、单把杯、盆、环足盘、
罐、瓮等（图三五）。其中的蛋壳陶杯器表细腻光滑，胎壁薄
而均匀，最薄处仅 0.3～0.5 毫米。模拟实验表明，制作蛋壳
陶的过程中不但在快轮陶车上安装了便于旋削的刀架和刀具，

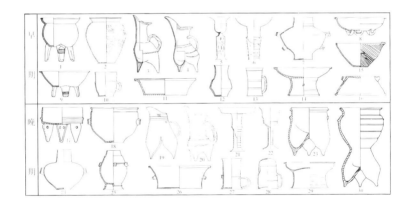

图三五　龙山文化陶器

1.罐形鼎　2.罐　3、4、19、20.鬶　5、6、21、22.高柄杯　7、24.甗　8.环
足盘　9、17.盆形鼎　10、13、27、28.杯　11、18、26.盆　12、25.瓶　14、
29.豆　15.匜　16.器盖　23.鬲　30.甑（1、3、4、9.出自山东诸城呈子遗
址，6、10、11、13、14、20、26、29.出自山东胶县三里河遗址，8、16.出自山
东兖州西吴寺遗址，12、15.出自山东临沂大范庄遗址，其余皆出自山东泗水尹
家城遗址）

而且在投窑烧制时还使用了匣钵一类固定和维护器具[4]。就总体而言，分别以城子崖和两城镇遗址为代表的鲁西、鲁东两个地区之间，陶器上反映出来的差异比较明显，例如，鲁西地区的陶器以灰陶和灰褐陶所占比重较大，黑陶比例比鲁东区少得多，其器表装饰另有比较多的绳纹和方格纹，器类除上述之外，还有鬲和甗等。③龙山文化的墓地依然存在着分片埋葬的现象。墓葬仍流行长方形的竖穴土坑，大都是单人的仰卧伸直葬。墓葬间反映出来的贫富分化及墓主社会地位的差别显著，多数墓葬墓坑小，结构简单，大都仅有很少几件一般性的陶器和石器，甚至无任何随葬品。少数大墓如临朐西朱封的三座大型墓葬不但墓坑面积达 20 平方米以上，都有二层台结构，葬具有棺有椁，还有放随葬品的边箱，而且随葬品种类和数量都相当多，既有比较多的陶器，其中仅蛋壳陶杯即达五六件，又有精美的玉质礼器和装饰品。这些现象表明大墓墓主的身份地位很不一般。④龙山文化的房屋建筑迄今发现还不多，从现有的零星资料来看，这个时期的房屋平面形状虽以方形和长方形的为主，但似有向多样化发展的趋势。例如，兖州西吴寺和泗水尹家城两遗址除有半地穴的房址外，后者还有几座平地起建的房子，地面建筑既有单间的也有双间的。室内烧灶凡可辨形状者皆呈圆形；尹家城和杨家圈遗址地面起建的房址都是先挖墙基槽，栽埋木柱，然后填土砸实再堆筑屋墙，前者遗留下来的大小柱洞分布密集，显然是一种木骨泥墙；东海峪遗址因地处海边，地势低洼，这里从大汶口文化晚期到龙山文化早期的房址都是先堆筑黄土台基，再修建房屋；日照尧王城遗址龙山时期的一座地面建筑，屋墙使用土坯垒砌，室内地面修筑光平坚实，中部设一个方形的地面灶。从这些实例观察，鲁西和鲁东两个地区的房屋建筑虽有不少相似之处，但差别也还比较明显。⑤龙山文化的城址已先后发现了寿光边线王、章丘城子崖、邹平丁公、临淄田旺等多处。这些城址大小不同，小者仅几万平方米、大者达二三十万平方米。城址的大小既与其在聚落群内的等级有关，也与它所属社群的实力有关。修建城垣的方法同建房先挖墙基槽相似，也是先挖沟后筑城墙。寿光边线王遗址是一座小城址，曾发现有两圈城墙的基槽。外城圈长宽都在 200 米左右，有的地段基槽突然中断，似为城门之所在。城子崖龙山城的城垣被认为是在基槽上面使用木棍或集束木棍一类夯具层层夯筑起来的。对这类城址，研究者认为它们与其周边的聚落群已具备了"酋邦"或"方国"的性质。⑥龙山文化的居民已学会了开凿水井。现已发现的水井或作口大底小的圆筒形或呈方口小底的深筒状。人们掌握了打井技术，便可以远离河、湖等天然水源，为聚居地的选择开辟了广阔天地。

　　至于龙山文化的分区和分期，由于研究者对该文化不同地区、不同时期遗存的特征把握不一致，他们所划分的地区类型和期别也不都一样：有的将其分成前后两期，在此基础上再分为早期的杨家圈、两城、西吴寺和晚期的尹家城、城子崖共五个类型[5]；有的划分方案虽与此相近，但把胶莱平原的遗存又细分成北面的姚官庄和南面的尧王城两个类型，并视像东的造律台一类遗存为龙山文化的另一类型[6]，或将鲁西南的青堌堆一类遗存与王油坊、造律台等遗存一并命名为龙山文化的"王油坊类型"[7]；还有的主张把这一文化分成两城、城子崖、西吴寺、杨家圈、青堌堆五个类型[8]；有的甚至把这一文化的整个过程分成前后五期共十八个类型[9]；苏秉琦先生主编的《中国通史》第二卷则主张分成两城、杨家圈、城子崖和尹家城四个类型。还有的把辽东半岛的同期遗存视为龙山文化的"郭家村类型"[10]。在分期问题上，除上述的两期说、五期说外，还有学者主张分为早、中、晚三期[11]。

（二）铜石并用时代的中原地区

铜石并用时代的中原地区泛指黄河中下游，这一带地域广袤，有不少与龙山文化年代大体相当的考古学文化都分布于此，这些文化在面貌上具有一定的相似性，如流行"白灰面"建筑，灰陶在陶系中占优，器表盛行绳纹、篮纹、方格纹等装饰，这与以黑陶为主的龙山文化形成了显著差异。这些文化多上承仰韶文化发展而来，同时，在其形成和发展过程中又大都同庙底沟二期遗存关系密切[12]。另一方面，这些分布在不同区域的考古学文化的面貌又不完全相同，各有自己的某些特点。由于铜石并用时代的各种文化遗存以海岱地区的龙山文化最先被发现，所以，铜石并用时代有时也被称为"龙山时代"[13]。现将龙山时代中原地区的诸文化及其研究状况分述如下。

1. 王湾三期文化

1959 年，北京大学考古实习队对河南省洛阳王湾遗址进行了发掘，并将出土的新石器时代遗存分成了三期[14]，其第三期以轮制的泥质和夹砂灰陶为主，器类有高领瓮、单耳杯、斝等，与该遗址一、二两期（分别属于仰韶文化的庙底沟期和由仰韶文化向龙山时代过渡时期）遗存的特点明显不同。后来，有学者便称之为"河南龙山文化"的"王湾类型"[15]。但当时也有研究者认为，王湾三期一类遗存分布几乎遍及河南全省，似可直接称为"河南龙山文化"，或认为安阳后岗遗址的第二期遗存可作为该文化的典型代表，不妨将"河南龙山文化"易名为"后岗二期文化"。同时，提出这一文化命名者显然已经意识到了王湾三期一类遗存的特殊性，所以又把它划归"后岗二期文化"的"煤山类型"[16]。20 世纪 70 年代末期之后，随着考古资料积累日愈丰富，人们渐渐认识到河南省境内的铜石并用时代遗存文化面貌并不一致，用"河南龙山文化"或"后岗二期文化"这样的称谓已经远远不能概括其基本特征，于是，以王湾三期和后岗二期为代表的两类遗存便首先被分离出来，成为两个独立的考古学文化[17]。嗣后，有学者又将豫中、豫西和豫东、豫北等地区的"龙山文化"进一步加以区分，指出以现代行政区划来甄别和命名考古学文化的做法并不可取[18]；或在探讨王湾三期、后岗二期以及造律台一类遗存的文化关系时，首先使用了"王湾三期文化"的名称，但同时又认为究竟将这三者作为统一的考古学文化中的三个地方类型还是视为三个独立的亲属文化尚难确定[19]。此后，"王湾三期文化"一名便被一些学者所认同[20]。

王湾三期文化主要分布在以洛阳为中心的伊河、洛河下游和颍河、汝河的上游地区，代表性遗址有郑州大河村、洛阳王湾、临汝煤山、登封王城岗、禹县瓦店等处。它的陶器群以轮制为主，模制和手制陶的数量较少，多呈灰色，仅有少量褐陶和黑陶。器表装饰以拍印的篮纹、方格纹、绳纹为主，三者之间的比例与造律台一类遗存接近，皆以篮纹、方格纹数量最多，绳纹较少。陶器的胎壁厚薄较均匀，器类多见斝、侈口罐、双腹盆、高领瓮，其他还有罐形甑、筒形单耳杯、澄滤器、罐形鼎和豆等（图三六）。其石器亦皆磨制，主要有斧、

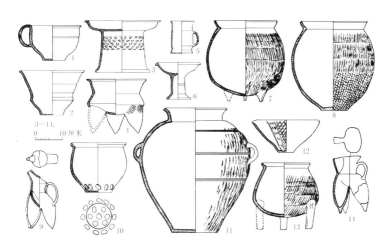

图三六　王湾三期文化陶器

1.单耳杯　2.双腹盆　3.圈足盘　4.斝　5.筒形杯　6.豆　7、13.鼎　8.
罐　9.盉　10.甑　11.双耳罐　12.澄滤器　14.鬶（1、2.河南孟津小潘沟
出土，3、5、6.河南郑州旭旮王出土，4、9~11.河南洛阳矬李出土，余均为
河南临汝煤山出土，据《新中国的考古发现和研究》）

铲、刀、锛、凿和箭头等器类。王湾和大河村两遗址出土属于
此时的墓葬均为长方形的竖穴土坑，无任何随葬品。另外，在
大河村遗址这一时期的灰坑中还发现有三个坑内埋葬着零乱的
人骨架。在王湾三期文化的晚期阶段，还发现了一些随葬玉器
的瓮棺葬，这有可能是该文化对那些社会地位较高的人所采用
的一种埋葬方式。灰嘴等遗址出土这一文化的房址有方形的半
地穴式和地面式建筑两种，室内地面或经火烘烤或抹白灰面。
据碳十四测定的十几个年代数据看来，这一文化的绝对年代约
在公元前 2500~1900 年之间。

关于王湾三期文化的分期问题目前主要有三期说[21]和两期说[22]两种意见。在王湾三期文化的分布范围内，不同地域的文化面貌除共性居主导地位外，仍然存有这样或那样一些差异。对此，有学者于 80 年代末就提出了将其区分成豫西的汝（汝河）洛（洛河）型和豫中的郑州型，并指出郑州型之所以与汝洛型差异较明显，同豫中地区地理位置偏东，那里的文化接受来自后岗二期文化和造律台文化的影响较多有直接关系[23]。他的这种划分方案显然在着力突出王湾三期文化东西方向上的不同。进入 90 年代，研究者又开始强调该文化南北方向上的差异，如有学者提出以嵩山为界，可以把王湾三期文化分为王湾类型和王城岗类型，并认为豫南和鄂东北地区的沁阳三所楼上层[24]、信阳南山咀遗址[25]为代表的遗存有自身的特点，受到来自江汉地区石家河文化的影响较强烈，可能是王湾三期文化的一个新地方类型，暂名为“南山咀类型”[26]。还有学者在分期的基础上对这一文化的地方类型作了更为细致的划分，他们认为王湾三期文化前期的汝、颍地区为“郝家台类型”，郑、洛地区因资料太少不便讨论；后期时，郑、洛和汝、颍两个地区分别是“王湾类型”与“煤山类型”[27]，并对前者提出的“南山咀类型”持不同看法，认定豫东南一带在龙山时代早期时应归入石家河文化系统，到了龙山时代后期时，这里的考古学文化虽与王湾三期文化的后期有诸多相似之处，但本身的地方特点仍很鲜明，应该单独命名为“杨庄二期文化”[28]。

王湾三期文化的聚落分布密集，在方圆几十平方公里的范围内往往聚集着二三十个村落。同龙山文化一样，聚落群内部的分化也非常明显，凡面积较大的聚落在整个聚落群中一般都占有突出地位。其中的一些中心聚落更是筑起了夯土城垣，成为早期的城址。城的出现和各遗址出土箭头数量的激增应该都是当时不同社会群体之间冲突日益加剧的反映。关于该文化的城址现已发现了登封王城岗、郾城郝家台和密县古城寨三座。登封王城岗城很小，基本呈方形，发现有东西相连接的两圈夯土城墙，保存稍好一些的西城城墙每边长都不足100米。城墙也是先挖基槽，然后回填土一层层夯筑起来。发掘者认为这两圈城墙建筑与使用年代有先有后，即先有东侧的城，废弃后又在它的西侧利用东城的西墙续建起另一座城，并据该城址与文献中所载的"禹都阳城"的位置大致相合，推定其"可能是夏王朝初期"的城垣遗迹[29]。有人甚至断定王城岗遗址极有可能就是夏代的阳城，换言之，即禹之所都。但也有学者从年代、地望和规模三方面考证，认为把王城岗城视为禹都阳城难以成立[30]。郾城郝家台[31]和密县古城寨两城平面形状都是长方形，面积分别为3万和17万平方米，其中后者的城中偏北地段还发现了大型夯土台基以及长度在60米左右的廊庑式建筑[32]。

随着二里头文化的发现和夏文化研究的深入，王湾三期文化与二里头文化的关系也引起了学界的重视。有学者认为两者之间具有较为明显的文化传承关系，因此主张把王湾三期文化纳入夏文化的范畴，作为夏文化的早期阶段[33]。同时也有学者持完全相反的意见，认为王湾三期文化并不是夏文化[34]。在王湾三期文化的研究中还存在着将该文化同文献记载的古史传说资料相结合的倾向，这不仅表现在王城岗城同夏王朝关系的讨论上，一些研究者还把王湾三期文化的逐渐强盛与石家河文化的衰落乃至消亡过程同传说中尧舜禹对三苗长期用兵而终使三苗衰微的记述联系了起来。

2. 后岗二期文化

在中原龙山时代的诸文化中，后岗二期文化是发现最早的。1931年，梁思永等人在安阳后岗遗址的发掘中首次发现了小屯—龙山—仰韶文化依次叠压的三叠层。这一发现证明了至少在豫北地区龙山时代的文化遗存是晚于仰韶文化的。在20世纪三四十年代时，一些学者已经注意到了豫北地区以后岗二期为代表的一类遗存另有自己的特点，如梁思永在对龙山文化所作的分区研究中，豫北地区就被看成是该文化单独的一区[35]。尹达先生则将豫北的这些史前遗存谓之"辛村期"，并视之为龙山文化的最晚阶段。50年代末至70年代，安志敏先生根据后岗遗址再次发掘的资料，提出了"后岗二期文化"的命名[36]，但他当时把冀南、豫北直至豫西地区的同时期遗存几乎都包容在这一文化中[37]，同他此前提出的"河南龙山文化"在内涵上实际并无二致。随着田野考古资料的增多和研究工作的逐渐深入，人们开始认识到这些地区龙山时代遗存的文化面貌并不完全相同，可以分成不同的地方类型，其中，冀南和豫北地区的龙山时代遗存可称为后岗类型（也有人称之为后岗二期类型、大寒类型或河北龙山文化涧沟类型）[38]。80年代初，有学者明确指出，将后岗二期一类遗存仅仅看成龙山文化的地方类型是不够的，应该作为一个独立的考古学文化[39]。

后岗二期文化聚落的规模已发生了明显分化，中心聚落和一般性聚落的面积差别很大。据中美洹河流域考古队的调查，在以殷墟为中心的800平方公里范围内，含有这一文化的遗址计28处，并出现了后岗、大寒南岗和蒋屯台三处较大型的邑聚[40]。后岗二期文化的城址目前已知有安阳后岗和辉县孟庄两座。梁思永 1934 年在后岗遗址曾发现了一段长约 70 米、宽 2~4 米的夯土城垣，该城址的全貌尽管不甚清楚，但尹达先生仍认定它应属于龙山文化遗存[41]。辉县孟庄城址的面积约 16 万平方米，西南部有密集的灰坑以及房屋、水井等遗迹，当是生活区之所在[42]。发掘者推测此城在龙山时代末期毁于一场洪水[43]。

后岗二期文化的房屋建筑在后岗和汤阴白营两遗址共发现了百余座，这些房址多是圆形单间的，面积都不大，最大的直径只有 5.7 米。除年代较早的少数房子为半地穴式外，其他多是平地起建的。平地起建的房子建房前一般先从他处搬土来堆筑一个台基，然后在台基周围挖沟槽建墙，墙体既有土墙和木骨泥墙也有土坯墙。大多数房屋的地面经夯打坚实后，再涂抹一层草拌泥，草拌泥上面往往再抹成白灰面，有的房子墙体内壁也抹以白灰面。这种房子的火塘与居住面都在同一水平面上，即在居住面中部划出一圈非常圆的线，圆圈里面由于长期被火烧烤均已成了红烧土。国外有些学者认为房屋建材的种类和房屋的面积是房屋主人财产及经济地位的潜在指示物[44]。安德黑尔通过对白营遗址房址的观察分析却认为房屋的构建并不直接反映其主人的社会地位，她同时还指出像后岗那样没有夯土台基、房屋建筑差异又较小的城址，很可能只是聚落群的次中心[45]。在涧沟和白营遗址的居住区附近还发现了设有木构框架的水井。储物的窖穴或置于房内或安排在房屋附近，坑周壁与底部往往也都抹成白灰面。有学者指出，比照仰韶文化前期窖穴成群而不与个别房屋相联系的情况，这种现象说明后岗二期文化时以单个房子为单位的家庭已发展成为独立的消费单位[46]。此外，在后岗二期文化中还发现有用小孩进行房屋奠基和乱葬的现象，如在邯郸涧沟遗址，已发现的乱葬坑有两种情况，一是圆形坑中互相叠压着多具人骨架，二是在废弃的水井中上下叠压着五层人骨，这些人骨几乎包含了男女老少各个年龄段，或身首异处，或作挣扎状。在该遗址的一座房基内还曾见到四个完整的人头骨，而被弃置在另两个半地穴式建筑中的两个人头骨上则均留有清晰的斧砍痕迹和剥头皮的刀痕[47]。该文化的陶器制法以轮制和模制为主，轮制的陶器不过总量的半数，模制陶器占有相当大的比重。灰陶数量最多，黑陶其次，少见红陶。器表装饰以绳纹为主，篮纹和方格纹次之，这几种纹饰一般都是拍印的。陶器群的器类主要有鬲、甑、甗、罐形鼎、罐式斝、高领篮纹瓮、盆、罐、豆等（图三七）。

从调查和发掘资料来看，后岗二期文化的分布范围大体在太行山以东、黄河以北，北部可延续到京津唐地区，其中心区域当在漳、卫河流域。有学者依据后岗遗址的发掘资料将这一文化发展变化的全过程划分成早、中、晚三期[48]。还有学者认为其中、晚期遗存文化面貌相近可合并为一期，即把后岗遗址分成前后两期，并将该文化区分成涧沟类型、后岗类型和小神类型，认为前两个类型在文化的形成和发展过程中处于中心地位，小神类型年代较晚，是后岗二期文化向太行山西麓扩展而形成的一个地方类型[49]。有的学者则根本不同意把小神一类遗存纳入后岗二期文化[50]。邹衡先生在综合考察了水井的出现、玄鸟故事以及箕山地望等因素的基础上，推定后岗二期文化的涧沟类型很可能就是"伯益之族或其所属部落"的物质文化遗存[51]。

3. 造律台文化

河南古迹研究会的李景聃等人为了寻找豫东地区的殷商文

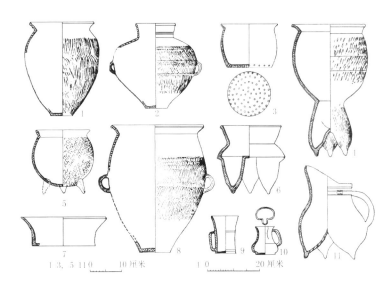

图三七 后岗二期文化典型陶器

1. 罐 2、8. 双耳罐 3. 甑 4. 瓶 5. 鼎 6. 斝 7. 盆 9. 单耳杯 10. 单
耳罐 11. 鬶（3、4、6、9～11. 出自河南汤阴白营遗址，余皆出自河南安阳
后岗遗址，据《新中国的考古发现和研究》）

化，于 1936 年在商丘、永城一带进行考古调查时，发现了王
油坊、造律台、黑堌堆等古文化遗址[52]。到了 20 世纪 60 年
代初期，考古工作者除在豫东和鲁西南的菏泽、济宁地区做过
一些调查外，还对梁山县的青堌堆和皖北萧县的花家寺两遗址
进行了小规模发掘。70 年代，中国科学院考古研究所又在商
丘地区先后进行了三次调查，发现龙山时代的文化遗址 17 处，
并发掘了其中的王油坊、黑堌堆、坞墙、周龙岗等遗址。这些
工作为我们深入认识上述地区龙山时代的文化遗存奠定了良好

基础，有的学者在这期间明确指出青堌堆与造律台等遗存应属于同一文化类型，它们与典型龙山文化的关系远远不如同豫北及郑州以东的"龙山文化"密切[53]。在70年代末至80年代初，有的学者还将豫东的龙山时代遗存视为"河南龙山文化"的"王油坊类型"[54]。此后，一些学者又改用"造律台类型"来称呼这一类遗存，明确指出它是对应于王湾三期文化、后岗二期文化的另一支考古学文化[55]。名称的改变虽然并不意味着对这类遗存的认识发生了本质变化，但其周邻的同期遗存既然都已被分别命名为独立的考古学文化，我们这里亦不妨将王油坊和造律台为代表的一类遗存径直称为"造律台文化"。

造律台文化的分布范围主要是在豫东的商丘、鲁西南的菏泽和皖西北一带，南界或有可能延伸到了颍河下游地区。造律台文化的房屋建筑同后岗二期文化的相似，亦多为单间的圆形建筑。在淮阳平粮台和永城王油坊遗址还出土了连间式的长方形房址，平粮台遗址发现的十余座多开间的房子墙体多用土坯垒砌而成，但土坯的形状与大小都不很规则，由此可以断定制作这些土坯的工具当非模具。在这一文化的各种遗迹现象中最重要的发现当属平粮台城址。这座城址坐落在新蔡河北岸一岗丘上，平面形状也呈正方形，其四面都有夯筑起来的城垣，现存高度3米左右，顶面宽8～10米，每边长185米，墙体内侧陡直，外侧经多次修补加固。南、北两面墙中部分别开设一城门，北门窄小，南门较宽大。南门东西两侧还各建有一间方形的门卫房。该遗址分间的地面房屋建筑即出自城内，看来城内的房子比一般村落的房子似乎要高级一些，当非一般平民所居。此外，在城里南门附近还发现了一段用陶质水管铺成的下水道设施，陶管一头粗一头细，每管长约35～45厘米，细端直径约 23～26 厘米，粗端直径约 27～32 厘米。出土时，所有陶管细端均套入另一节粗端，上下共有三列陶管叠压在一起，下面一列，上面并排两列。上面两排水管距现地面深约 0.3 米左右。由这段下水道的走向判断，其南端当穿过了南城门，应属城内的排水系统[56]。平粮台古城址发现之后，有学者即将它同太昊的都城宛丘联系了起来，认为它所反映的社会性质很可能已经是奴隶制的城邦国家了[57]。但也有学者并不赞同这种观点，认为平粮台城只不过是华夏集团某部落（可能是有虞氏）的一个军事城堡而已，还算不上真正的"城市"[58]。不论怎样，我们若视之为当时的部落或部落联盟的中心，抑或富人和权贵的专用居住地，问题应该不大。

造律台文化的陶器制法与陶色同后岗二期文化相似，以灰陶数量为多，黑陶次之，并有少量白陶和红陶。器表以素面磨光的占多数，有纹饰的陶器中以方格纹为主，其次是篮纹，绳纹的数量最少，其他纹饰如弦纹、附加堆纹、刻划纹数量更少。器类与器形方面，比较多的是袋足陶甗，其次是罐形鼎、罐，其他还有盆、豆、鬶、子母口瓮等，鬲和斝等器类均极少见（图三八）。造律台和后岗二期两个文化由于同龙山文化分布区的西部相毗邻，在它们的陶器群中或多或少都有一些龙山文化的因素，如磨光黑陶、鸟首形和Ｖ字形足的陶鼎及长流鬶等，这些因素显然都应该是龙山文化的。依此看来，前两个文化当是受了龙山文化的强烈影响或者这些因素原本就是龙山文化的东西，后经由某种渠道才进入了它们的分布区。

梁思永先生早在 20 世纪三四十年代就认识到了豫东地区龙山时代文化遗存面貌的复杂性，他发现"龙山文化"的山东沿海区、豫北区和杭州湾区同豫东一带的陶器之间存在不少共

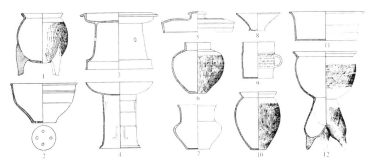

图三八 造律台文化陶器

1. 鼎 2. 甑 3、4. 豆 5. 器盖 6、7、10. 罐 8. 碗 9. 单把杯 11. 盆
12. 甗 （皆出自河南永城王油坊遗址）

性[59]。正是由于这种原因，才导致了考古学界在相当长一段
时期内对造律台一类遗存的归属持有种种不同见解，如前所
述，这些意见大体有三种：①主张把这类遗存作为"河南龙山
文化"的一个地方类型；②认为造律台一类遗存应是一支独立
的考古学文化，同时不反对将这一文化纳入更大范畴的"中原
龙山文化"系统之中；③主张把这类遗存作为龙山文化的"王
油坊类型"。此外，南京博物院于八九十年代在江苏北部的兴
化南荡[60]、高邮周邶墩遗址[61]也先后发现了与造律台文化相
似的文化遗物，发掘者据此提出了造律台文化南迁的问题。至
于造律台文化的渊源和去向问题，有学者认为该文化应是分布
在本地区的大汶口文化之后续文化[62]，学界目前对此似乎尚
无不同意见，但在这一文化的去向方面则有诸多不同见解，概
括来说，主要有以下几种：①认为造律台文化是二里岗下层文
化的渊源[63]。有学者已指出这种看法尚需对相关考古资料作

正确分析[64]。②认为造律台文化的许多因素在当地的岳石文化中都可以寻觅到踪迹，所以它极有可能是为本地区后起的岳石文化所继承或替代[65]。③结合文献记载考察豫东和鲁西一带曾是商族先民的活动地区，故而推定这里的龙山时代遗存当与先商文化有一定关系[66]。④该文化发展成二里头文化。持此种观点者亦不尽一致，有的认为豫东地区的二里头文化特点与豫西并不完全相同，前者应是源于造律台文化所致[67]；另一类意见认为造律台文化后来发展成二里头文化的三、四期遗存。⑤认为造律台文化是有虞氏的文化，它既没有发展成夏文化，也不是先商文化，而是在发展的中途为夏代晚期文化所替代[68]。

4. 陶寺文化

20 世纪 50 年代，考古工作者在晋南一带就发现了以陶寺遗址为代表的一类文化遗存，当时由于受资料的限制，虽然将这些遗存视为一种灰陶文化，但已经认识到它们要晚于本地区的仰韶文化[69]。60 年代初，中国科学院考古研究所山西工作队在汾河下游及其支流浍河、滏河流域进行考古调查时，发现这一带的文化遗址普遍存在着釜灶、矮足鼎、直口肥足鬲、篮纹圈足罐、扁腹壶等陶器，文化面貌与"河南龙山文化"、"客省庄二期文化"并不完全一样，因而视之为"龙山文化的陶寺类型"[70]。1973 年以后，中国科学院考古研究所又两次复查了襄汾县的陶寺遗址，并从 1978 年至 1984 年对它连续进行了十四个季度的发掘。发掘者亦认为这类遗存"从总的方面来看，仍属龙山文化范畴，但同时又有自身的特点"，可作为黄河中游龙山文化的新类型——陶寺类型，并将它区分成前后三期[71]。现在知道，陶寺一类遗存主要分布在临汾盆地，即峨嵋岭以北的汾河下游及其支流浍河、滏河流域，其中，在临汾、襄汾、侯马、曲沃、翼城、绛县、新绛、稷山、河津诸县市，共发现含有此类遗存的文化遗址 70 多处[72]。遗址面积一般都在数万或 10 余万平方米以上，面积最大的则超过了 100 万平方米。调查资料还显示，崇山周围的汾、浍河三角洲地带应是这类遗存分布的中心区域。

陶寺遗址位于汾河和塔儿山之间，西南距襄汾县城约 7 公里，总面积达 300 万平方米。从发掘情况来看，当时居民的居住生活区和墓葬区亦被分别安排在遗址的不同方位。居住区现已揭露的面积还不大，总体布局尚不清楚，出土的遗迹现象有房屋建筑、窖穴、陶窑、水井。多数房屋是带天井的窑洞式建筑，少量房址是抹有白灰面的圆形半地穴式。窖穴常见圆形袋状坑和椭圆形坑。陶窑的结构相同，均为火塘在前窑室在后的横穴窑，窑室内的窑箅多呈叶脉状。水井皆圆口方底，底部有护壁木桩或栅栏状的木构件。此外，在居住区内还发现了卜骨和带有朱书字迹的扁壶残片等遗物。墓地区位于遗址东南部，现已清理出墓葬 1000 多座。从这些墓葬资料分析，墓地的南部和中部是分属不同氏族的两个墓区。每区墓葬又可依其疏密程度和排列情况分成若干小片。墓葬形制皆竖穴土坑，明显存在着大、中、小三个不同等级。六座大型墓呈东南—西北走向整齐排列，墓圹长度在 3 米左右。这些大墓均有木棺葬具，随葬品十分丰富，如 M3015 诸类随葬品即多达 200 余件。器类有灶、斝、罐、鼍鼓、特磬、土鼓、木案、俎、匣、玉钺、瑗及石斧、石锛等成组的陶器、彩绘木器及玉器、石器。中型墓现已发现 80 余座，一般长约 2.2～2.5 米，宽为 0.8～1.0 米，亦大都有木棺葬具，有的棺内还撒有朱砂。随葬品组合略有差异，一般有一两件彩绘陶器和彩绘木器，或随葬精美玉器和猪下颌骨等。小型墓数量最多且成组成排分布，墓室长度多在2米左右，大多没有木质葬具，尸骨也不像大、中型墓主那样进行裹敛，但有的尚可见以帘箔卷尸，随葬品仅有少量工具或装饰品，不见陶器。大、中型墓和小型墓在墓葬规模、随葬品质量和数量上的差别，清楚地反映了社群成员之间向贫富两极分化已经相当显著。大型墓中鼓、磬等乐器应是当时已经有了早期礼乐制度的实证资料，这类墓葬的主人很可能是具有至高无上权威的"王"或接近王一级的贵族[73]。有学者据陶寺墓地的资料推测此时国家的雏形或许已经产生[74]。

陶寺遗址的发掘者最初将该遗址的遗存分为早晚两期[75]，后来依据新的发掘资料又将其改为早、中、晚三期，并认为这三期遗存是直接继承晋南地区庙底沟二期遗存发展而来的"龙山文化"的陶寺类型[76]。进入20世纪90年代，另一些学者对此则提出了不同看法，认为陶寺遗址的早期应该归属庙底沟二期文化，它的中、晚期遗存才属于龙山时代的陶寺文化[77]。

陶寺文化早期的陶器多为手制和模制，轮制的较少，以夹砂灰陶为主，次为泥质灰陶，黑陶极少，总体说来，陶色进一步变浅。器表除素面磨光外，90%以上的器类都饰拍印的绳纹，其他拍印纹饰还有少量篮纹、方格纹。庙底沟二期时曾流行的釜灶、矮足鼎等器类到此时已趋于衰落。这个时期出现了大量双鋬鬲，其他器类还有斝、圈足罐、折腹罐、盆、豆、碗等。及至晚期，轮制陶逐渐增多，泥质灰陶数量大增，纹饰中绳纹数量虽有所下降，但仍居于首位，篮纹显著增多，其特点是排列整齐而密集。陶器群的主要器类有各种形态的鬲，如双鋬鬲、单把鬲、高领鬲等，陶斝有圆腹圜底和折肩圜底两种，新出现了陶斝，其他器类还有甗、深腹盆、篮纹镂孔圈足罐、扁腹壶、豆、碗以及单把杯等（图三九）。陶寺文化的上限年代约在公元前 2500～2400 年之间。陶寺遗址晚期遗存的五个碳十四年代数据显示该文化的下限年代与二里头文化基本相衔接，至迟当不晚于公元前 2000 年。从陶器的制法、陶系纹饰、器类和器形方面看，陶寺文化是晋南地区庙底沟二期遗存的直接继承者当无疑问。至于这一文化的去向问题，单凭现有资料尚难以得出结论。目前，学界就其族属问题开展的讨论，意见也不一致，主要有三种说法：①陶寺文化可能和陶唐氏有关[78]；②陶寺文化与夏文化（指夏民族的文化）有关[79]；③陶寺类型和有虞氏关系非常密切[80]，或可直接称为有虞氏的文化[81]。

5．三里桥二期遗存

中国科学院考古研究所于 1954 年对河南陕县三里桥遗址做了首次发掘，发掘者认为以该遗址第二期为代表的一类遗存虽有部分因素同于或相似于日照两城镇和长安客省庄遗址的龙

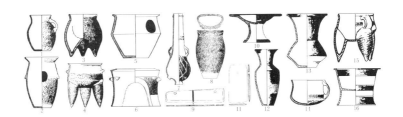

图三九　陶寺文化遗物

1．单把罐　2．大口罐　3．鬲　4、15．斝　5．折腹罐　6．灶　7．鼓　8．扁壶
9．石刀　10．豆　11．石钺　12、13．瓶　14．罐　16．篮（1～10．出自山西襄汾陶寺遗址，11～16．出自山西临汾下靳遗址）

山时代遗存，但其文化面貌所反映的基本特点还是属于"河南龙山文化"的范畴[82]。如前文所说，此后有学者也提出了与之相似的看法，只不过主张或把这类遗存作为后岗二期文化的"三里桥类型"，或将其纳入"河南龙山文化"的"王湾类型"之中，抑或把它们归属"中原龙山文化"的"三里桥类型"[83]；另有学者虽然也赞同这类遗存同河南地区的龙山时代遗存具有一定联系，但却认定其属于"客省庄文化"的范畴[84]。考古学界对黄河流域的龙山时代存在着海岱、中原和甘青三大文化区的认识自 20 世纪 50 年代中期以后就越来越明确。后来，中原地区伴随着龙山时代诸类遗存资料积累日趋丰富，它们之间的共性与差异渐渐明晰起来，一些研究者便倾向于把这一地区的不同遗存分解成各自独立的考古学文化。在这种背景下，有学者近年又提出以三里桥二期为代表的一类遗存也可以作为"三里桥文化"看待[85]。

三里桥二期一类遗存的房屋建筑呈多样化，既有方形和圆形的地面式和半地穴式单间房屋，也有方形双间的和窑洞式建筑，居住面一般都抹以白灰面。迄今发现的墓葬数量还不多，主要有竖穴土坑墓和瓮棺葬两种，基本都没有随葬品，总体面貌并不十分清楚。这类遗存的陶器制法有轮制、手制、轮制与手制及模制兼用或手制与模制兼用四种，陶色以泥质和夹砂灰陶的数量最多，同时还有少量磨光褐陶。器表装饰以拍印的绳纹为主，拍印的篮纹和方格纹数量也不少，其他纹饰还有少量弦纹、刻划纹和附加堆纹。基本器类有鬲（包括双鋬鬲、单把鬲、贯耳鬲）、斝、罐、单耳罐、罐形甗、双腹盆、敞口斜腹盆和单耳杯等（图四〇）。

三里桥二期一类遗存主要分布在晋、豫、陕三省的交界地

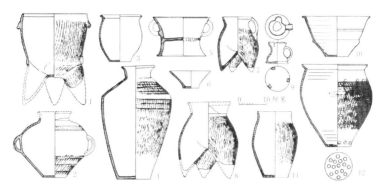

图四〇 三里桥二期陶器

1.斝 2.双耳罐 3、4、11.罐 5.簋形器 6.碗 7、8.鬲 9.罍形器 10.双腹盆 12.甑(皆出自河南陕县三里桥遗址,据《新中国的考古发现和研究》)

区,其东界约在渑池一线,西至关中的华山一带,向北则越过黄河进入运城盆地和中条山南麓的黄河沿岸地区。这一带由于地处中原地区中部,系东西南北文化交往的必经之地,从现已发掘的主要遗址如豫西陕县的三里桥、晋南芮城的南礼教、夏县东下冯、垣曲龙王崖和古城东关以及陕西东部华阴的横阵村[86]等来看,文化因素均比较复杂。有学者通过对这些遗存进行比较分析,发现其内涵至少包括了三种不同文化的因素:以具有客省庄文化风格的陶器数量最多,但其面貌同前者又不尽一致,自身的特点仍很鲜明;与王湾三期文化相同或相似的因素次之,这类因素主要见于黄河以南;第三种因素的特征与陶寺文化相近,基本上只见于黄河北岸[87]。文化面貌上呈现出来的这种差距显然是以地区差异为主,基于此,不论把这类遗存全都纳入"客省庄文化"的范畴还是笼而统之地视为"三里桥文化",恐怕未必是合适的。相比较而言,我们赞成把这类遗存分成南北两个小区:黄河以南由于处在黄土高原东部边缘地带,东与王湾三期文化分布区毗邻,西连客省庄文化分布区,这一区的文化遗存虽然含有一些来自客省庄文化的影响,但主体因素仍同于或相似于王湾三期文化,可看成是王湾三期文化的"三里桥类型";以运城盆地为中心的黄河以北、以东为北区,本区的北部距陶寺文化分布的中心区汾、浍河盆地不远,南面和西面分别与王湾三期、客省庄两个文化的分布区隔黄河相望,其文化遗存中杂有一些王湾三期文化和客省庄文化的因素自不足怪,我们建议把这一区的大部分地方(主要是中条山以北)划归陶寺文化的分布区,并作为该文化的一个地方类型。

6. 客省庄文化

20世纪50年代初,苏秉琦先生等在西安斗门镇以西的开端庄(又名客省庄)发现了三种古文化遗存依次叠压的地层关系,其中下层属仰韶文化,上层属周文化,中层的文化属性尚待讨论认定。当时在进行调查时还发现,开端庄中层一类遗存在沣河与渭河交汇处一些台地的边缘也都可以见到[88]。1953年,石兴邦先生通过对沣镐一带的考古调查,指出客省庄中层一类遗存在年代上晚于仰韶而早于殷周[89]。1955年,中国科学院考古研究所对客省庄遗址进行了大规模发掘,揭露面积近3000平方米,发现了10座半地穴的"浅土窑式"建筑及袋状窖穴和陶窑等遗迹,并获得了一批丰富的陶器、石器、骨器及卜骨等遗物。发掘者认为无论将这些遗存归入"龙山文化"还是"齐家文化"都是不适宜的,因而名之为"客省庄二期文化"[90]。与此同时,安志敏先生认为客省庄二期遗存应属中原龙山文化的范畴，并称之为"陕西龙山文化"[91]。此后，考古工作者又陆续在陕西省的临潼、商县、岐山、武功等地调查并发掘了一批与客省庄二期文化面貌相同的遗存。在此基础上，张忠培先生指出，鉴于客省庄遗址的一期和三期遗存文化属性明确，提议将其二期遗存直接称为"客省庄文化"[92]。

客省庄文化房屋的平面形状有圆形的也有方形的，建筑形式有半地穴式、地面起建的和窑洞式三种，既有单间的也有双间的。在双间的房屋中，以平面呈"吕"字形的建筑最具特色，前后两室或呈方形或一方一圆，室内设有壁炉和椭圆形烧灶。居住面或为硬土面或为白灰面。窑洞式建筑平面多呈"凸"字形，有的数间连成一片，周围有土墙环绕，构成院落式建筑群。房屋墙体的建筑方式有夯土、土坯和草泥垛成的几种。流行袋状窖穴，有的窖穴直接挖在室内，坑底往往用木板进行铺垫。陶窑多为横穴式，窑室和火膛均呈圆形。客省庄文化的墓葬以长方形竖穴土坑墓为主，葬式复杂，仰身直肢葬、俯身葬和屈肢葬均有不少发现，一般都没有葬具，大多数也无随葬品。比较特殊的墓葬可举横阵村 M9 和凤翔大辛村 M3，前者是一座男女合葬墓[93]；后者的墓壁和墓口外发现有柱洞，估计墓葬上面可能还曾另有类似房屋的建筑[94]。客省庄遗址还发现用废弃的窖穴埋葬死人的现象，有的人骨与兽骨共存，人骨或身首异处或作挣扎状，推测有可能是对非正常死亡者实行的乱葬。

客省庄文化的陶器以泥质和夹砂灰陶为主，制法主要是手制和模制，轮制陶器很少。手制陶器大多采用泥条盘筑法，特别是瓮、罐类大型器通常都是用这种方法成型。有些小型陶器则直接捏塑成型。在鬲、斝类陶器袋足的内壁上常常可以看到

"反篮纹"或"反绳纹"的印痕，因而知道这些器类应该都是用模子做出来的。器表装饰以拍印的绳纹和篮纹为主，绳纹多竖向，篮纹一般都较宽且多为横向。其他纹饰还有少量弦纹、方格纹、附加堆纹等。陶器群以单把绳纹鬲、双耳罐形斝、三耳或双耳或单耳罐、小口高领瓮等（图四一）颇具特征。

客省庄文化的分布范围以陕西关中地区为中心，东起华阴，西至甘肃天水，向北大致可抵黄陵、洛川一带，南界约在丹江上游的商县一线。从该文化实测的十几个碳十四年代数据看来，其绝对年代一般约在公元前 2400～2000 年之间。在这一文化的分期问题上，有学者以临潼康家和武功赵家来两遗址的发掘资料为主线将其发展变化的全过程划分成前后四期，作

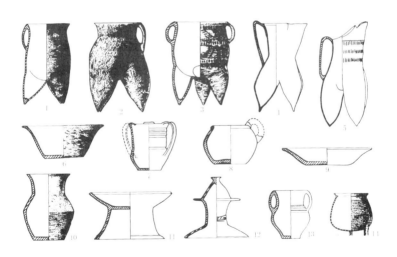

图四一　客省庄文化典型陶器

1、3. 斝　2. 鬲　4. 鬹　5. 盉　6. 盆　7. 三耳罐　8. 单耳罐　9. 盘　10. 罐　11. 豆　12. 器盖　13. 双耳罐　14. 鼎（皆出自陕西西安客省庄遗址，据籍和平，1986 年）

者在分期的基础上又明确指出，武功以西和关中东部地区不但文化面貌差异显著，而且关中东部的遗存延续年代比西部似乎也要晚一些[95]。还有学者认为客省庄文化可大体分成早、晚两期[96]，但其基本框架与前者并无大异。有的学者虽然也主张将客省庄文化分成东西两个小区，但却把两区的分界线或定在兴平或划在扶风一带，认为西区的陶器多红陶，器类多斝少鬲，东区则多灰陶，器类多鬲少斝[97]。这两区文化面貌上最明显的差别是陶色不完全一样。有学者依据两区在陶色以及几类主要陶器数量多少上反映出来的差异，甚至提出关中西部的"双庵类型"与关中东部的客省庄二期遗存是两支不同性质和并行发展的考古学文化，主张把"双庵类型"单独称为"双庵类型文化"[98]。此外，有些学者还就陕北地区石峁一类遗存的归属问题作了讨论。石峁遗址位于神木县秃尾河支流的山梁上，半坡博物馆于 1981 年对其进行了小规模发掘[99]。现在知道与这类遗存面貌基本相同的遗址大都分布在陕北黄河西岸的诸小河流域附近。这类遗存的房屋多为方形半地穴式，居住面与四面墙壁多抹成白灰面。陶器群以灰陶为主，器表装饰多篮纹，由于陶器群中的绳纹鬲、折肩罐、单把罐等多同于客省庄文化，所以，有的学者将其作为该文化的"石峁类型"[100]。但因这类遗存流行石棺葬和瓮棺葬，其陶器群中的筒形三足瓮、双鋬袋足鬲、大口尊等器类又是客省庄文化不见或少见的，另一些学者因此不同意把它们纳入客省庄文化[101]，或认为不论将其划归客省庄文化还是陶寺文化或"光社文化"均属不妥，称这类遗存可能主要分布在黄河前套及其以南的陕东北和晋西北直至晋中地区，应是"自成系统的龙山文化"，建议暂时命名为"前套龙山文化"[102]。

至于客省庄文化的来源问题，考古学界普遍认为它是庙底沟二期遗存的后续文化。持这种观点的研究者不仅论证了两者在文化因素上的传承关系，而且还援引武功赵家来、华阴横阵村和蓝田泄湖等遗址客省庄文化叠压庙底沟二期遗存的地层关系作为证据[103]。张忠培先生则由比较分析陶斝和陶鬲的演变规律入手，认为客省庄文化早期同庙底沟二期的年代大体相当，并推测继仰韶文化泉护二期之后在泾水两岸分别发育成了客省庄文化和庙底沟二期文化[104]。第三种看法是认为客省庄文化源于案板第三期遗存，而后者又同常山下层遗存关系十分密切[105]。考古学界对客省庄文化的去向问题大体持有以下几种见解：有的认为它发展成齐家文化[106]；有的把它视为先周文化的渊源[107]；还有的认为关中西部的双庵一类遗存为先周文化所继承，而关中东部的客省庄文化则为夏代有扈氏的祖源[108]。

（三）黄河上游的齐家文化

安特生20世纪20年代前期在黄河上游地区进行的那次调查和小规模发掘，就发现了甘肃广河县的齐家坪遗址。后来，裴文中先生通过对渭河上游、西汉水流域、洮河流域、大夏河流域及河西走廊一带的考古调查，又连续发现了几十处与齐家坪遗址相类似的遗存，并最先称之为"齐家文化"[109]。现在知道，齐家文化的分布范围与马家窑文化大体一致，亦基本以黄河上游地区为中心，东起陇东，东北部到了宁夏的南半部和内蒙古西部，西面到了河西走廊，南抵白龙江上游地区。据永靖大何庄、天水西山坪和乐都柳湾等遗址测定的碳十四数据看来，其绝对年代当约在公元前 2000 年左右[110]。

该文化的聚落多选择在河旁阶地上，居住生活区与墓地区往往相去不远。房屋多为方形或长方形的半地穴式，居住面一般先抹以草拌泥，上面再抹成白灰面，室内大都有圆形或葫芦形的烧灶，整体结构与客省庄文化的同类房屋相似。墓地规模大小不一，一般都有几十座墓葬，规模较大的墓地墓葬多达三四百座。有的墓地可以分成几个区，每区的墓葬又可以分成若干排，各排墓葬排列多较整齐。墓葬形制除长方形或圆角长方形的竖穴土坑较多，还有一些是洞室墓，少数墓葬则利用废弃的窖穴作墓坑。洞室墓以甘肃西部和青海东部一带较多见。柳湾齐家文化墓地的多数墓葬都发现了木质葬具。在有的人骨架上还发现有麻布的痕迹，由此推测，齐家文化可能也有用麻布裹尸的习俗。葬式以仰身直肢葬数量最多，其次是二次葬，屈肢葬和俯身葬占少量，以单人葬为主，同时也有一些合葬墓。合葬墓既有成人合葬，也有成人和儿童的多人合葬。两个或三个成人的合葬墓大都是一男一女或一男二女。永靖秦魏家墓地发现的男女二人合葬墓中，葬法是男性在右侧或作仰卧伸直或作侧身直肢或作俯身直肢葬，女性则一律居左侧皆侧身屈肢朝向男性[111]。武威皇娘娘台墓地的男女二人合葬墓则是男左女右排列，男性皆仰卧伸直，女性亦大都是侧身屈肢朝向男性一方。这表明齐家文化不同墓地的男女合葬墓两性排列的位置并不都一样，不像大汶口文化那样皆男左女右排列已成定制。此外，在皇娘娘台墓地发现的一男二女三个成人的合葬墓中，葬法是男性居中仰卧伸直，两个女性则分置男性两旁并侧身屈肢朝向男性[112]。这种形式的合葬墓在该文化已出土的全部墓葬中只是少数，墓中的男女两性一般都是采用一次葬，目前尚未发现单单对女性进行捆绑或其他类凶死的明显迹象，推测这种合葬墓里的男女应该是基本同时死亡的。那种认为女性必定是为男性殉葬或是男性的奴隶说似乎还缺乏更有力的证据。联系齐家文化各个墓地的不同墓葬之间，墓室规模和随葬品种类与数量上的差别比较明显，社群内部已经发生了贫富分化，把这种合葬墓里的男女理解成以男性为主体的夫妻关系，女性居于从属男性的地位可能是比较合理的。这时的婚姻形态应是一夫一妻制，但对那些富有者和权贵阶层并不排除已出现了一夫多妻的现象，社会发展阶段应是处在父系氏族社会的末期。

齐家文化的陶器总的说来制作较粗糙，胎壁较厚，多夹砂陶，少见细泥陶。陶色以红褐色和橙黄色为主，灰陶较少。制法是手制陶占有相当大的比例，模制的次之，轮制的很少。器表除素面外，有纹饰的陶器中常见篮纹和绳纹，刻划纹、锥刺纹、堆纹等居其次。此外还有一些彩陶。这时的彩陶一般都是红色或黑色的单彩，大都不施陶衣，常见的花纹是菱形格和三角状的几何形图案，线条多潦草而粗放。陶器群多见平底器，圈足器占少量，主要器类有双大耳罐、高领罐和侈口夹砂罐，三者约占出土陶器总量的80%以上，其他器类还有豆、碗以及少数陶鬲等圈足器和三足器（图四二）。迄今，齐家文化已发现的成形铜器在铜石并用时代诸考古学文化中数量是最多的，出土铜器的地点除武威皇娘娘台外，还有永靖秦魏家、大何庄、广河齐家坪及贵南尕马台等。铜器种类以小件工具为主，如刀、凿、锥、匕、钻、斧等，其他还有少量日常生活用品和装饰器件，如铜镜和指环等。这些铜器中，铜刀一类工具一般都是使用单范浇铸成的。而齐家坪遗址出土的铜斧是空首斧，腹腔内还残留有木头的痕迹，这种空首斧显然是使用合范

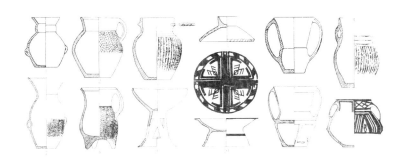

图四二　齐家文化陶器

1、7.双腹耳罐　2.单把罐　3.罐　4.器盖　5、11.双大耳罐　6、12.双耳
罐　8.单把鬲　9、10.豆（1～9.出自甘肃永靖秦魏家遗址，10～12.出自甘
肃武威皇娘娘台遗址）

浇铸成的。在尕马台墓地发现的铜镜直径9厘米，背面中部有
一桥形钮，以钮为中心还装饰一七角星纹。这几件铜器当代表
了齐家文化冶铜业的最高水平。这些铜器经分析鉴定，含铜量
多数都在90％以上，其他金属含量均很少，尕马台的铜镜含
锡量也只有5％左右。这说明齐家文化的铜器也都不是青铜，
多数情况下可能也是利用天然共生矿石制造出来的，其中的
锡、铅等金属成分还不是有意识按照一定比例添加进去的。制
造铜器的方法既有冷煅也有冶炼浇铸，与同时期中原地区的发
现相比，齐家文化的居民似已掌握了更为先进的铸造工艺技
术。齐家文化除了少数铜质工具外，居民从事生产以及与日常
生活有关的工具依然是以石器为主，其次是骨器。石器有磨制
石器和细石器两大类。这两类石器在不同的遗址所占比例并不
完全一致，有的遗址是磨制石器数量较多，细石器较少　磨制

石器的器类有斧、铲、锛、凿、刀、镰、磨盘、磨棒及箭头和矛等，皆通体磨光。有的遗址除了磨制石器外，细石器所占比例相当高，如武威皇娘娘台遗址第一次发掘时出土的细石器就多达 800 余件。细石器含量的多少也许反映了不同地区居民的经济结构上存在着一定差异。就总体而言，齐家文化的经济是农业、家畜饲养与狩猎相结合的综合性经济。从磨制石器的类别看来，旱作农业在该文化居民的经济成分中当占有一定地位，不少遗址的窖穴、房屋及墓葬里都曾伴出过粟类遗存，不失为这一结论的力证。在出土的动物骨骼中，种属有猪、羊、牛、马、驴和狗等，这些都有可能是人工饲养的家畜，其中以家猪的饲养量最大，同其他文化一样，齐家文化随葬品稍微丰富的墓葬中也有随葬猪下颌骨的习俗，少则一件，多则十几件甚至几十件，如秦魏家墓地的 M6 随葬的猪下颌骨即达 68 块之多，表明这一文化的养猪业还是比较发达的。家养的羊数量也很多，例如，在永靖大何庄和秦魏家两遗址都发现过成层的羊粪和羊骨堆积，有的墓葬甚至还用羊骨作随葬品，养羊业的发达程度由此可见一斑。

关于齐家文化的渊源问题，目前主要有如下几种意见：①齐家文化直接由马家窑文化的马厂期发展而来[113]；②齐家文化源于马家窑文化，并在形成过程中吸收了来自东面客省庄文化的某些因素[114]；③马家窑文化发展到马厂期分成了东、西两区，其东区继续发展成齐家文化，而西区则发展成四坝文化[115]；④齐家文化是常山下层文化的继续和发展[116]；⑤齐家文化由分布于关中西部到陇东的客省庄文化之客省庄类型演变而成，或由陕西西部和陇东一带的桥村一类遗存发展而来[117]。持这种观点的研究者大都认为桥村遗存在性质上属于客省庄文化，但也有人认为桥村与岐山双庵遗存的面貌相同，既不同于齐家文化，也不同于客省庄文化，应属独立的考古学文化类型[118]。

考古学界对齐家文化的发展过程与分区问题大致有三区说和两区说两种意见。持三区说者中，有的认为甘肃省的东部、中部应分别是七里墩和秦魏家两个类型，而河西走廊以及青海的东部地区则可归属皇娘娘台类型，并指出，东边的齐家文化比西边的年代要早[119]；有的虽然也认同前者关于秦魏家类型的划分，但又把河西走廊和河湟地区的齐家文化分成了皇娘娘台和柳湾两个类型，至于分布在渭河和西汉水上游的同期遗存究竟应该如何归属却未作评述[120]。持两区说者比较多，最先提出这一意见的学者认为齐家文化可划分成分别以高领深腹双耳罐和侈口双耳罐及盂类为主体的两群，这两群遗存分布的地理位置相交错，可能代表了早、晚两期，以高领深腹双耳罐为代表的一群年代当较早[121]。另有学者认为齐家文化包含了甲、乙两个类型，两者分别以大何庄、秦魏家与皇娘娘台、柳湾为代表，他们指出宁夏南部的齐家文化遗存并不典型，可作为另一新的文化类型——"常山下层类型"来看待[122]。有一位学者依据对一些陶器的类型学分析，提出目前还没有证据表明东边的齐家文化早于西边，两个类型应该是同时并存的文化遗存[123]。

（四）长江中游的龙山时代文化

1. 石家河文化

20世纪50年代中期，湖北省文管会为配合石龙过江工程的建设，首次发掘了天门石家河遗址。发掘者当时已认识到该遗址的陶器"具备龙山式某些特征"，并界定屈家岭式的"蛋壳彩陶"似乎早于彩陶纺轮[124]。1959年，长江流域规划办公室考古队在郧县青龙泉、乱石滩等遗址发掘出土了一批以装饰拍印篮纹的鼎、斝以及红陶鬶等器类为代表的遗存，发掘者将其定性为"龙山文化"，并明确指出这类遗存"与豫、陕等地的龙山文化差异很大，它具有浓厚的地域色彩"[125]。70年代后半期以后，有关长江中游地区龙山时代遗存的资料积累逐渐丰富了起来，为深入研究本地区这一时期文化的面貌和特点创造了良好条件。然而，研究者在诸如文化命名、文化分区与分期等问题上多有歧见，而且许多问题至今仍未能取得共识。拿文化命名来说，到80年代中期时，考古学界对这类具有相同内涵的遗存即先后有"湖北龙山文化"[126]、"季家湖文化"[127]、"季石遗存"[128]、"桂花树三期文化"[129]、"长江中游龙山文化"[130]、"青龙泉文化"[131]、"青龙泉三期文化"[132]、"石家河文化"[133]等称谓，显得十分混乱。相比较而言，"石家河文化"一名现在在一些研究性文章中出现的频率越来越高，似乎已赢得了多数学者的认同。从另一方面来说，石家河是源出京山县大洪山区两条小河的总称，两条河都在天门市石河镇以南注入天门河。在石河镇以北十几平方公里的范围内密布着三四十处新石器时代的遗址群，不仅具有一般性的村落和特殊功能的小型遗址，而且还有始建于屈家岭文化时期的大型城址——石家河城。这些遗址的文化内涵从大溪文化起，中经屈家岭文化直到龙山时代，延续时间相当长，文化遗存十分丰富。这一带正地处江汉平原中部，是东西、南北交通往来的必经之地，龙山时代的物质文化遗存比较典型，很有代表性。所以，我们也赞同把长江中游地区的龙山时代前期遗存统称为"石家河文化"。

在石家河文化地方类型划分的问题上，有学者认为可将其区分成江汉平原的"石家河类型"、鄂西北的"青龙泉类型"、鄂东南的"尧家林类型"、鄂西地区的"季家湖类型"和鄂东地区的"易家山类型"[134]，但他既没有交代所分五个类型的依据也没有对每个类型的基本特征予以概括性阐述。其他学者所分类型也不都一致，如有的把石家河文化划分成鄂东北的西花园、鄂西北的青龙泉和鄂西南的季家湖三个类型[135]；有的分成青龙泉、季家湖、尧家林和石家河四个类型，并指出湘北地区的岱子坪遗存同尧家林遗存面貌有差别，或有可能另立一类型[136]；有的主张分成青龙泉—下王岗、石家河、季家湖—划城岗、西花园—吕王城、尧家林—舵上坪和岱子坪六个类型[137]；有的分成江汉平原中北部的"石家河类型"、鄂西北和汉水上游的"青龙泉类型"、江汉平原西南部的"季家湖—石板巷子类型"、洞庭湖北岸和西岸的"划城岗类型"、鄂东北涢水流域的"西花园类型"和鄂东南的"尧家林类型"[138]、后二者虽然都认为石家河文化可区分成六个类型，但他们所划类型涵盖的地域范围并不都一致。还有的把这一文化划分成了峡江西部的庙坪、东部的季家湖、环洞庭湖地区北部的划城岗、南部的岱子坪、汉东地区的石家河、鄂西北地区的青龙泉三期和鄂东南尧家林共七个类型[139]。综合以上各家的观点可以看出：①他们所分类型虽然多少不一，每个类型涵盖的地理范围也有大有小，但大都赞同长江中游地区的龙山时代遗存应属同性质的石家河文化。②考古学界对石家河文化的石家河、青龙泉、季家湖、尧家林等类型的划分基本无异议，这些类型皆分布在江汉平原中部及其邻近地区。其他类型如易家山、岱子坪、舵上坪等皆位于偏离江汉平原的"边远"地带，文化面貌或因受到周边地区其他同期文化的强烈影响或因承袭自身固有文化传统而呈现出浓郁的地方特色。有学者主张把这些遗存也都归属石家河文化范畴，主要是源自他们对该文化特征的把握比较宽泛。③近年提出的石家河文化"庙坪类型"、"栗山岗类型"[140]等皆以新近的发掘资料为基础，对这两类遗存的认识还有待进一步深化。

考古学界在石家河文化的分期问题上主要有四期说[141]、三期说[142]和两期说三种意见。其中的两期说是20世纪90年代后期才提出来的，这一意见实际上是对三期说的一种修正[143]。持此说的学者认为原定为石家河晚期的石板巷子、乱石滩等遗存受到了来自中原龙山时代文化的强烈影响，文化面貌因而发生了较大变异，似应视为独立的文化类型[144]，但对它们究竟是属于石家河文化不同发展阶段的新类型还是应从石家河文化中分离出来另立新文化，认识上并不一致。根据近年来对长江中游地区龙山时代遗存的比较分析，我们认为将石板巷子、乱石滩一类遗存从石家河文化中独立出来是完全有必要的。

石家河文化的分布范围北界大致在河南南阳盆地到桐柏山一带，东不过黄岗、鄂州，南抵洞庭湖的北岸和西岸，西界大体在西陵峡一线。其碳十四年代约在公元前2500～2200年之间。现将其基本特征概括如下：①与其他同期文化相比，该文化出土石器数量要少得多，所以总体印象是石器制作仍不很发达。所见石器亦为通体磨光，流行管钻和两面琢钻的穿孔，主要器类有斧、铲、锛、凿、刀、镰和箭头等。另外，有迹象表

明该文化与黄河流域的同期文化一样，也应该有了最初的铜器
制作，例如，1987年发掘天门石家河城址西北部的邓家湾遗
址时，在石家河文化时期的文化堆积中就曾伴出过相当多的铜
块和铜渣，经金相分析鉴定，这些铜块也都属于黄铜。②石家
河文化的陶塑小动物等工艺品数量特别多，在邓家湾遗址石家
河时期一个灰坑的残余部分即出土陶塑小动物数以千计。这些
工艺品主要有兽类和禽类两大类，另有少量是人的小塑像。兽
类动物有猪、狗、羊、龟、虎、象等，禽类动物有鸟、鸡、鸭
和鹅等[145]。有学者认为邓家湾遗址有可能是石家河文化生产
这种陶塑工艺品的唯一产地，并指出这类产品应该是"为了满
足当时人们祈求畜禽获得丰足的愿望而制作的"，它是原始社
会末期"以直接交换为目的的商品生产"的产物[146]。③墓葬
形制以长方形土坑墓为主，部分墓室有二层台结构，有的还用
红色胶泥挂抹墓壁，除个别墓室底部见有木质棺、椁类葬具朽
灰外，绝大多数墓葬均无葬具痕迹。墓内人骨架凡尚可分辨
者，多见单人仰卧伸直葬，同时还有一些是二次葬。随葬品以
陶器为主，其他还有少量石器。在石家河文化迄今的墓葬资料
中，虽然尚未发现高规格的特大型墓葬，但从几处墓地已出土
的墓葬观察，墓葬之间不仅墓室规模差别较明显，随葬品多寡
亦呈现显著差异，小型墓有的空无一物，有的仅见几件或十几
件陶器，而大型墓则不光墓室规模较大，并且随葬品也较丰
富，如天门肖家屋脊遗址 M7 随葬各种陶器和石钺等即多达百
余件。这种现象表明聚落内部的不同成员之间贫富两极分化已
甚显著。④相比较而言，目前有关石家河文化聚落群的资料以
天门石家河聚落的内涵与分布状况较明朗，提供的信息也较
多。这一聚落此时仍以石家河城址为中心，分布密度比屈家岭

文化时期进一步加大，城内和城外的不同聚落之间功能似已出现了专业化分工的趋势。在这一带的调查和发掘资料中，除上述邓家湾遗址出土各种陶塑小动物总量已达数千件外，石家河城址南部的三房湾遗址东台地地表散布着数以万计的厚胎斜腹凹底红陶杯及其残片；城外西侧的枯柏树遗址则曾采集过许多屈家岭和石家河文化时期的彩陶纺轮[147]。这三种陶制品在石家河遗址群中的谭家岭、肖家屋脊、土城、敖家全和罗家柏岭等遗址多少也有一些发现，但数量远不及前三处遗址的多，分布情况也远远不像前三者那样丰富而集中。城址中部的谭家岭台地文化堆积最厚，内涵包括了大溪、屈家岭和石家河三个大阶段，大溪遗存的上面主要都是屈家岭和石家河两个时期的房屋建筑，所见房址皆系地面起建，其中不乏分间的大型房子。石家河时期的大型房屋，有的墙体厚达1米左右，版筑而成，墙内柱洞直径达0.4米左右，显然不可能是一般平民的住房。⑤石家河文化的陶器多轮制，手制陶仍占有一定比例。陶色以灰陶和灰褐陶为主，红陶其次，另有少量黑皮陶。器表多素面，主要的纹饰是篮纹，其次是方格纹、弦纹、镂孔和附加堆纹，绳纹很少。陶器群造型是圈足器仍较发达，三足器数量亦较多，凹底器占有较大比重，平底器较少。主要器类有凹底或平底高领罐、腰鼓形罐、罐形或盆形宽扁足鼎、豆、泥质瘦袋足鬶、擂钵、钵、厚胎斜腹凹底红陶杯、折腹圈足杯、高圈足杯及尊等（图四三）。其中，早期阶段的高领罐、豆和折腹圈足杯等器类分别承袭屈家岭文化晚期末段的高领罐、豆和变异壶形器发展而来的线索基本上还比较清楚。

2. 龙山时代后期的文化遗存

长江中游龙山时代后期的文化遗存最早发现于石家河遗址

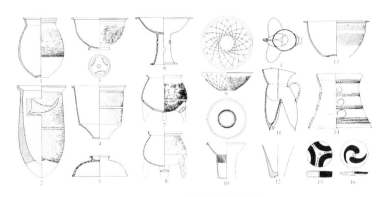

图四三 石家河文化典型陶器

1. 高领罐 2、4. 缸 3. 甑 5. 器盖 6. 豆 7、8. 鼎 9、10. 擂钵 11. 鬶 12. 红陶杯 13. 折沿深腹盆 14. 器座 15、16. 彩陶纺轮（皆出自湖北天门肖家屋脊遗址）

群中的罗家柏岭。20世纪50年代中期，考古工作者在发掘该遗址时首次发现了一批玉器，发掘者当时认为这些玉器与中原地区的周代玉器特征相近，推测其年代约在公元前1000年左右[148]。70年代末到80年代前期，为了探明鄂西地区史前文化的发展变化过程和楚文化的渊源，又在江汉平原西部陆续发掘了当阳季家湖、宜都石板巷子和鸡脑河等遗址。嗣后，有学者通过分析这些遗存，认定它们应是鄂西地区继屈家岭文化之后的一种独具特征的考古学文化，并先后提出了"季家湖文化"，或"季家湖—石板巷子遗存"简称"季石遗存"等命名。人们当时虽然将其视为介于屈家岭文化和青铜文化之间的文化遗存，但却没有同广义的"湖北龙山文化"区分开来。80年代中期以后的一段时间内，鄂西及其他地区与石板巷子大体同时的遗存又都被归入了石家河文化的范畴，并被视为该文化的晚期。进入 90 年代之后，随着学界对黄河流域和长江中游地区龙山时代文化发掘与研究的不断深入，人们开始注意到原来被界定为石家河文化晚期的一类遗存在文化面貌上与典型石家河文化差异显著，有学者于是便主张把这类遗存从石家河文化中分离出来另立为新的考古学文化或文化类型，持这种观点的学者大多根据自己对江汉平原一带新石器时代文化体系的认识与把握，分别提出"季家湖—石板巷子类型"、"乱石滩文化"、"后石家河文化"、"肖家屋脊文化"、"石板巷子文化"等名称来指称局部地区或整个长江中游一带龙山时代后期的文化遗存。

石家河文化由于受到来自中原地区王湾三期等文化的强烈冲击，至龙山时代后期骤然趋向解体，这一事件发生的背景与文献记载传说时代的"禹征三苗"正相吻合。此后，洞庭湖周边地区新石器时代末期的文化面貌目前还不清楚，在以江汉平原为中心的长江北岸地区，新石器文化遗存表现出如下特点：其一，王湾三期等文化和石家河文化的一些特征虽然在整个地区都仍然存在，但不同地区对这两种文化因素的接纳程度及其表现形式并不一致；其二，文化体系呈现出碎裂化的特征，地方特点逐渐显著，文化共性较石家河文化时期大大减弱；其三，聚落数量减少，至今尚未发现具有中心聚落规模的遗址。正是由于这些特点，这一地区文化面貌相近的遗存分布的区域往往不大。属于这一时期的区域性文化遗存目前所见主要有峡江口地区的白庙类型、鄂西南地区的石板巷子类型、鄂西北的乱石滩类型[149]、江汉平原中部的肖家屋脊晚期类型，另外，鄂东北孝感地区的西花园、麻城的吴家坟、栗山岗等遗址也都有此时的遗存。有学者提出这些遗存均可归属王湾三期文化（或曰煤山文化）的不同类型[150]。从宏观的角度考察，我们认为这些遗存都是形成于相似的文化背景之下，面貌上具有一些共性，可以将它们视为各自独立的亲属文化。

在这些亲属文化的陶器群中，除仍有盆形与罐形鼎、腰鼓形罐、厚胎斜腹红陶杯、钵等少数器类，以及继续流行陶塑工艺品外，本地区前一阶段曾广为流行的其他带有传统性的陶器数量大都显著减少或消失，代之而来的是大量的直领广肩罐、直领扁腹罐、细长柄浅腹盘豆、小口瓮、盆形擂钵等器类（图四四），而这些器类在中原地区的王湾三期等文化中往往又都可以找到渊源。此外，这个时期还流行成人瓮棺葬，有些瓮棺葬里往往还随葬精美的玉器。在长江中游地区，自大溪文化即开始形成以长方形竖穴土坑墓埋葬成年死者的丧葬习俗，瓮棺葬通常只见于埋葬未成年的小孩。此时突然流行对成年人实行

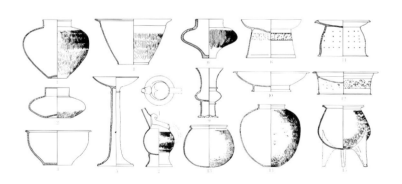

图四四 长江中游地区龙山时代后期陶器

1. 凹底罐 2、6. 扁腹壶 3. 盆 4. 甑 5、11. 豆 7. 盉 8、10、12 圈足盘 9. 壶形器 13. 釜 14. 罐 15. 鼎（1～8. 出自湖北天门肖家屋脊遗址，9～12. 出自湖北当阳季家湖遗址，13～15. 出自湖北枝城石板巷子遗址）

瓮棺葬显然亦非本地区的文化传统。肖家屋脊等遗址已公布的
出土玉器类别既有璜、坠、笄、管、柄形饰等装饰件，也有人
头、虎头、盘龙、鸟及蝉等仿生性的造型[151]。这些玉器制作
精细，玉器匠人已经能够比较熟练地运用浮雕、圆雕、透雕等
多种技法，地方性特点表现鲜明。从以上实例看来，这些亲属
文化显然既非完全继承石家河文化而来，也没有被中原时代的
文化完全同化，它们仍具有自己的一些显著特点，将其归属中
原文化系统似乎并不都合适。

注　释

[1] 中央研究院历史语言研究所《城子崖》。

[2] 梁思永《龙山文化———中国文明的史前期之一》，《考古学报》第七期。

[3] 山东省博物馆东海峪遗址发掘小组《一九七五年东海峪遗址的发掘》，《考古》
1976 年第 6 期。

[4] 钟华南《大汶口—龙山文化黑陶高柄杯的模拟试验》，《考古学文化论集》
(2)，文物出版社 1989 年版。

[5] 赵辉《龙山文化的分期和地方类型》，《考古学文化论集》(3)，文物出版社
1993 年版。

[6] 栾丰实《海岱龙山文化的分期和类型》，《海岱地区考古研究》，山东大学出版
社 1997 年版。

[7] 栾丰实《王油坊类型初论》、《青堌堆龙山文化遗存之分析》，两文均见《海岱
地区考古研究》，山东大学出版社 1997 年版；郑清森：《试论豫东地区的龙山
文化及其源流》，《中原文物》1995 年第 3 期。

[8] 何德亮《山东龙山文化的类型与分期》，《考古》1996 年第 4 期。

[9] 李权生《山东龙山文化の编年と类型》，《史林》第 75 卷 6 号，1992 年；《论
山东龙山文化陶器的分期及地域性》，《考古学集刊》(9)，科学出版社 1995
年版。

[10] 王青《试论山东龙山文化郭家村类型》，《考古》1995 年第 1 期。

[11] 黎家芳等《典型龙山文化的来源、发展及社会性质初探》，《文物》1979 年

第 11 期；邵望平《对龙山文化的再认识》，《新中国的考古发现和研究》，文物出版社 1984 年版；于海广《〈泗水尹家城〉和〈兖州西吴寺〉中龙山文化的分期》，《纪念城子崖遗址发掘 60 周年国际学术讨论会文集》，齐鲁书社 1993 年版。

[12] 王湾三期文化、陶寺文化、三里桥文化和客省庄文化皆由庙底沟二期遗存发展而来，后岗二期文化上承台口一类遗存，在形成过程中又受到晋中地区与庙底沟二期遗存具有密切联系的岔河遗存之强烈影响；唯有造律台文化是继承大汶口文化而来，由于这一带地望是传说中五帝时代的有虞氏所居，其族属如徐旭生所言在文化上受东夷集团的影响较深，似仍应归入中原地区的华夏族群（参见徐旭生《中国古史的传说时代》，文物出版社 1985 年版）。

[13] 严文明《龙山文化和龙山时代》，《文物》1981 年第 6 期。

[14] 北京大学考古实习队《洛阳王湾遗址发掘简报》，《考古》1961 年第 4 期。

[15] 李仰松《从河南龙山文化的几个类型谈夏文化的若干问题》，《中国考古学会第一次年会论文集》，文物出版社 1979 年版；高天麟等《试论河南龙山文化"王湾类型"》，《中原文物》1983 年第 2 期。

[16] 吴汝祚《关于夏文化及其来源的初步探索》，《文物》1978 年第 9 期。

[17] 邹衡《试论夏文化》，《夏商周考古学论文集》，文物出版社 1980 年版。

[18] 安金槐《试论河南"龙山文化"与夏商文化的关系》，《中国考古学会第二次年会论文集》，文物出版社 1982 年版。

[19] 严文明《龙山文化与龙山时代》，《文物》1981 年第 6 期。

[20] 李伯谦《论造律台类型》，《文物》1983 年第 4 期；董琦《虞夏时期的中原》，科学出版社 2000 年版；韩建业等《王湾三期文化研究》，《考古学报》1997 年第 1 期。

[21] 安金槐《试论河南"龙山文化"与夏商文化的关系》，《中国考古学会第二次年会论文集》，文物出版社 1982 年版；高天麟等《试论河南龙山文化"王湾类型"》，《中原文物》1983 年第 2 期。

[22] 董琦《虞夏时期的中原》，科学出版社 2000 年版；韩建业等《王湾三期文化研究》，《考古学报》1997 年第 1 期。

[23] 王震中《略论"中原龙山文化"的统一性与多样性》，《中国原始文化论集》，文物出版社 1989 年版。

[24] 河南省文化局文物工作队《河南沁阳板桥新石器时代遗址的调查和试掘》，《考古》1965 年第 9 期。

[25] 中国社会科学院考古所河南一队《河南信阳南山咀新石器时代遗址试掘简

报》,《考古》1990 年第 5 期。

[26] 董琦《虞夏时期的中原》,科学出版社 2000 年版。驻马店杨庄的发掘者也基本赞同将豫东南地区的龙山时代遗存作为王湾三期文化的一个地方类型来看待,只不过在命名上另提了"杨庄二期类型"(参见北京大学考古学系、驻马店市文物保护管理所《驻马店杨庄》,科学出版社 1998 年版。)

[27] 韩建业等《王湾三期文化研究》,《考古学报》1997 年第 1 期。

[28] 韩建业《试论豫东南地区龙山时代的考古学文化》,《考古学研究》(三),科学出版社 1997 年版。

[29] 河南省文物研究所等《登封王城岗遗址的发掘》,《文物》1983 年第 3 期。

[30] 京浦《禹居阳城与王城岗遗址》,《文物》1984 年第 2 期。

[31] 河南省文物研究所等《郾城郝家台遗址的发掘》,《华夏考古》1992 年第 3 期。

[32] 蔡全法等《龙山时代考古的重大收获》,《中国文物报》2000 年 5 月 21 日。

[33] 殷玮璋《二里头文化探讨》,《考古》1978 年第 1 期;吴汝祚《关于夏文化及其来源的初步探索》,《文物》1978 年第 9 期;安金槐《试论河南"龙山文化"与夏商文化的关系》,《中国考古学会第二次年会论文集》,文物出版社 1982 年版。

[34] 邹衡《关于探索夏文化的几个问题》,《文物》1979 年第 3 期。

[35] 梁思永《龙山文化——中国文明的史前期之一》,《考古学报》第七期,1954 年。

[36] 中国科学院考古研究所安阳发掘队《1958~1959 年殷墟发掘简报》,《考古》1961 年第 2 期。

[37] 安志敏《试论黄河流域新石器时代文化》,《考古》1959 年第 10 期。

[38] 吴汝祚《关于夏文化及其来源的初步探索》,《文物》1978 年第 9 期;李仰松《从河南龙山文化的几个类型谈夏文化的若干问题》,《中国考古学会第一次年会论文集》,文物出版社 1979 年版;邹衡《试论夏文化》,《夏商周考古学论文集》,文物出版社 1980 年版;中国社会科学院考古研究所安阳工作队《1979 年安阳后岗遗址发掘报告》,《考古学报》1985 年第 1 期。

[39] 严文明《龙山文化和龙山时代》,《文物》1981 年第 6 期。

[40] 中美洹河流域考古队《洹河流域区域考古研究初步报告》,《考古》1998 年第 10 期。

[41] 尹达《新石器时代》,三联书店 1979 年版。

[42] 河南省文物研究所《河南辉县市孟庄龙山文化遗址发掘简报》,《考古》2000

年第 3 期。

［43］袁广阔《孟庄龙山文化遗存研究》，《考古》2000 年第 3 期。

［44］A. Feinman, G. and J. Neitzel, *Too many types*: *An overview of sedentary prestate societies in the American*, in Advances in Archaeological Method and Theory, Vol.7, New York, Academic press, 1984; B. Netting, R. McC., *Some home truths on household size and wealth*, American Behavioral Scientist 25（6），1982.

［45］安·P·安德黑尔（陈淑卿译）《中国北方龙山时代聚落的变迁》，《华夏考古》2000 年第 1 期。

［46］苏秉琦主编《中国通史》第二卷，上海人民出版社 1994 年版。

［47］严文明《涧沟的头盖杯和剥头皮风俗》，《考古与文物》1982 年第 2 期。

［48］中国社会科学院考古研究所安阳工作队《1979 年安阳后岗遗址发掘报告》，《考古学报》1985 年第 1 期；河南省文物研究所编《河南考古四十年》，河南人民出版社 1994 年版。

［49］董琦《虞夏时期的中原》，科学出版社 2000 年版。

［50］宋建忠《山西龙山时代考古遗存的类型与分期》，《文物季刊》1993 年第 2 期。

［51］邹衡《关于夏商时期北方地区诸邻境文化的初步探讨》，《夏商周考古学论文集》，文物出版社 1980 年版。

［52］李景聃《豫东商丘永城调查及造律台黑孤堆曹桥三处小发掘》，《中国考古学报》第二册，1947 年。

［53］吴秉楠、高平《对姚官庄和青堌堆两类遗存的分析》，《考古》1979 年第 6 期。

［54］李仰松《从河南龙山文化的几个类型谈夏文化的若干问题》，《中国考古学会第一次年会论文集》，文物出版社 1980 年版；吴汝祚《关于夏文化及其来源的初步探索》，《文物》1978 年第 9 期。

［55］李伯谦《论造律台类型》，《文物》1983 年第 4 期。

［56］河南省文物研究所等《河南淮阳平粮台龙山文化城址试掘简报》，《文物》1983 年第 3 期。

［57］曹桂岑《河南淮阳平粮台龙山文化古城考》，《华夏文明》（1），北京大学出版社 1987 年版；《淮阳平粮台城址社会性质探析》，《中原文物》1990 年第 2 期。

［58］马世之《淮阳平粮台古城的族属问题》，《中州学刊》1990 年第 2 期。

[59] 梁思永《龙山文化——中国文明的史前期之一》,《考古学报》第七期, 1954年。

[60] 南京博物院考古研究所等《江苏兴化戴家舍南荡遗址》,《文物》1995年第4期。

[61] 南京博物院考古研究所等《江苏高邮周邶墩发掘报告》,《考古学报》1997年第4期。

[62] 栾丰实《王油坊类型初论》,《海岱地区考古研究》,山东大学出版社1997年版;李伯谦《论造律台类型》,《文物》1983年第4期。

[63] 孙飞《论南亳与西亳》,《文物》1980年第8期。

[64] 邹衡《论南亳与西亳一文中的材料解释问题》,《中原文物》1981年第3期。

[65] 栾丰实《王油坊类型初论》,《海岱地区考古研究》,山东大学出版社1997年版。

[66] 中国社会科学院考古研究所《新中国的考古发现和研究》,文物出版社1984年版;安金槐《试论河南"龙山文化"与夏商文化的关系》,《中国考古学会第二次年会论文集》,文物出版社1982年版。

[67] 赵芝荃《试论二里头文化的源流》,《考古学报》1986年第1期。

[68] 同[55]。

[69] 山西省文物管理委员会《晋南五县古代人类文化遗址初步调查简报》,《文物参考资料》1956年第9期;杨富斗《山西省襄汾县发现的两处遗址》,《考古》1959年第2期。

[70] 高炜等《龙山文化陶寺类型的年代与分期》,《史前研究》1984年第3期。

[71] 中国社会科学院考古研究所山西工作队等《山西襄汾县陶寺遗址发掘简报》,《考古》1980年第1期;《1978~1980年山西襄汾陶寺墓地发掘简报》,《考古》1983年第1期;《山西襄汾陶寺遗址首次发现铜器》,《考古》1984年第12期;《陶寺遗址1983~1984年Ⅲ区居住址发掘的主要收获》,《考古》1986年第9期。

[72] 中国社会科学院考古研究所山西工作队《晋南考古调查报告》,《考古学集刊》(6),中国社会科学出版社1989年版。

[73] 严文明《中国王墓的出现》,《考古与文物》1996年第1期;张岱海《陶寺文化与龙山时代》,《庆祝苏秉琦考古五十五年论文集》,文物出版社1989年版。

[74] 同[70]。

[75] 中国科学院考古研究所山西工作队等《山西襄汾县陶寺遗址发掘简报》,《考

古》1980 年第 1 期；《1978～1980 年山西襄汾陶寺墓地发掘简报》，《考古》
1983 年第 1 期。

[76] 同 [70]。

[77] 卜工《庙底沟二期文化的几个问题》，《文物》1990 年第 2 期；罗新等《陶
寺文化再研究》，《中原文物》1991 年第 2 期；宋建忠《山西龙山时代考古
遗存的类型与分期》，《文物季刊》1993 年第 2 期；董琦《虞夏时期的中
原》，科学出版社 2000 年版。

[78] 李民《尧舜时代与陶寺遗址》，《史前研究》1985 年第 4 期；田昌五《先夏
文化探索》，《文物与考古论集》，文物出版社 1987 年版；王文清《陶寺遗存
可能是陶唐氏文化遗存》，《华夏文明》(1)，北京大学出版社 1987 年版。

[79] 徐殿魁《龙山文化陶寺类型初探》，《中原文物》1982 年第 2 期；高炜等
《关于陶寺墓地的几个问题》，《考古》1983 年第 6 期；张长寿《陶寺遗址的
发现和夏文化的探索》，《文物与考古论集》，文物出版社 1986 年版；高炜
《试论陶寺遗址和陶寺类型龙山文化》，《华夏文明》(1)，北京大学出版社
1987 年版。

[80] 黄崇岳《虞代与龙山文化》，《中原文物》1987 年第 2 期。

[81] 许宏等《陶寺类型为有虞氏遗存论》，《考古与文物》1991 年第 6 期。

[82] 中国科学院考古研究所《庙底沟与三里桥》，科学出版社 1959 年版。

[83] 中国历史博物馆考古部等《垣曲古城东关》，科学出版社 2001 年版。

[84] 郑杰祥《河南龙山文化分析》，《开封师范学院学报》1979 年第 4 期。

[85] 董琦《虞夏时期的中原》，科学出版社 2000 年版。

[86] 中国科学院考古研究所《庙底沟与三里桥》，科学出版社 1959 年版；中国科
学院考古研究所山西工作队《山西芮城南礼教遗址发掘简报》，《考古》1964
年第 6 期；东下冯考古队《山西夏县东下冯龙山文化遗址》，《考古学报》
1983 年第 1 期；中国社会科学院考古研究所山西工作队《山西垣曲龙王崖
遗址的两次发掘》，《考古》1986 年第 2 期；中国科学院考古研究所陕西工
作队《陕西华阴横阵村遗址发掘报告》，《考古学集刊》(4)，中国社会科学
出版社 1984 年版。

[87] 同 [49]。

[88] 苏秉琦、吴汝祚《西安附近古文化遗存的类型和分布》，《考古通讯》1956
年第 2 期。

[89] 石兴邦《沣镐一带考古调查简报》，《考古通讯》1955 年创刊号。

[90] 考古研究所沣西发掘队《1955～1957 年陕西长安沣西发掘简报》，《考古》

1959 年第 10 期。

[91] 安志敏《试论黄河流域新石器时代文化》,《考古》1959 年第 10 期。

[92] 张忠培《客省庄文化及其相关诸问题》,《考古与文物》1980 年第 4 期。

[93] 中国社会科学院考古研究所陕西工作队《陕西华阴横阵遗址发掘报告》,《考古学集刊》(4),中国社会科学出版社 1984 年版。

[94] 雍城考古队《陕西凤翔大辛村遗址发掘简报》,《考古与文物》1985 年第 1 期。

[95] 秦小丽《试论客省庄文化的分期》,《考古》1995 年第 3 期。

[96] 梁星彭《试论客省庄二期文化》,《考古学报》1994 年第 4 期;董琦《虞夏时期的中原》,科学出版社 2000 年版。

[97] 蕳和平《从双庵遗址的发掘看陕西龙山文化的有关问题》,《史前研究》1986 年第 1~2 期;梁星彭《试论客省庄二期文化》,《考古学报》1994 年第 4 期。

[98] 张天恩等《关于客省庄二期文化几个问题的探讨》,《考古与文物》1995 年第 2 期。

[99] 戴应新《陕西神木县石峁龙山文化遗址调查》,《考古》1977 年第 3 期;西安半坡博物馆《陕西神木石峁遗址调查试掘简报》,《史前研究》1983 年第 2 期。

[100] 巩启明《关于客省庄文化的若干问题》,《中国原始文化论集》,文物出版社 1989 年版;秦小丽等《临潼康家遗址客省庄文化遗存分期初探》,《考古与文物》1993 年第 1 期。

[101] 梁星彭《试论客省庄二期文化》,《考古学报》1994 年第 4 期。

[102] 高天麟《黄河前套及其以南地区的龙山文化遗存试析》,《史前研究》1986 年 3、4 期;杨杰《晋陕冀北部及内蒙古中南部龙山时代考古学文化初探》,《内蒙古中南部原始文化研究文集》,海洋出版社 1991 年版。

[103] 同 [101]。

[104] 同 [92]。

[105] 王世和等《论案板三期文化遗存》,《考古》1987 年第 10 期。

[106] 夏鼐《碳 - 14 测定年代和中国史前考古学》,《考古》1977 年第 4 期;梁星彭《齐家文化起源探讨》,《史前研究》1984 年第 3 期;梁星彭《试论客省庄二期文化》,《考古学报》1994 年第 4 期。

[107] 徐锡台《早周文化的特点及其渊源的探索》,《文物》1979 年第 10 期;尹盛平等《先周文化的初步研究》,《文物》1984 年第 7 期。

[108] 同［98］。

[109] 裴文中《甘肃考古报告》，《裴文中史前考古学论文集》，文物出版社 1987 年版。

[110] 中国社会科学院考古研究所《中国考古学中碳十四年代数据集》，文物出版社 1991 年版。

[111] 中国科学院考古研究所甘肃工作队《甘肃永靖秦魏家齐家文化墓地》，《考古学报》1975 年第 2 期。

[112] 甘肃省博物馆《甘肃武威皇娘娘台遗址发掘报告》，《考古学报》1960 年第 2 期；《武威皇娘娘台遗址第四次发掘》，《考古学报》1978 年第 4 期。

[113] 青海省文物管理处考古队等《青海乐都柳湾原始社会墓葬第一次发掘的初步收获》，《文物》1976 年第 1 期；吴汝祚《甘青地区原始文化概貌及其相互关系》，《考古》1961 年第 1 期；吴汝祚《齐家文化墓葬初步剖析》，《史前研究》1983 年第 2 期。

[114] 端居《齐家文化是马家窑文化的继续和发展》，《考古》1976 年第 6 期；谢端琚《试论齐家文化与陕西龙山文化的关系》，《文物》1979 年第 10 期。

[115] 严文明《甘肃彩陶源流》，《文物》1978 年第 10 期。

[116] 胡谦盈《试论齐家文化的不同类型及其源流》，《考古与文物》1980 年第 3 期。

[117] 梁星彭《试论客省庄二期文化》，《考古学报》1994 年第 4 期；《齐家文化渊源探讨》，《史前研究》1984 年第 3 期。

[118] 籍和平《从双庵遗址的发掘看陕西龙山文化的有关问题》，《史前研究》1986 年第 1、2 期。

[119] 谢端琚《试论齐家文化》，《考古与文物》1981 年第 3 期；《试论齐家文化与陕西龙山文化的关系》，《文物》1979 年第 10 期。

[120] 吴汝祚《齐家文化墓葬初步剖析》，《史前研究》1983 年第 2 期。

[121] 安志敏《甘肃远古文化及其有关的几个问题》，《考古通讯》1956 年第 6 期。

[122] 胡谦盈《试论齐家文化的不同类型及其源流》，《考古与文物》1980 年第 3 期；梁星彭《齐家文化起源探讨》，《史前研究》1984 年第 3 期。

[123] 梁星彭《齐家文化起源探讨》，《史前研究》1984 年第 3 期。

[124] 石龙江水库指挥部文物工作队《湖北京山、天门考古发掘简报》，《考古通讯》1956 年第 3 期。

[125] 长办文物考古队工作队《一九五八至一九六一年湖北郧县和均县发掘简

报》，《考古》1961 年第 10 期。

[126] 荆州地区博物馆《湖北松滋县桂花树新石器时代遗址》，《考古》1976 年第
3 期；安志敏《略论三十年来我国的新石器时代考古》，《考古》1979 年第
5 期；方酉生《论湖北龙山文化》，《江汉考古》1985 年第 1 期。

[127] 杨权喜《当阳季家湖考古试掘的主要收获》，《江汉考古》1980 年第 2 期。

[128] 裴安平《鄂西"季石遗存"的序列及其与诸邻同时期遗存的关系》，《考古
类型学的理论与实践》，文物出版社 1980 年版。

[129] 严文明《龙山文化和龙山时代》，《文物》1981 年第 6 期。

[130] 何介钧《长江中游原始文化初论》，《湖南考古辑刊》（1），岳麓书社 1982
年版。

[131] 李文杰《试论青龙泉文化与屈家岭文化、庙底沟二期文化的关系》，《中国
考古学会第二次年会论文集》，文物出版社 1982 年版。

[132] 中国社会科学院考古研究所湖北队《湖北枝江关庙山遗址第二次发掘》，
《考古》1983 年第 1 期。

[133] 湖北省博物馆等《房县七里河遗址发掘的主要收获》，《江汉考古》1984 年
第 3 期。

[134] 同［133］。

[135] 方酉生《论湖北龙山文化》，《江汉考古》1985 年第 1 期。

[136] 李龙章《浅议石家河文化》，《江汉考古》1985 年第 3 期。

[137] 何介钧《石家河文化浅析》，《纪念城子崖遗址发掘 60 周年国际学术讨论会
文集》，齐鲁书社 1993 年版。

[138] 张绪球《石家河文化的分期分布和类型》，《考古学报》1991 年第 4 期；
《长江中游新石器时代文化概论》，湖北科学技术出版社 1992 年版。

[139] 孟华平《长江中游史前文化结构》，长江文艺出版社 1997 年版。

[140] 魏峻《鄂东北地区新石器时代文化初论》，《江汉考古》1999 年第 1 期。

[141] 李龙章《浅议石家河文化》，《江汉考古》1985 年第 3 期。

[142] 湖北省博物馆等《房县七里河遗址发掘的主要收获》，《江汉考古》1984 年
第 3 期。

[143] 孟华平《长江中游史前文化结构》，长江文艺出版社 1997 年版；韩建业
《试论豫东南地区龙山时代的考古学文化》，《考古学研究》（三），科学出版
社 1997 年版；杨权喜《关于鄂西六处新石器时代晚期遗存的探讨》，《考
古》2001 年第 5 期。

[144] 韩建业《试论豫东南地区龙山时代的考古学文化》，《考古学研究》（三），

科学出版社 1997 年版；孟华平《长江中游史前文化结构》，长江文艺出版社 1997 年版；杨权喜《关于鄂西六处新石器时代晚期遗存的探讨》，《考古》2001 年第 5 期。

［145］石河考古队《湖北省石河遗址群 1987 年发掘简报》，《文物》1990 年第 8 期。

［146］张绪球《石家河文化的陶塑品》，《江汉考古》1991 年第 3 期。

［147］石河考古队《石家河遗址群调查报告》，《南方民族考古》第五辑，四川科学技术出版社 1993 年版。

［148］同［124］。

［149］乱石滩一类遗存主要分布在鄂西北汉水中上游及豫西南丹江下游地区，其文化因素具有多源性，除了当地固有的因素，还有一些是分别来自关中和河南中部地区，有的研究者视之为一支独立的考古学文化（参见樊力《乱石滩文化初论》，《江汉考古》1998 年第 4 期）；也有人把它归入中原龙山文化的范畴（参见李文杰《试论青龙泉文化与屈家岭文化、庙底沟二期文化的关系》，《中国考古学会第二次年会论文集》，文物出版社 1982 年版；李绍连《试论中原和江汉两地区新石器时代文化的关系》，《中原文物》1981 年特刊）。

［150］白云《关于"石家河文化"的几个问题》，《江汉考古》1993 年第 4 期。

［151］石家河考古队《肖家屋脊——天门石家河考古发掘报告之一》，文物出版社 1999 年版。

结束语

　　纵观中国新石器时代考古研究走过的大半个世纪的发展道路，虽然曾有过一些曲折，但总的说来基本上还是健康的，取得的成果也是丰硕的，特别是1949年新中国成立以后，随着许多新考古学文化被陆续发现，不但从时空和地域范围两个方面大大丰富了研究资料，为黄河、长江和辽河三大流域等腹地地区新石器文化编年的建立奠定了坚实基础，使新石器时代文化发展变化的过程越来越清楚，而且在考古学理论和方法论方面也都取得了新进展。对我国新石器时代各种文化之间的关系，有学者自20世纪50年代后期便开始从宏观的角度进行了一些思考。例如，张光直先生曾试图通过"母题排队"的方法将中国新石器时代的陶器纹饰划分成44个区[1]，这种分区意见尽管因为受当时出土资料的不足以及作者研究着眼点的限制而显得过于零散，但仍不失为对中国新石器时代文化进行分区研究的一次有益尝试。丰富而翔实的考古资料是考古学理论日趋完善的基础，在经过了数十年的资料积累之后，考古学界对我国史前文化的多元性有了比较清晰的认识。苏秉琦先生于70年代末和80年代初开始运用"区系类型"的概念来阐释不同地区史前文化发展演变的过程及其相互关系，这一学说把我国新石器时代的文化划分成以关中、晋南和豫西为中心的中原区、以山东为中心的东方区、以环太湖为中心的东南区、以环洞庭湖与四川盆地为中心的西南区、以鄱阳湖—珠江三角洲为中轴的南方区及以燕山南北长城地带为重心的北方区六大区系，并指出每区内都包含了若干个次一级的小区，认为每区的文化各有自己的渊源和嬗变谱系，它们既自成系统又相互影响，不宜混为一谈[2]。"区系类型"说的提出促使我国新石器时代考古研究的方向发生了显著变化，冲垮了"中原中心论"长期居于主导地位的大一统思想体系，使考古学文化的时空关系转化为一个历史的框架，"从而为考古学和其他学科的联接建立起一座桥梁，使考古学材料可按其历史的地位来研究其物质的、社会的、精神的情况"[3]。在此基础上，有学者将多元的中国史前文化归纳成一种向心式的三重结构，认为新石器时代的文化分布具有三个不同的层面：在中原文化区周围，存在着山东、甘青、辽河—大凌河流域、长江中游、长江下游这样五个第二层次的文化区，而在后者的外围又分布着第三个层次的文化区，像福建闽江流域的昙石山、台湾的大坌坑、广东的石峡、云南宾川的白羊村、西藏昌都地区的卡若、黑龙江密山的新开流以及昂昂溪和内蒙古与新疆地区的细石器等文化遗存皆如是，这三个层次的文化区构成了我国新石器时代文化的多元一体格局。这种文化区系的鲜明层次性当源自不同文化区在发展过程中的不平衡状态，但各文化区之间历经长期交往，相互影响和渗透又加快了相互融合的过程。进入文明时期以后，它们便自然地逐渐形成了以汉族为主体的统一的多民族国家的政治格局[4]。还有学者从梳理文献入手将《禹贡》中有关"九州"的记载同新石器时代晚期、龙山时代以及二里头文化时期的诸文化相互印证，指出两者之间是大致"暗合"的，认定雍州一带基本上是龙山时代的"陕西龙山文化"和齐家文化的分布区；豫州、冀州的范围分别同"河南龙山文化"和"陶

寺类型”的分布区域相当； “山东龙山文化”的分布区与
“青”、“徐”两州的地望大体相吻合；地处河、济之间的兖州
有“河北龙山文化”；分别处于长江中、下游的荆州和扬州同
石家河、良渚两个文化的分布区相符合；在古梁州的范围内则
分布着“早期巴蜀文化”[5]。

　　多年来，备受我国考古与史学界关注的另一问题是新石器
时代晚期至铜石并用时代诸考古学文化同古史传说的关系。早
在 20 世纪初叶，有些学者曾对我国具有数千年历史的传说时
代进行了全方位批判。在他们看来，大凡涉及中国史前史的传
说都是虚无荒诞的，甚至连上古史中究竟有没有一个夏代都受
到了质疑。在这种背景下，另一些前辈学者如胡适、傅斯年等
人提倡的“考古”或“释古”之路无疑是极有见地的，他们着
手将古文献中的传说史料结合考古发掘出土的实物资料作了一
些早期复原上古史的实践工作。这期间，徐中舒先生曾指出，
“从许多传说较为可靠的方面推测，仰韶似为虞、夏民族之遗
址”[6]；范文澜先生在他的《中国通史简编》一书中根据城子
崖遗址出土黑陶比较多和夏后氏尚黑的记载，推定龙山文化即
为夏文化。由于中国近代考古学当时刚起步不久，出土文物资
料积累尚少，人们对这些有限资料还不可能有很深入的认识，
在这种情况下，将已知的考古学文化与古史传说相比照对号入
座，产生偏颇甚至是谬误自然难免。但即便如此，他们在梳理
文献的基础上仍提出了一些著名论断，如傅斯年先生认为：在
三代及三代以前，大体上有东西两个不同的文化系统，夷与商
属于东系，夏与周属于西系[7]；徐旭生先生称黄河与长江中
下游地区曾分别存在着中国古代民族的华夏、东夷和苗蛮三个
集团[8]；与之相似，蒙文通先生也认为在江汉、河洛和海岱

地区曾有过古代民族的三大族系[9]。他们对古文献中一些零散的史料所作的缜密梳理和考证，就传说时代描绘出来的这种人文图景不仅被后来越来越多的考古资料证实是基本可信的，而且对此后的古史研究也产生了深远影响。

归结起来说，20 世纪 80 年代之后，考古学界对传说古史的研究考订大体不外以下几个方面：

①对传说时代社会状况的考察。这类研究一般是将传说中的相关史料与考古资料所展示的社会现象密切结合来归纳当时的社会政治、经济和文化发展的状况，以期考察传说史料的可信度及其反映的真实历史面貌。例如，有学者把传说史料同中国新石器时代考古的最新研究成果相比照，认为黄帝、颛顼及帝喾的年代相当于铜石并用时代早期，尧、舜、禹的年代大体相当于铜石并用时代晚期，而夏代则是从青铜时代开始的[10]，并分别讨论了炎帝、黄帝和尧、舜、禹时代的社会发展状况[11]。②以传说古史中的重要历史事件来解释考古资料中的某些文化现象。如有学者将铜石并用时代中原和江汉平原两地不同考古学文化分布范围及其文化因素的此消彼长，同古史传说禹、舜征伐三苗族联系起来[12]；或以"祝融南迁"[13]、"窜三苗于三危"[14]等事件来诠释考古学文化上的某些变化等。传说时代的具体历史事件同考古资料之间尽管很难直接串联起来，但这些研究作为上古史重建工作的一部分内容当然也是不可或缺的。③依据现有的考古资料来考证古史传说中的民族及其地望。这类研究的基本思路都是求证传说史料中的某族与已发现的某考古学文化在时间和分布地域上的近同，大致说来有宏观研究和微观研究两类。前者既有将中国新石器时代的若干文化区与古史传说中各个部落集团的活动区域相联系，从民族

文化区的视角分别考察中原文化区与炎黄集团、甘青文化区与羌戎族、山东文化区与太昊和少昊集团、长江中游文化区与苗蛮集团、长江下游文化区与古越族间的内在关系[15]；同时也有将《禹贡》"九州"同史前至二里头文化时期的诸考古学文化相印证，以探索黄河和长江流域在大约公元前 2000 年左右的人文地理区系[16]。后一类研究如对三苗族活动区的考证[17]、对有虞氏地望所做的分析[18]及对海岱地区两昊集团的考古学观察等[19]。④以考古资料考订古史传说中的人物及其相关史迹。这种研究与上述的族属考察相似，究其原因可能与传说史料中人名和族名往往相混同的情况有关，而将这些名称理解为人名或族属在不同的研究者中则可谓见仁见智。此类研究在关于龙山时代古城址性质的讨论显得尤为突出，如登封王城岗和淮阳平粮台两座史前城址发现之初，有学者便认定后者为"禹都阳城"[20]，"太昊之都宛丘"[21]或舜都之所在[22]。⑤有的学者还从古地理学的角度去分析古史资料，通过考察大约在公元前 3000～2000 年之间黄河流域考古学文化分布的变化与文献中有关黄河几次改道的记录相对照，认为"大禹治水"的传说是有其真实地理背景的[23]。

20 世纪初叶以来的文献考据工作为学术界正确认识上古传说背后的历史真相无疑提供了很多有益的参考，越来越多的学者由此开始认同上古时代的传说"总有它历史方面的质素、核心，并不是向壁虚造"的观点[24]，坚信三皇五帝这样的历史系统应该是我们远祖创造的历史真迹。中国史前期的文献资料大体包括了三种原始形态：一是保存在民间的、口述的歌谣故事；二是传统的风俗习惯、宗教仪式；三是古代的遗迹传说[25]。随着中国上古时代各民族间沟通往来的不断加强，特别是春秋战国时期，族系融合的进程显著加快，不同族系的传说相混合的程度也日渐深化，至汉以降，人们便以为华夏自古为一体，族系文化一脉相承，以这种史观去整理上古史自然难免将许多真实的历史画面层层掩盖起来。所以，对我们而言，坚持实事求是的科学态度，正确运用考古资料，力求恢复这段历史的本来面目还有很多工作要做，很多难题还有待我们去解决。历史研究是以复原其原貌，探寻其发展规律为终极目的的。史前考古学作为历史科学的一个组成部分，自然无法背离这一方向。以仔细辨认分析考古资料，弄清楚考古学文化或文化类型的分布情况及其源流和特征为基础，再对古文献进行缜密的训诂考据和甄别，并借助其他人文科学（甚至某些自然科学）的方法来阐释新旧史料才是研究上古史的正确途径[26]。在对传说古史进行研究的过程中当然也应该看到，这些史料因受主客观多种因素的影响，它本身很可能会存在某些抵牾甚至谬误的地方，将其全盘视为信史显然是不可取的，但"也不能仅仅停留在怀疑、辨伪的阶段，而需要寻求一种探索古代历史乃至史前史的科学基础，这就是通过对古代实物遗存进行调查、发掘和研究的方法，来重新研究中国的上古史和文明的起源问题"[27]。

注　释

[1] 张光直《中国新石器时代文化断代》，《中国考古学文化论文集》，三联书店1999年版。

[2] 苏秉琦《关于考古学文化的区系类型问题》，《文物》1981年第5期。

[3] 俞伟超《本世纪中国考古学的一个里程碑》，载苏秉琦《中国文明起源新探》，三联书店1999年版。

[4] 严文明《中国史前文化的统一性与多样性》，《文物》1987年第3期。

[5] 邵望平《〈禹贡〉"九州"的考古学研究》,《考古学文化论集》(二),文物出版社 1989 年版。

[6] 徐中舒《再论小屯与仰韶》,《殷墟博物院院刊》,中国社会科学出版社 1989 年版。

[7] 傅斯年《夷夏东西说》,《庆祝蔡元培先生六十五岁论文集》下册,史语所集刊外编第一种,1935 年。

[8] 徐旭生《中国古史的传说时代》,文物出版社 1985 年版。

[9] 蒙文通《古史甄微》,上海商务印书馆 1933 年版。

[10] 严文明《略论中国文明的起源》,《文物》1992 年第 1 期。

[11] 严文明《炎黄传说与炎黄文明》,《炎黄文化与民族精神》,中国人民大学出版社 1993 年版;《龙山时代考古新发现的思考》,《纪念城子崖遗址发掘 60 周年国际学术讨论会文集》,齐鲁书社 1993 年版。

[12] 韩建业等《禹征三苗探索》,《中原文物》1995 年第 2 期。

[13] 韩建业《西山古城兴废缘由试探》,《中原文物》1996 年第 3 期。

[14] 杨建芳《"窜三苗于三危"的考古学研究》,《东南文化》1998 年第 2 期。

[15] 同 [4]。

[16] 同 [5]。

[17] 俞伟超《楚文化的渊源与三苗文化的考古学推测》,《先秦两汉考古学论集》,文物出版社 1985 年版。

[18] 李伯谦《论造律台类型》,《文物》1983 年第 4 期。

[19] 栾丰实《太昊和少昊传说的考古学研究》,《中国史研究》2000 年第 2 期。

[20] 河南省文物考古研究所等《登封王城岗与阳城》,文物出版社 1992 年版;京浦《禹居阳城与王城岗遗址》,《文物》1984 年第 2 期。

[21] 曹桂岑《河南淮阳平粮台龙山文化古城考》,《华夏文明》,北京大学出版社 1987 年版;《淮阳平粮台城址社会性质探析》,《中原文物》1990 年第 2 期。

[22] 秦文生《舜都于淮阳平粮台龙山文化古城考》,《中原文物》1991 年第 4 期。

[23] 王清《大禹治水的地理背景》,《中原文物》1999 年第 1 期。

[24] 同 [8]。

[25] 徐炳昶、苏秉琦《试论传说材料的整理与传说时代的研究》,《北平研究院史学集刊》1947 年第 5 期。

[26] 杜正胜《中国上古史研究的一些关键问题》,《中国上古史论文选集》(上册),华世出版社 1979 年版。

[27] 严文明《中国文明起源的探索》,《中原文物》1996 年第 1 期。

参 考 文 献

1．严文明等主编《稻作陶器和都市的起源》，文物出版社 2000 年版。

2．河南省文物考古研究所《舞阳贾湖》，科学出版社 1999 年版。

3．中国社会科学院考古研究所《临潼白家村》，巴蜀书社 1994 年版。

4．陕西省考古研究所《陕南考古报告集》，三秦出版社 1994 年版。

5．中国社会科学院考古研究所《宝鸡北首岭》，文物出版社 1983 年版。

6．陕西省考古研究所《龙岗寺——新石器时代遗址发掘报告》，文物出版社 1990 年版。

7．中国社会科学院考古研究所《师赵村与西山坪》，中国大百科全书出版社 1999 年版。

8．北京大学历史系考古教研室《元君庙仰韶墓地》，文物出版社 1983 年版。

9．中国科学院考古研究所《庙底沟与三里桥》，科学出版社 1959 年版。

10．中国科学院考古研究所等《西安半坡》，文物出版社 1963 年版。

11．半坡博物馆等《姜寨——新石器时代遗址发掘报告》，文物出版社 1988 年版。

12．河南省文物研究所等《淅川下王岗》，文物出版社 1989 年版。

13．宝鸡市考古工作队等《宝鸡福临堡——新石器时代遗址发掘报告》，文物出版社 1993 年版。

14．郑州市文物考古研究所《郑州大河村》，科学出版社 2001 年版。

15. 北京大学考古文博学院《洛阳王湾》，北京大学出版社 2002 年版。

16. 国家文物局、山西省考古研究所等《晋中考古》，文物出版社 1998 年版。

17. 中国历史博物馆考古部等《垣曲古城东关》，科学出版社 2001 年版。

18. 中国社会科学院考古研究所《武功发掘报告——浒西庄与赵家来遗址》，文物出版社 1988 年版。

19. 西北大学文博学院考古专业《扶风案板遗址发掘报告》，科学出版社 2000 年版。

20. 河南省文物研究所等《登封王城岗与阳城》，文物出版社 1992 年版。

21. 北京大学考古学系等《驻马店杨庄》，科学出版社 1998 年版。

22. 严文明《仰韶文化研究》，文物出版社 1989 年版。

23. 青海省文物管理处考古队等《青海柳湾》，文物出版社 1984 年版。

24. 青海省文物考古研究所《民和阳山》，文物出版社 1990 年版。

25. 李水城《半山与马厂彩陶研究》，北京大学出版社 1998 年版。

26. 谢端琚《甘青地区史前考古》，文物出版社 2002 年版。

27. 山东省文物管理处等《大汶口——新石器时代墓葬发掘报告》，文物出版社 1974 年版。

28. 山东省文物考古研究所《大汶口续集——大汶口遗址第二、三次发掘报告》，科学出版社 1997 年版。

29. 山东省博物馆等《邹县野店》，文物出版社 1985 年版。

30. 中国社会科学院考古研究所《胶县三里河》，文物出版社 1988 年版。

31. 中国社会科学院考古研究所《山东王因——新石器时代遗址发掘报告》，科学出版社 2000 年版。

32. 北京大学考古学系、烟台市博物馆《胶东考古》，文物出版社

2000 年版。

33. 中国社会科学院考古研究所《蒙城尉迟寺——皖北新石器时代聚落遗存的发掘与研究》，科学出版社 2001 年版。

34. 山东省文物考古研究所等《枣庄建新——新石器时代遗址发掘报告》，科学出版社 1996 年版。

35. 国家文物局考古领队培训班《兖州六里井》，科学出版社 1999 年版。

36.《城子崖——中国考古报告集之一》，国立中央研究院历史语言研究所，1934 年。

37. 国家文物局考古领队培训班《兖州西吴寺》，文物出版社 1990 年版。

38. 山东大学历史系考古专业教研室《泗水尹家城》，文物出版社 1990 年版。

39. 高广仁《海岱区先秦考古论集》，科学出版社 2000 年版。

40. 栾丰实《东夷考古》，山东大学出版社 1996 年版。

41. 山东大学历史系考古教研室《大汶口文化讨论文集》，齐鲁书社 1979 年版。

42. 张学海等主编《纪念城子崖遗址发掘 60 周年国际学术讨论会文集》，齐鲁书社 1993 年版。

43. 湖北省文物考古研究所《宜都城背溪》，文物出版社 2001 年版。

44. 中国社会科学院考古研究所《青龙泉与大寺》，科学出版社 1991 年版。

45. 武汉大学历史系考古教研室等《西花园与庙台子》，武汉大学出版社 1993 年版。

46. 石家河考古队《肖家屋脊——天门石家河考古发掘报告之一》，文物出版社 1999 年版。

47. 湖北省荆州博物馆《枣林岗与堆金台》，科学出版社 1999 年版。

48. 张绪球《长江中游新石器时代文化概论》，湖北科技出版社 1992 年版。

49. 上海市文物保管委员会《崧泽——新石器时代遗址发掘报告》，文物出版社 1987 年版。

50. 南京博物院《北阴阳营——新石器时代及商周时期遗址发掘报告》，文物出版社 1993 年版。

51. 龙虬庄遗址考古队《龙虬庄——江淮东部新石器时代遗址发掘报告》，科学出版社 1999 年版。

52. 徐湖平主编《东方文明之光——良渚文化 60 周年纪念文集》，海南国际新闻中心 1996 年版。

53. 浙江省文物考古研究所《良渚文化研究——纪念良渚文化发现六十周年国际学术讨论会文集》，科学出版社 1999 年版。

54. 中国社会科学院考古研究所《敖汉赵宝沟——新石器时代聚落》，中国大百科全书出版社 1997 年版。

55. 辽宁省文物考古研究所等《大南沟——后红山文化墓地发掘报告》，科学出版社 1998 年版。

56. 中国社会科学院考古研究所《新中国的考古发现和研究》第二章新石器时代，文物出版社 1984 年版。

57. 苏秉琦主编《中国通史》第二卷《远古时代》，上海人民出版社 1994 年版。

58.《苏秉琦考古学论述选集》，文物出版社 1984 年版。

59. 宿白主编《苏秉琦与当代中国考古学》，科学出版社 2001 年版。

60. 严文明《史前考古论集》，科学出版社 1998 年版。

61. 张忠培《中国考古学：实践、理论、方法》，中州古籍出版社 1994 年版。

62. 严文明《走向 21 世纪的考古学》，三秦出版社 1997 年版。

63. 内蒙古文物考古研究所《岱海考古（一）——老虎山文化遗址发掘报告集》，科学出版社 2000 年版；《岱海考古（二）——中日岱海地区考察研究报告集》，科学出版社 2001 年版。

64. 西藏自治区文物管理委员会等《昌都卡若》，文物出版社 1985 年版。

65．福建省博物馆《闽侯昙石山遗址第六次发掘报告》，《考古学报》1976 年第 1 期。该遗址其余五次的发掘资料参见：《闽侯昙石山新石器时代遗址探掘报告》，《考古学报》第 10 期；《闽侯昙石山新石器时代遗址第二至四次发掘简报》，《考古》1961 年第 12 期；《闽侯昙石山新石器时代遗址第五次发掘简报》，《考古》1964 年第 12 期。

66．广东省博物馆等《广东曲江石峡墓葬发掘简报》，《文物》1978 年第 7 期。

67．韩起《台湾省原始社会考古概述》，《考古》1979 年第 3 期。

68．云南省博物馆《元谋大墩子新石器时代遗址》，《考古学报》1977 年第 1 期。

69．云南省博物馆《云南宾川白羊村遗址》，《考古学报》1981 年第 3 期。

70．黑龙江省文物考古工作队《密山县新开流遗址》，《考古学报》1979 年第 4 期。

71．梁思永《昂昂溪遗址》，《梁思永考古论文集》，科学出版社 1959 年版；黑龙江省博物馆《昂昂溪新石器时代遗址》，《考古》1974 年第 2 期。

后　　记

　　由于篇幅所限，这本小册子仅就我国黄河、长江和辽河流域等腹地新石器时代考古学文化的基本面貌、主要特征以及研究发展简史和研究现状作了概述，其中仰韶文化、大汶口文化、良渚文化、红山文化、龙山文化及甘青地区的马家窑文化与齐家文化，因在文物出版社组织编撰的这套系列丛书中已分别安排了专著进行介绍和论述，我们这里只将这些文化的面貌和特点做扼要阐述，研究史部分则一律从略或尽量从简，对于我国边远地区的新石器时代文化，诸如黑龙江东部的新开流、松嫩平原的昂昂溪、内蒙古中南部的海生不浪和老虎山、福建闽江流域的昙石山、广东南岭一带的石峡、台湾的大坌坑和圆山、云南宾川的白羊村、元谋大墩子以及西藏昌都地区的卡若等类遗存均未能详加介绍，为弥补不足，将这些遗存的相关资料与前述其他文化的主要资料及论述书目一并列于此书之后，以备有意探究者参考。

　　本书的绪论、一、二、三（三）、结束语由张江凯执笔，魏峻撰写了三（一）（二）（四）（五）（六）与第四章，并负责完成了插图制作，最后由张江凯统改整合而成。我国的新石器时代考古，历经大半个世纪来几代人的共同努力，发现的新资料可谓异常丰富，研究理论与研究方法亦逐渐走向成熟，获得了许多骄人的研究成果。鉴于我们才疏学浅，视野不开阔，由我们来回顾、总结这段历程深感底气不足，力不从心。这些文字，不能说对我国腹地各新石器文化发展变化的过程及其基本特点把握都十分准确，也不能说已将研究者的所有精到见解都记录了下来，疏漏甚至谬误在所难免，恳请方家批评指正。

图书在版编目（CIP）数据

新石器时代考古／张江凯、魏峻著.—北京：文物出版社，
2004.6（2021.9重印）

（20世纪中国文物考古发现与研究丛书/张文彬主编）

ISBN 978 - 7 - 5010 - 1515 - 3

Ⅰ.①新… Ⅱ.①张… ②魏… Ⅲ.①新石器时代考古—
研究—中国 Ⅳ.①K871.134

中国版本图书馆CIP数据核字（2014）第258021号

新石器时代考古

20世纪中国文物考古发现与研究丛书

编　　著：张江凯　魏　峻

责任编辑：窦旭耀
封面设计：张希广
责任印制：张　丽

出版发行：文物出版社
社　　址：北京市东城区东直门内北小街2号楼
邮　　编：100007
网　　址：http://www.wenwu.com
邮　　箱：web@wenwu.com
经　　销：新华书店
印　　刷：河北鹏润印刷有限公司
开　　本：850mm×1168mm　1/32
印　　张：9.375
版　　次：2004年6月第1版
印　　次：2021年9月第6次印刷
书　　号：ISBN 978 - 7 - 5010 - 1515 - 3
定　　价：38.00元